GÉRARDMER

A TRAVERS LES AGES

—— ••• ——

HISTOIRE COMPLÈTE DE GÉRARDMER

DEPUIS SES ORIGINES JUSQU'AU COMMENCEMENT DU XIXᵉ SIÈCLE
D'APRÈS DES DOCUMENTS INÉDITS PUISÉS AUX ARCHIVES
COMMUNALES ET DÉPARTEMENTALES

PAR LOUIS GEHIN

Professeur à l'École Primaire Supérieure de Gérardmer
Lauréat de la Société d'Émulation du Département des Vosges.

Extrait du *Bulletin de la Société Philomatique Vosgienne.*
Années 1892-93 et 1893-94.

SAINT-DIÉ
TYPOGRAPHIE ET LITHOGRAPHIE HUMBERT.

GÉRARDMER

A TRAVERS LES AGES

HISTOIRE COMPLÈTE DE GÉRARDMER

DEPUIS SES ORIGINES JUSQU'AU COMMENCEMENT DU XIXᵉ SIÈCLE
D'APRÈS DES DOCUMENTS INÉDITS PUISÉS AUX ARCHIVES
COMMUNALES ET DÉPARTEMENTALES

Par M. L. GÉHIN

Professeur à l'École Primaire Supérieure de Gérardmer
Lauréat de la Société d'Émulation du Département des Vosges.

Extrait du *Bulletin de la Société Philomatique Vosgienne.*
Année 1892-93.

SAINT-DIÉ
TYPOGRAPHIE ET LITHOGRAPHIE HUMBERT.

—

1893

GÉRARDMER
À TRAVERS LES AGES

HISTOIRE COMPLÈTE DE GÉRARDMER

DEPUIS SES ORIGINES JUSQU'AU COMMENCEMENT DU XIXᵉ SIÈCLE
D'APRÈS DES DOCUMENTS INÉDITS PUISÉS AUX ARCHIVES
COMMUNALES ET DÉPARTEMENTALES.

INTRODUCTION

---

§ I. — DESCRIPTION GÉOGRAPHIQUE SOMMAIRE

Bien que nous nous soyons imposé pour tâche de faire revivre le Gérardmer des temps écoulés, c'est un devoir pour nous de *présenter* au lecteur le pays dont nous allons lui raconter l'histoire.

La ville de Gérardmer est un chef-lieu de canton du département des Vosges, située par 4°30' de longitude Est et 48°6' de latitude Nord, à une altitude moyenne de 660 à 700 mètres.

Sa superficie est de 8.864 hectares dont 5.622 en forêts.

On se fera une idée de son étendue, si l'on pense que la superficie de Gérardmer est environ celle de Paris. De la forêt du Haut-Poirot à celle de Retournemer, il y a 19 kilomètres; c'est la plus grande longueur de Gérardmer; sa plus grande largeur, 13 kilomètres, s'étend du Kertoff à la ferme de Creuse-Goutte.

Le recensement de 1891 (1) a donné, pour Gérardmer, une population de 7.197 habitants, répartis en 1.686 ménages, 1.223 maisons, 1.718 logements dont 171 servent d'ateliers, magasins et boutiques.

Cette population est très disséminée. La principale agglomération, — Gérardmer (centre), — ne comprend que 2.885 habitants. Elle est formée de 4 sections : *Le Rain* (729 habitants). — *Le Marché* (784 h.) — *Le Lac* (227 h.) — *Forgotte* (1.145 h.)

La population disséminée, 4.312 habitants, est distribuée en 9 sections, subdivisées elles-mêmes en un grand nombre de hameaux, d'écarts et de fermes (plus de 200).

Les 9 sections renfermant la population éparse, sont : *Le Beillard* (527 h.) — *Le Phény* (317 h.) — *Les Bas-Rupts* (495 h.) — *La Rayée* (410 h.) — *Les Gouttridos* (206 h.) — *Xonrupt* (516 h.) — *Les Fies* (427 h.) — *La Haie-Griselle* (902 h.) — *Liézey-Xettes* (612 h.)

Nous donnons ci-après la nomenclature des principaux hameaux et écarts :

Les Bas-Rupts. — Le Bas-des-Bas-Rupts. — La Basse-de-la-Mine. — La Basse-Cheniquet. — La Basse-des-Rupts. — La Basse-du-Beillard. — Le Beillard. — Belbriette. — La Brande. — La Broche-du-Pont. — Le Blanc-Ruxel. — Le Bouxerand. — Aux Berleux. — Les Broches. — Le Beau-de-Pierre. — Les Bolles. — La Bruche. — Le Bas-des-Xettes.

Celley. — La Cercenée. — La Chennezelle. — La Chevrotte. —

(1) Archives communales postérieures à 1789, case population.

Le Cresson. — Creuse-Goutte. — Le Corsaire-du-Bas. — Le Corsaire-de-la-Maix. — Les Cuves. — Cheny.

Derrière-le-Lac. — Derrière-Longemer. — Derrière-le-Haut. — L'Envers-de-Longemer.

Les 4 Feignes de Xonrupt. — Les Fies.

La Goutte-de-la-Montée. — La Goutte-des-Sats. — La Goutte-du-Chat. — Les Granges-Bas. — La Grange-Idoux. — Les Gros-Prés. — Grosse-Pierre. — Les Gouttridos. — Le Grand-Étang. — La Goutte-du-Tour.

La Haleuche. — La Haie-Griselle. — Les Hautes-Vannes. — Les Hauts-Rupts. — Le Haut-du-Phény. — Le Haut-des-Xettes. — Haut-Rouen. — Les Hautes-Feignes.

Kichompré. — Le Kertoff.

Longemer. — Le Larron.

Neymont. — Noir-Rupt.

Le Phény. — Au Page. — Les Plombes. — Les Poncés. — La Poussière. — Le Pont-du-Lac. — Le Pont-Mansuy. — Le Pré-des-Clefs. — Le Pré-Beurson. — Le Pré-Canon. — Le Pré-Chaussotte (Beillard et Phény). — Le Pré-Patenotte. — Paris-Goutte. — Peut-Pré. — Le Poly-la-Chèvre.

La Rayée. — Ramberchamp. — Relles-Gouttes. — Retournemer. — Les Roches-Peîtres. — La Rochotte. — Les Rochottes. — Rouen. — Les Rochires. — Rein-des-Fouchés. — Rein-du-Beau. — Le Rond-Faing.

Les Schlaifs.

Les Trois-Maisons. — Les Trois-Maisons de Xonrupt. — La Trinité.

L'Urson.

Les Vieilles-Fouïes. — Les Vazenés. — La Voie-du-Valtin.

Les Xettes. — Le Xart-Pierrat. — Xonrupt. — Le Petit-Xonrupt.

Les métairies en chaumes servant de marcairies, sont : Balveurche. — Le Haut-Chitelet. — Fachepremont. — Saint-Jacques et Grouvelin.

Dans ces dernières années, un grand nombre de villas et de chalets ont été élevés sur les bords du lac et contribué à l'embellissement du pays.

Citons les Villas : Kattendyke. — Marie-Thérèse. — Montplaisir. — La Toquade. — Raymonde. — Les Hirondelles.

Les Chalets : d'Alsace. — Deguerre. — Hogard. — Jeanne. — Cahen. — De Warren. — Le Nid. — Beauséjour. — Des Pinsons. — Contal. — Herzog. — L'Ermitage. — Des Roches-Peîtres. — Kahn. — De Sacy. — Boll. — Laflize. — Bijou. — Perkès. — Noël. — Des Frênes. — Des Trois-Maisons. — Dubois. — Terrasses. — Cottage-des-Sorbiers. — Vélin.

Les principales fermes sont :

Le Biazot. — La Beuchotte. — La Broche-du-Lard. — La Brochotte. — Les Bassottes.

Le Cerceneux-Mougeon. — Le Cerceneux-Marion. — Le Costet.

La Fontaine-Gilet. — Fremont. — Le Faing-la-Grue. — Fachepremont. — Fony.

La Grange-Mauselaine. — La Grosse-Grange. — La Grange-de-Cheny. — La Goutte-Logelot. — La Grange-Claudon. — Giraud-Finance. — La Grande-Goutte. — La Grange-Colin. — La Grangeotte. — La Goutte-des-Ruaux. — Grouvelin.

Les Hautes-Royes. — Le Haut-Corsaire. — Le Hantz. — Le Haut-Poirot.

Launard.

Mizelle. — Mérelle.

Pré-Georges. — Pré-Falte. — Le Planut. — Peute-Goutte. — Les Petites Hautes-Vannes. — Le Pré-Jean-J'espère. — Le Pré-Pierrel. — Le Pré-Paris. — Les Petites-Royes.

Le Roulier. — Le Rond-Pré.

Saint-Jacques.

Vologne.

Xégoutté.

L'agglomération principale de Gérardmer est placée dans un bassin au pied du massif central du Hohneck. Les sommets voisins ont une altitude qui varie de 800m à 1.366m; citons : *Le Haut-de-la-Charme* (984m). — *Grosse-Pierre*

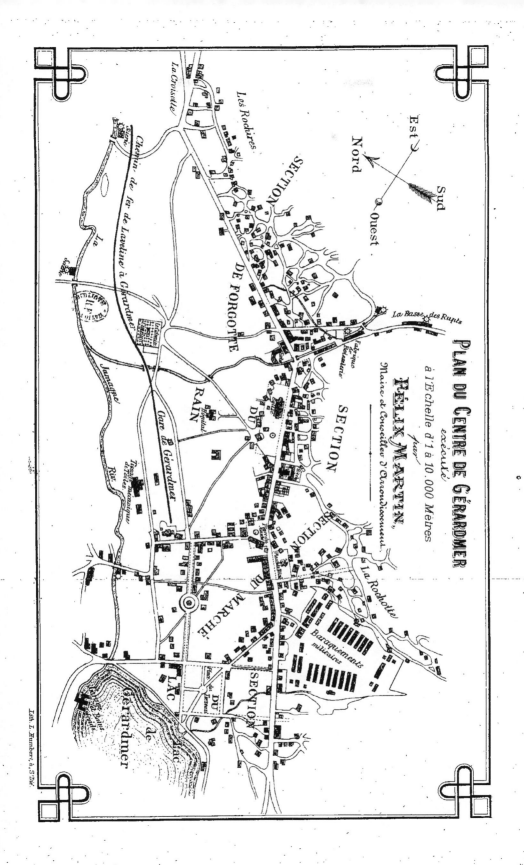

(1.008ᵐ). — *La Roche-des-Bioquets* (1.093ᵐ). — *Grouvelin*
(1.000ᵐ). — *Saint-Jacques* (1.111ᵐ). — *Fachepremont*
(1.020ᵐ). — *Le Hoheneck* (1.366ᵐ). — *La Roche-du-Page*
(836ᵐ). — *La Roche-du-Diable* (950ᵐ). — *La Beheuille*
(1.000ᵐ). — *Balveurche* (1.288ᵐ). — *Le Grand-Kerné* (894ᵐ).
— *Le Haut-de-Miselle* (934ᵐ). — *Le Barrau* (1.008ᵐ). —
La Tête-du-Costet (887ᵐ). — *La Roche-du-Rain* (745ᵐ).

Plusieurs cours d'eaux prennent leur source sur le territoire de Gérardmer; tels sont : La Meurthe, Le Bou-
chot, les ruisseaux de Chajoux et de Vologne qui forment La Moselotte, le ruisseau de Cleurie, La Jamagne
qui écoule les eaux du lac de Gérardmer (alt. 660ᵐ). Ce
lac a une superficie de 116 hectares; il en existe deux
autres à peu de distance : celui de Longemer (736ᵐ d'alt.),
et celui de Retournemer (778ᵐ).

La ville de Gérardmer est située à égale distance de
Saint-Dié et de Remiremont (29 kilomètres); les routes
qui traversent Gérardmer sont les chemins de grande
communication Nᵒˢ 8 (1), 11 (1), 47 (2) et 72 (2), de Saales
à Mélizey, de Lamarche à Munster, de Rambervillers à
Gérardmer, de Remiremont à Gérardmer, et le chemin
d'intérêt commun Nᵒ 83 (1), de Gérardmer au Valtin (1).
Depuis 1878, une voie ferrée relie Gérardmer à la ligne
d'Épinal à Lunéville par Saint-Dié.

Depuis le traité de Francfort, la ville de Gérardmer a
une partie de son territoire qui sert de frontière, de la
chaume du Haut-Chitelet aux Feignes-Charlemagne; c'est
la commune alsacienne de Stosswihr qui est limitrophe.

Les autres confins de Gérardmer sont : au Nord, les
communes du Valtin, de Ban-sur-Meurthe, de Gerbépal,
des Arrentès-de-Corcieux, de Barbey-Seroux, de Granges
et de Champdray: à l'Ouest, les communes de Liézey et

(1) *Le Département des Vosges*, par M. Léon Louis, t. VI, p. 309.

du Tholy; au Sud, celles de Sapois, Rochesson et La Bresse.

Les dénominations des sections, hameaux et écarts, des noms de lieux, qui paraissent si bizarres au premier abord, ont en partie leurs origines dans des causes locales (patois, accidents de terrain, etc.)

Nous allons les expliquer sommairement d'après le plan d'un travail remarquable du savant docteur A. Fournier (1), président de la section des Hautes-Vosges du Club alpin français.

On peut ramener les influences locales qui ont contribué à la formation des noms de lieux, à 2 catégories :

La 1re, celle des *Influences naturelles.*

La 2e, celle des *Influences politiques.*

1º INFLUENCES NATURELLES

Sous ce titre, nous groupons divers paragraphes :

§ I. — **L'Eau. — Les Ruisseaux. — Les Rivières. — Les Lacs. — Les Étangs. — Les Marais.**

Nous allons citer les *mots racines,* en plaçant à droite les dérivés existant au pays.

Fontaine. A donné :

Fontaine-Gillet, ferme.
Fontaine-Paxion.
Fontaine-de-la-Duchesse.
Les Fontenottes, lieu dit (Bas-Rupts).

La Goutte. A sa naissance, un petit ruisseau qui sort de la source, du marécage (feigne) qui l'alimente, devient une *Goutte.* Des villages, des lieux habités prennent parfois le nom de la goutte qui les avoisine.

---

(1) *Des influences locales sur l'origine et la formation des noms de lieux dans le département des Vosges.*

Creuse-Goutte, vallée, écart et cascade.

Paris-Goutte, écart.

Goutte-du-Tour, écart et forêt communale.

Goutte-du-Chat, écart.

Goutte-des-Sats (1), écart.

Relles-Gouttes (2), hameau.

Gouttridos (3), section.

Forgotte (4), section.

Peute-Goutte (5), ferme.

Goutte-de-la-Montée, écart.

Goutte-Logelot, ferme.

Goutte-des-Ruaux, ferme.

Grande-Goutte, ferme.

Goutte-Choine, lieu dit.

La Goutte prend quelquefois naissance dans un lieu défriché, toujours essarté, appelé en patois un *hchais,* d'où l'on a fait :

Hchai-Gottèye, écart.

Hchai-Gley, lieu dit,

que l'on a francisés, en les dénaturant entièrement, en

Xégoutté.

Chaies-Gley.

Le Rupt. Mot germain désignant un ruisseau ; en grossissant, une goutte devient un ruisseau, un rupt (*in ri* en patois).

Les Bas-Rupts, section.

Les Hauts-Rupts, hameau.

La Basse-des-Rupts, hameau et vallée, nom aussi d'un ruisseau.

Le Noir-Rupt, écart et vallée, nom aussi d'un ruisseau.

(1) Mieux Goutte-des-*Saps*, ancienne orthographe du verbe *saper ;* car on a défriché des sapins dans la vallée, ou de *Sap,* sapin, comme Ban-de-Sapt.

(2) *Relles,* rapides, vallée très abrupte où coulent les gouttes.

(3) Gouttes-Ridos, puis Gouttesridos et Gouttridos.

(4) *For* et *gotte,* patois de goutte ; autrefois Four goutte, Fourgotte puis Forgotte.

(5) *Peute,* laide en patois.

Xonrupt, section. En patois, *Hchonri;* or, un *Hchon* [1]
est un pont primitif formé d'une simple planche, jetée sur
un ruisseau; comme il fallait beaucoup de ces hchons
pour traverser la Vologne, dans ce hameau, on l'a bap-
tisé Hchon ri, d'où Xonruit, Xonruy, Xonruz, en français Xonrupt.

Lacs. Le mot *lac* qui désigne dans les Vosges des nap-
pes d'eàu fort restreintes, a été remplacé dans le langage
du pays par un nom bien autrement prétentieux : celui
de *mer* ou *mar*, nom celtique signifiant *lac* ou *mare.*

A Gérardmer, la signification des mots *lac* et *mer* est
identique, d'où lac de Gérardmer, de Longemer, de Retournemer.

Il est aisé de faire ressortir le pléonasme qui a lieu
quand on écrit Lac de Gérardmer; on dit *lac* du *lac* de
Gérard, puisque *mer* et *lac* sont synonymes.

Donc Gérardmer signifie mer de Gérard.

Longemer signifie mer longue.

Retournemer signifie dernière mer, il faut retourner.

Feignes. La Feigne désigne un marécage de la montagne. Ce mot vient du français *fange,* dérivé du mot
germain latinisé *fania* (fenne, fenna); *feigne, feine, feing,
faing, fény, fony* sont des mots qui représentent tous des
lieux humides.

Les 4 Feignes-de-Xonrupt, écart.

Les Hautes-Feignes, écart.

Les Feignes-sous-Vologne, lieu dit.

Les Feignes-du-Noir-Rupt,   —

Les Feignes-de-Foric,   —

Les Feignes-Charlemagne,   —

Le Faing-des-Meules, écho.

Le Faing-la-Grue, ferme.

Le Faing-Lové [2], lieu dit.

(1) Le Hchon est la première planche débitée dans un sapin, la contre-dosse.
(2) Autrefois Faing-Levey, feignes dont on avait levé la terre, que l'on avait
desséchée.

Le Rond-Faing, écart.

Le Phény (1), section.

Fonie ou Fony, lieu dit et ferme.

§ II. — **Montagnes.** — **Vallées.** — **Configuration du lieu.**

Roche. Nom très répandu à Gérardmer.

Roche-du-Rain.

— du-Lac.

—. du-Page.

— du-Soleil.

— du-Renard ou du Cou-
cou.

— du-Diable.

— des Artistes.

Roche des Vieux-Chevaux.

— de l'Homme-Noir ou du
Noir-Homme.

Belle-Roche.

Les Rochires, hameau.

La Rochotte, hameau.

Les Rochottes, écart.

Les Roches-Paîtres (2), écart.

Pierre.

Pierre-Charlemagne, lieu dit et pierre.

Grosse-Pierre, montagne et écart.

Mont. Nom donné à quelques montagnes.

Neyemont.

Frémont, ferme également.

Fachepremont (3), ferme également.

Rougimont (4), montagne, forêt, écart.

Housseramont.

Haut. Même sens que mont et même emploi.

Haut-du-Phény, écart.

Haut-des-Xettes, —

Haut-de-Rouen, —

Haut-de-la-Poussière, lieu dit.

Hautes-Feignes, écart.

Hautes-Vannes, —

(1) Autrefois Fény, Fany, Fenil, Phenil, Feny, puis Phény.

(2) Ou Roches-Peîtres. L'orthographe n'est pas fixée ; on écrivait autrefois Ro-
ches-Peltres ou Roches-Peltes ; dans le langage du pays, on prononce Roches-
Paîtes.

(3) Voir Chaumes.

(4) De *Rouge, Rougi,* car ce coteau a le soleil levant de bonne heure ; il est
aussi formé d'un granit rougeâtre.

Tête. Point culminant de la région ; sommet de la montagne.

Tête-du-Costet (alt. 887ᵐ).

Tête-du-Barrau (1) (alt. 1.008ᵐ).

Côte. Nom donné à quelques montagnes ou lieux élevés.

Le Costet (2).

Le Haut-de-la-Côte.

Rain. Pente rapide ; terme très employé en montagne.

· Le *Rain* (section du centre).   Le Rein-du-Beau, écart.

La Roche-du-*Rain.*   Les Reins-de-Vologne, forêt domaniale.

Le Rain-de-la-Bruche, lieu dit.   Le Rein-des-Genièves, lieu dit.

Le Rein-des-Fouchés, écart.   Les Reins-Derrière-le-Lac, lieu dit.

Charme. La chaume devient une *charme* quand le plateau est marécageux ou couvert de bruyères. Une charme est à une moindre altitude qu'une chaume.

Le *Haut-de-la-Charme,* point de vue très joli.

Basse. Fond supérieur d'une vallée profonde, souvent boisée.

La Basse-de-la-Mine (Longemer et Bas-des-Xettes).

La Basse-de-l'Ours, lieu sauvage.

La Basse-du-Beillard, écart.

La Basse-du-Cheniquet, écart.

Les Bassottes, ferme.

Creuse. Lieu profond, désert, sorte de trou.

· La Creuse, vallée et hameau.

Creuse-Goutte.

Vierge-de-la-Creuse.

Col. Passage. Le plus connu est celui de la Schlucht.

(1) En patois *lo Boro,* nom d'un grand fourneau arrondi, à coffre énorme, répandu dans la montagne. Probablement à cause de la forme arrondie de la montagne.

(2) En 1626, on écrivait le Chostel, puis le Costel, le Costet.

Mais ce mot allemand signifie passage; en sorte qu'en disant Col de la Schlucht, on dit *col du col* (comme lac du lac de Gérard pour lac de Gérardmer) (¹).

Citons encore :

Le Col de Grosse-Pierre (1.008ᵐ d'alt.)
—   Sapois (832ᵐ d'alt.)
—   Martimprey (800ᵐ d'alt.)
Le Col du Surceneux (826ᵐ d'alt.)

Collet. Petit col.

Le Collet, à 2 kilomètres de la Schlucht.

Parfois la configuration du lieu a contribué à l'appellation. Ainsi :

Haut. Haut-du-Phény. — Haut-des-Xettes.

Bas. Bas-des-Xettes. — Bas-des-Bas-Rupts. — Granges-Bas, hameau.

Fond. Le Fond-du-Beillard. — Le Fond-de-Celley.

Brèches. Lieu défriché, essarté. D'où l'on a fait :

Les Bruches, lieu dit.

La Grande-Breuche.

La Breuchotte (autrefois La Brochatte).

La Broche-du-*Lard,* corruption de La Broche de *l'air,* lieu défriché où l'air se faisait sentir.

La Broche-du-Pont (autrefois La Breuche).

Cercenée. De l'ancien patois *cercer,* écorcer; autrefois, pour faire périr les arbres, comme le bois avait peu de valeur, on ne se donnait pas la peine de les abattre; on les écorçait sur place et ils séchaient; ils étaient *cercés,* c'est-à-dire *arrachés.*

Les lieux cercés, défrichés, sont devenus des *cercées,* des *cercenées,* des *cerceneux,* des *surceneux.* A la suite de ce mot, le montagnard ajoutait d'habitude son nom. C'est ce qui explique l'origine des mots suivants :

---

(1) Il est vrai que ce mot, si répandu, s'est francisé en dehors de sa signification allemande.

La Cercenée, hameau,

Le Cerceneux, lieu dit.

Le Cerceneux-Mougeon, ferme.

Le Cerceneux-Marion, ferme.

Le Surceneux, forêt.

C'est ainsi que se sont peuplées les sections de Gérard-mer; partout où il y avait dans la forêt un bout de pré, un pâturage, les montagnards agrandissaient leur patrimoine aux dépens de la forêt environnante, en cerçant les sapins.

Aussi, trouve-t-on, vers 1727, de nombreuses dénominations de Cerceneux, telles que : *Surceneux-Hans*. — *Surceneux-Jacot*. — *Surceneux-du-Bas*. — *Surceneux-Blaison*. — *Haut-Surceneulx*, etc.

Chêne. Comme cet arbre ne pousse guère bien dans la montagne, il a été remarqué; nous avons, à Gérardmer :

La Chennezelle, écart.

Le Chenelet, lieu dit (Phény).

Cheny, lieu dit.

Grange-de-Cheny, ferme (1).

Derrière. Derrière-Longemer, lieu dit et écarts.

      Derrière-le-Lac,   —

      Derrière-le-Haut,   —

Droit. La Droite-de-Vologne, forêt.

      La Droite-du-Lac, lieu dit.

Il est à remarquer que La Droite-du-Lac est sur la rive gauche de La Jamagne.

Envers. Ce qui est de l'autre côté, plus loin; à Gérard-mer le plus souvent l'*Envers* désigne la rive gauche d'un cours d'eau.

L'Envers-de-Vologne.   L'Envers-de-Longemer.

L'Envers-des-Fies.   L'Envers-du-Lac.

(1) Une tradition veut aussi que cette ferme soit l'ancien *chenil* des seigneurs de Martimprey, d'où son nom.

§ III. — **Végétation.** — **Arbres.** — **Arbustes.** — **Plantes.**

Haie. Haie-Griselle ([1]), section,

Broussailles. Le vieux mot de la langue celtique qui est synonyme, *Brande, Branda* ([2]), a donné La Brande, montagne et forêt.

Xart. Ancien mot patois très répandu dans Gérardmer et qui signifie *sart, essart,* lieu défriché, d'où l'on a enlevé les arbres, que l'on a *essarté.*

Xard ([3]) Pierrat, lieu dit.
Xettes, section.
Corsaire ([4]), le Bas, le Haut, de La Maix, écarts et fermes.
Xettis ([5]), pâturages (sur La Bresse).
Xetté ([6]), hameau et coteau.

La Rayée. Section ainsi nommée d'un mot patois qui signifie *arrachée (rauyiè),* parce que la Section fut mise à nu par un ouragan.

Sapins-épicéas. En patois, l'épicéa s'appelle *fie,* d'où

Les Fies, section.
Le Pont-des-Fées (fies).

Cresson. Le Cresson.

§ IV. — **La Terre.** — **Les Champs.** — **Les Prés.**

Les lieux cultivés étant moins importants à Gérardmer que dans une commune rurale de la plaine, les noms

(1) A cause de la couleur.
(2) Qui a fourni le mot Brandon.
(3) Ancienne orthographe : Xart.
(4) Autrefois Corxard, Corxelard, Corxelaire, Corxaire, puis Corsaire.
(5) Anciennement Xatty.
(6) Autrefois Xaté. Il existait, au Bas-des-Xettes, un lieu qu'on appelait Les Xtés; il y avait un pont appelé le Pont-des-Xtés, autre forme de Xettes. Nous avons aussi trouvé Xatel, Xtel.

venus de l'influence de la nature du sol, se rapportent spécialement aux prés.

La Prairie-du-Champ.	Le Pré-Beurson, écart.
Le Pré-Georges, ferme au milieu du Pré.	Le Pré-Canon, —
Le Pré-Falte, —	Le Pré Chaussotte, —
Le Pré-Jean-J'espère, —	Le Pré-Patenotte, —
Le Pré-Pierrel, —	Peut-Pré, —
Le Pré-Paris, —	Le Pré-des-Clefs (1), —

2° INFLUENCES POLITIQUES & RELIGIEUSES

§ I. — Noms de Saints. — Abbayes. — Basiliques, etc.

Saint. Saint-Jacques, chaume.
    Saint-Nicolas-de-la-Poussière, écart.
Croix. Le Calvaire, cimetière.
    Le *Crucifix,* lieu dit.
    Le Pré-de-la-*Croix,* lieu dit.

Chapelle. La Chapelle de la Trinité.
    La Chapelle de Longemer.

§ II. — Agglomérations. — Domaines. — Fermes.

Ker. Mot celtique qui signifie grand mur.

Le Kertoff, gorge sauvage.
Le Grand-*Kerné,* précipice.

Dans le patois du pays, un *kerné* est un mur abrupt, une roche à pic.

Cella. Nom de l'habitation dépendant de la manse tributaire, d'où Celley.

---

(1) Ainsi nommé d'un pré communal, situé à cet endroit, qui fut vendu en 1732 pour acheter les ferrements de l'église en construction.

§ III. — **Habitations.** — **Constructions pour les animaux.**

Maison.

Les Trois-Maisons (Xettes).
Les Trois-Maisons de Xonrupt.

Granges. Hangars isolés dans une prairie, destinés, à l'origine, à remiser le fourrage. Plus tard, elles furent habitées.

Les Granges-Bas, hameau.	La Grange-Colin, ferme.
La Grange-Idoux, —	La Grosse-Grange, —
La Grange-Mauselaine, ferme.	La Grangeotte, —
La Grange-de-Cheny, —	

Roitelets. Gorge-des-Roitelets.

Ours. Basse-de-l'Ours.

Hérisson. L'Urson (forêt) du nom patois de cet animal.

Chèvre. Les Chevrottes, forêt.
         La Chevrotte, écart,

Cochon. Kichompré, hameau ; par les transformations suivantes : *Cochon prey* (1631), un pré où l'on avait lâché un cochon ; *Queschomprey* (1731) ; *Quichonprey* (1791) ; *Kichompré* (moderne.)

Enfin un grand nombre de lieux dits, d'accidents de terrain, doivent leur nom à des animaux ; citons en quelques-uns pour terminer :

Le Pont-des-Singes.	La Roche-des-Vieux-Chevaux.
Le Saut-de-la-Bourrique.	La Roche-des-Fourmis.
La Roche-du-Coucou ou du Renard.	Le Chemin-des-Fourmis, etc.

§ IV. — **Ponts.** — **Chemins.** — **Industrie.**

Ponts.

Pont-du-Lac.	Pont-de-Vologne.
Pont-Mansuy.	Pont-des-Fées.
Pont-des-Morts (Calvaire).	Etc.

2

Croisette. Croisement de routes.

La Croisette, hameau.

Mines. La Basse-la-Mine (Longemer et Bas-des-Xettes);
voir article *Mines.*

Cet aperçu que le lecteur peut étendre aisément, montre tout l'intérêt qui s'attache à la recherche des noms de lieux. De cette façon, la géographie est intimement liée à l'histoire locale ; c'est pourquoi nous avons donné les détails qui précèdent.

§ II. — LES ORIGINES DE GÉRARDMER

1° SOURCES DE L'HISTOIRE

L'histoire, comme l'a dit Michelet, est la résurrection du passé; or, pour faire revivre les temps anciens, il est de toute nécessité de recourir aux vieux manuscrits, aux vieux parchemins, ces témoins d'un autre âge. C'est pourquoi nous n'avons pas hésité à parcourir entièrement les archives communales antérieures à 1789, source précieuse de documents aussi curieux qu'inédits. Elles renferment plus d'une centaine de parchemins, de nombreuses liasses contenant 1.830 pièces papier et quantité de registres, dont le nombre de feuillets dépasse 12.000 [1].

Chose bien étrange, à part le résumé analytique dressé avec soin par l'administration des archives départementales et publié en 1867, les archives communales de Gérardmer étaient à peu près vierges de toute compulsation; c'est ce qui explique pourquoi les historiens de Gérard-

---

[1] Nous adressons ici nos sincères remercîments à M. Félix Martin, maire, qui nous a donné toute latitude pour nous servir des archives communales, et à M. Brégeot, secrétaire de Mairie, qui nous a obligeamment facilité nos recherches. L. G.

mer ont écrit en suivant leurs inspirations, leurs souvenirs, les traditions locales. Il faut toutefois en excepter Henri Lepage, le défunt archiviste départemental de Meurthe-et-Moselle qui a donné, en 1877 (¹), une remarquable notice sur Gérardmer, d'après les documents déposés au Trésor des Chartes, notice que nous avons consultée avec fruit.

Nous avons donc eu la satisfaction de ne pas suivre des chemins battus en passant cinq années de nos loisirs à fouiller les vieilles archives de Gérardmer; nous avons été largement récompensé de nos efforts par l'intérêt des renseignements recueillis et par la satisfaction de pouvoir écrire l'histoire du pays par le pays lui-même.

Cependant nous n'avons pas négligé la lecture des ouvrages qui pouvaient nous fournir des données sur le passé de Gérardmer, et nous en dressons la liste après la table analytique des archives communales. Cela nous permettra d'être plus succinct dans les renvois que nous ferons, au cours de l'ouvrage, à ces différentes sources de l'histoire locale.

1º Table analytique des archives de Gérardmer antérieures à 1789 (²).

A. A. I. — Franchises diverses (1573-1790).

A. A. II. — Arrêtés ordonnances et du duc de Lorraine et de l'administration.

B. B. I, II, III. — Registres des délibérations de l'assemblée communale (1693-1790).

C. C. I. — Droits divers des seigneurs (1618-1766).

(1) *Annales de la Société d'Émulation du département des Vosges*, 1877.
(2) Ces documents sont en simples liasses. Les archives postérieures à 1789 sont classées dans des casiers en fer-blanc avec indications apparentes au dos du casier. Elles sont bien plus faciles à consulter que les anciennes, se conservent mieux et sont plus à l'abri d'un incendie.
D'après l'*Inventaire sommaire des archives départementales*, tome II, 1867.

C. C. II à IX. — Comptes rendus des syndics et pièces justificatives (1673-1790).

C. C. IX à XIII. — Rôles de répartition des impôts par les asseyeurs (1657-1790).

C. C. XIII à XVII. — Impositions diverses (état de répartition) (1685-1767).

C. C. XVII à XIX. — Impôts directs : abonnements (1756-1786).

C. C. XX. — Main-morte (1554-1715).

C. C. XXI. — Cabaretiers. — Tavernes (1689-1750).

C. C. XXII. — Répartition d'impôts pour ponts et chaussées (1722-1789).

D. D. I. — Acensements (1580-1780).

D. D. II. — Chaumes (1564-1756).

D. D. III. — Droits d'usage dans les forêts (1567-1770).

D. D. IV. — Forêts (1626-1778).

D. D. V. — Délivrance de bois (1730-1790).

D. D. VI. — Vente et échange de terrains (1732-1751).

D. D. VII. — Registres et livres terriers d'acensement (1612-1756).

D. D. VIII. — Pêche (1665-1786).

D. D. IX. — Routes (1699-1787).

D. D. X. — Chemins (1725-1788).

D. D. XI. — Ponts et aqueducs (1618-1787).

D. D. XII à XIV. — Église. — Cloches. — Maison curiale (1718-1765).

D. D. XV. — École (1751-1752).

D. D. XVI à XVIII. — Scieries. — Moulins. — Moulins banaux (1618-1789).

E. E. I à III. — Milices. — Fournitures militaires. — Pionniers (1658-1788).

F. F. I et V. — Contentieux. — Administration communale (1688-1789).

F. F. II. — Délits forestiers (1702-1789).

F. F. III. — Police. — Injures (1710-1789).

F. F. IV. — Justice (1660-1773).

F. F. VI à X. — Procès entre la commune et les particuliers et pour affaires communales (1706-1786).

G. G. I, IV, V. — Bureau des pauvres. — Comptes rendus (1719-1792).

G. G. II, III. — Comptes de fabrique (1678-1685).

G. G. VI, VIII. — Églises de Corcieux et de Gérardmer. — Droits
ecclésiastiques. — Surveillance de l'Église
(1542-1790).

G. G. VII. — Translation d'un fou à Maréville (1733).

G. G. IX. — Actes de l'état civil (1609-1789).

H. H. I. — Épizootie (1714-1783).

H. H. II. — Foires et marchés (1654-1786).

H. H. III. — Oies (1769).

J. J. I. — Actes conservatoires contre le sieur de Martimprey (1615).
— Notices de Léopold Bexon (1778) et Didelot (1832),
sur Gérardmer.

2° Archives départementales.

Dignité abbatiale. — Chapitre de Remiremont (1077-1140).

Seigneurie dépendant de la Crosse, art. 1508-1548 (1721-1736).

Grande prévôté, art. 1510 à 1542 (1547-1559).

Chaumes. — Grande sonrerie, art. 1543 à 1563 (1596-1785).

C. 46. — Construction de l'église, du presbytère et de la maison
d'école (1751).

3° Publications diverses que nous avons consultées.

A) *Documents rares et inédits de l'Histoire vosgienne,* publiés par le
Comité d'*Histoire vosgienne* (collection).

B) *Essai de topographie physique et médicale du canton de Gérardmer,* par J.-B. JACQUOT (1826).

C) *Précis historique et topographique sur le canton de Gérardmer,*
par l'abbé JACQUEL, curé de Liézey (1852).

D) *Notice historique et descriptive de Gérardmer,* par Henri LEPAGE
(1877).

E) *Gérardmer et ses environs,* par X. THIRIAT (1882).

F) *Histoire de la Lorraine,* par A. DIGOT (6 volumes) (1856).

G) *Mémoires pour servir à l'Histoire de la Lorraine,* par A. NOEL
(2 vol.)

H) *Mémoires de la Société d'Archéologie lorraine* (collection).

I) *Les Vosges pendant la Révolution*, par M. Félix Bouvier (1885).

J) *Les Vosges avant l'Histoire*, par M. Voulot (1876).

K) *Annuaire de l'Instruction publique du département des Vosges*, **par** M. Ch. Merlin (1892).

L) *Des Influences locales sur l'Origine et la formation des noms de lieux dans le département des Vosges*, par M. le docteur A. Fournier (1884. — Extrait des *Annales de la Société de Géographie de l'Est*).

M) *Vieilles coutumes, usages et traditions populaires des Vosges, provenant des cultes antiques et particulièrement de celui du soleil*, par M. le docteur A. Fournier (1891. — Extrait du *Bulletin de la Société philomatique vosgienne*).

O) *Topographie ancienne du département des Vosges*, par le même. (*Société d'Émulation*, 1892).

P) *Situation financière de la commune de Gérardmer*, par M. Félix Martin, maire (1889).

2° Les Origines de Gérardmer

La topographie de Gérardmer explique en partie son histoire. Quoique la communauté ait fourni son contingent d'hommes d'armes pendant les guerres soutenues aux XVI° et XVII° siècles par les ducs de Lorraine, elle ne fut pas bouleversée par ces expéditions guerrières; à l'abri des montagnes qui la protègent, elle continua à se développer librement.

Son histoire, à la fois locale et nationale, ne manque ni de légendes merveilleuses, ni de renseignements précieux sur l'état du peuple français avant 1789. Elle offre, en outre, au lecteur le puissant attrait qui s'attache au développement spontané d'une population énergique, laborieuse, amie de la liberté et très originale.

Si l'on en croit M. Voulot [1], les environs de Gérard-

---

[1] *Les Vosges avant l'histoire.*

mer, déserts au Moyen âge, étaient néanmoins fréquentés, dès les temps les plus reculés, par des tribus celtiques d'origine aryenne, et bien antérieures aux *Leuci*. L'origine celtique du montagnard est du reste confirmée par les historiens modernes ([1]).

D'après la légende, Gérardmer aurait été habité au temps de Charlemagne; le grand empereur serait venu chasser l'ours, le loup, l'aurochs, dans la forêt des Vosges, il aurait même traversé la chaîne par le Montabey dans ses expéditions guerrières.

Étant donnée la proximité de la résidence d'été du grand guerrier, Champ-le-Duc, il n'y a rien d'impossible qu'il soit venu à Gérardmer; c'est ce que tendrait à confirmer la dénomination de quelques-unes des curiosités du pays, comme la Cascade et la Fontaine-Charlemagne, la Pierre-Charlemagne.

De là à l'affirmer, il y a loin; d'autant plus qu'aucun texte formel d'histoire ne certifie le fait, Henri Martin, lui-même, que l'on a invoqué souvent en témoignage, cite simplement un voyage de Karl, fils de Charlemagne, « qui vint retrouver son père dans la forêt des Vosges ([2]). »

Quant à la fameuse Pierre-Charlemagne, elle aurait servi à l'empereur et à sa suite pour faire un repas champêtre. Beaucoup de montagnards croient même voir sur cette pierre, dans une excavation, l'empreinte du pas du cheval de ce monarque.

« Cette excavation, dit M. Fournier ([3]), a, en effet, une forme aux trois quarts circulaire; elle peut être prise pour une empreinte de fer à cheval.

---

(1) Docteur A. FOURNIER, *Topographie ancienne du département des Vosges*, p. 51.

(2) Voici le texte de cet historien : « Karle revint triomphant présenter les dépouilles des vaincus (les Bohémiens) à son père, dans la forêt des Vosges, où l'empereur passait la saison de la chasse, » t. II, p. 348.

(3) *Vieilles coutumes dans les Vosges*, ouvrage cité.

« La vénération de cette pierre n'est qu'une forme du culte des pierres, à cause de l'empreinte qu'elle porte et qui était le symbole du soleil (la forme circulaire ronde). »

Charlemagne a laissé, dans le pays de Gérardmer, des souvenirs que l'on retrouve à l'état de légende. « Quoi donc d'étonnant, continue le même narrateur, le souvenir de l'adoration du soleil étant disparu, que pour le montagnard, ce soit le cheval de ce souverain, devenu légendaire, qui ait laissé l'empreinte de son pied sur cette roche ?

« Plusieurs coutumes des Vosges rappellent cette forme du culte du soleil.

« A Noël, les parrains et marraines donnaient à leurs filleuls et filleules un gâteau connu sous le nom de *cugneu* ou *quénieux*. Au commencement du Carême, on vendait d'autres gâteaux ayant la forme de croissants. On les appelait des *cornottes*, ou *counottes*, ou *conattes*.

« Les pauvres allaient de maison en maison quêter des beignets en chantant :

« Cercles, cercles de roses,
Les beignets sont levés.
Poëles, poëles pétillent,
Les beignets sont rôtis.
Beignets hors ! Beignets !
Ou je fracasse la baraque (1). »

M. Fournier fait remarquer le caractère religieux de

(1) Voici le texte en patois alsacien, que chantaient les montagnards du Val de Munster, en allant quêter ces beignets :

Reihe, Reihe Rose !
D'Kehchle sen geblose.
Pfanne, Pfanne krache,
D'Kehchle sen gebrache.
Kehchle rus ! Kehchle rus !
Od'ri schlag è loch en's Hus (mot à mot : ou je fais un trou à la maison).

ces mots : *cercles, cercles* qui figurent dans ce chant; *cercle* rappelle l'image ronde du soleil : « Phébus, tu faisais paître les bœufs qui *courbent* en marchant leurs pieds à forme de *croissants...* O soleil ! dont les rapides coursiers répandent *circulairement* la lumière ! »

L'auteur termine en ajoutant : « C'est toujours par une forme ronde que l'on rappelle la forme du soleil; si on le fête, c'est en rond que l'on danse; si on le chante, c'est sa *forme circulaire* que l'on évoque. »

Une autre tradition, plus vivace que celle de Charlemagne, attribue à Gérard d'Alsace la fondation de Gérardmer. Il aurait établi sur les bords de La Jamagne une tour destinée à perpétuer le souvenir de son passage, et les restes de cette prétendue tour auraient été trouvés en rebâtissant la chapelle du Calvaire.

L'existence de cette tour est si peu authentique qu'on peut en faire une légende comme celle de la Pierre-Charlemagne, d'autant plus que les chroniqueurs de l'époque ne parlent pas de Gérardmer dans leurs récits.

Richer, moine de Senones, auteur du XIIIᵉ siècle, raconte que : « L'an du Seigneur 1056, un certain personage du nom de Bilon, serviteur du duc Gérard, construisit une chapelle en l'honneur de saint Barthélémy, dans une forêt de la Vosges, qu'on appelle Longe-mer (¹). »

Ce récit fut développé par d'autres chroniqueurs, notamment Jean Herquel ou Herculanus, et Jean Ruyr, chanoines de Saint-Dié.

Jean Herquel, dans son *Histoire de Saint-Dié* reproduite par Dom Calmet (²), dit, à la date 1057 : « Par le même temps, Bilon, serviteur de Gérard, duc de Lorraine,

---

(1) Chronique de RICHER, manuscrit de la bibliothèque publique de Nancy, fᵒ X-Vᵒ. Voici le texte latin : *Anno Domini mᵒ lvjᵒ quidam Bilonus, Gerardi ducis servus, in saltu Vosagi qui Longum mare dicitur, locum et capellam in honore beati Bartholomei privus edificavit.*

(2) T. VII, pr. col., clxxv.

« dégoûté de la vie de la cour, et se reprochant à lui-
« même la vie absurde qu'il avait menée, se retira dans
« la solitude et dans la forêt qui est appelée Longe-mer.
« Il éleva une chapelle au divin Barthélémy (au saint), et
« pour lui, une cellule. Là, par une persévérance admi-
« rable, cet homme qui avait été nourri dans les délices
« d'une cour, persévéra comme on le rapporte. Il y a là
« aussi un lac, d'où la rivière Vologne tire son origine,
« laquelle, coulant à travers la vallée des champs, se
« jette dans la Moselle un peu au-dessous de Docelles.
« Ce fleuve charrie des pierres précieuses ou moules (1),
« non inférieures, pour la grandeur et la couleur purpu-
« rines, à celles de l'Orient (2). »

Si l'on n'admet pas, — et rien n'autorise à le croire, –
que Gérard d'Alsace ait fait de Gérardmer un rendez-vous
de chasse et de pêche, cette dernière localité ne lui de-
vrait donc pas son nom.

C'est du reste l'opinion du P. Benoît Picard, « d'un écrivain dur, mais exact; il est fait pour instruire et il n'a
que cet avantage. Sec, et toujours éloigné du ton qu'il
faut prendre pour plaire, cet historien ne peut être lu
avec plaisir que par ceux qui ont besoin de lui (3). » Le
Capucin toulois critique, en ces termes, le « Traité historique et critique de l'origine de la maison de Lorraine, »
par le P. Hugo, abbé d'Étival : « J'ai cru autrefois que le
« village de Gérardmer empruntait son nom du duc Gé-

---

(1) Il s'agit de la moule à perle (*Unio elongata*). On ne la trouve dans la Vologne qu'au-dessous du confluent du Neuné.

(2) Cette traduction est aussi littérale que possible; voici le texte latin : *Per
idem tempus, Bilonus, servus Gerardi, ducis Lotharingie, vite pertesus aulice, et
semetipsum corripiens ob vitam absurde actam, in solitudinem secessit, atque
in saltu qui Longummare vocatur, sacellum divo Bartholomœo et sibi cellulam
erexit, ubi, mirabilii constantia, vir in aule delitiis enutritus, perseverasse fer-
tur. Est ibi lacus, unde Volumna fluvius originem fluit, qui preterfluens vallem
Camporum, in Mosellam paululum infra Docellas labitur. Hic fluvius baccas sive
uniones fert, magnitudine et colore subrubeo orientalibus non inferiores.*

(3) Chevrier, cependant peu louangeur de sa nature.

« rard, mais après plusieurs recherches que j'ai faites,
« pour l'éclaircissement de l'histoire de Toul et de Metz,
« à laquelle je m'applique actuellement, je dis à présent
« que le duc Gérard, suivi de Bilon, l'un de ses offi-
« ciers, assista à la translation de l'évêque St Gérard, faite
« à Toul le 22 Octobre 1051. Cet officier, touché de la
« sainteté de nos cérémonies et des miracles que le bon
« Dieu fit paraître sur le tombeau de ce saint, et qui ont
« été écrits par un auteur contemporain, se retira dans les
« Vosges et fit bâtir une chapelle en l'honneur de S[t] Gé-
« rard et de St Barthélemi, laquelle, à cause des biens
« qu'il y annexa, fut érigée en bénéfice dans l'église pa-
« roissiale, dont ces deux saints devinrent les patrons et
« donnèrent lieu d'appeler les habitations proches du lac,
« Gérardmer, *Sancti Gerardi mare.* »

A l'appui de sa conjecture, le P. Benoît cite deux titres :
l'un de 1449, établissant qu'à cette date, un siècle et demi
après la première charte qui fasse mention de Gérardmer,
une chapelle sous le vocable de saint Gérard et de saint
Barthélemi, existait près du lac de Longemer, et que les
dames de Remiremont avaient le patronat de la chapelle;
l'autre, qu'en 1455, la chapelle n'était plus désignée que
sous le nom de saint Barthélemi [1].

Il y aurait longtemps au reste, que la légende de Gérard d'Alsace serait oubliée, si une circonstance toute

_____

[1] D'après M. Arthur Benoit, *Annales de la Société d'Émulation du département des Vosges pour 1878.* — Voici le texte des deux extraits d'après le Capucin
toulois :

*Religiosa Domina Hervieta de Vienna et Capitulum Ecclesiæ Monasterii Sancti
Petri de Romaricomonte Ordinis S. Benedicti, ad quas presentatio dictæ cappel-
laniæ S. Gerardi et S. Bartolemei de longo mari asseritur pertinere. 10 Martii 1449.*

*Dilectum nostrum Joannem Freminet de Castrio supra Mosellam Tullensis
Diocesis subdiaconum ad copellianum perpetuam ad altare S. Bartolomæi in longo
mari fundatam et vacatem per diu turnam rectoris sive possessoris dictæ capel-
laniæ orbationem per venerabilem et religiosam dominam Alexiam de Parroya
Dei patientia, Abbatissam ecclesiæ sive Monasterii S. Petri de Romaricomonte,
dictæ diocœsis, Ordinis S. Benedicti.*

fortuite ne lui avait donné un regain d'actualité. En 1866, aux fêtes du centenaire de la réunion de la Lorraine à la France, les organisateurs des décorations créèrent, pour Gérardmer, des armoiries purement imaginaires, où figurait Gérard d'Alsace. Nous démontrons plus loin combien on était loin de la vérité.

C'est ici le lieu de placer une petite digression concernant la prononciation du mot Gérardmer.

Faut-il dire *Gérardmé* ou *Gérardmère ?*

Les habitants du pays prononcent *Gérardmé*, mais ils disent *Retournemère, Longemère*. Cette anomalie étonne les étrangers qui prononcent tous *Gérardmère*.

Il nous semble que la question est toute tranchée; ce sont les habitants du pays qui baptisent eux-mêmes leur localité; s'ils l'appellent *Gérardmé*, il faut dire comme eux. Il y a peut-être à cela une raison d'étymologie. Autrefois on désignait Gérardmer par les noms de *Géramer, Gyraulmeix, Giralmeix, Giraulmer, Giralmer, Giraumeix, Gérameix, Géraumeix, Giraulmeix, Girardmer, Giramer;* en patois du pays *Giraudmouè*, de *Giraud*, patois de Gérard et *mouè*, patois de lac. Comme la prononciation patoise a longtemps prévalu, la terminaison en *eix* aura prévalu d'où *Gérardmeix, Gérardmé*.

Mais alors pourquoi ne dit-on pas de même *Retournemé, Longemé*, puisqu'il y a une raison étymologique analogue, et que, dans le patois du pays, on dit de même *Longemô, Retounmô ?*

Il y a bien longtemps que le poète Horace a répondu à la question; en reconnaissant l'autorité de l'usage, il dit :

Si volet usus
Quem Penes arbitrium est, et jus et norma loquendi.

3º Origine certaine de Gérardmer

Jusqu'alors on n'a pas trouvé de titre plus ancien que la fin du XIIIe siècle, pour mentionner le nom de Gérardmer la première fois.

Le titre dont il s'agit est un acte de Mai 1285, par lequel le duc Ferry III concéda à Conrad Wernher, sire de Hadstatt, à son fils et à leurs héritiers, en fief et augmentation de fiefs, que le dit Hadstatt tenait déjà de lui, la moitié de la ville de La Bresse, qu'il les a associés dans les lieux appelés *Géramer* et *Longemer* en telle manière que lui et eux doivent faire une *ville neuve* dans ces lieux, où ils auront chacun moitié.

Le texte même de ce titre, si important pour Gérardmer, se trouve dans la copie faite à la fin du XVIe siècle (¹), d'un *Vidimus* original écrit en français, mais que le transcripteur a mis en latin.

Nous le donnons *in extenso,* avec une traduction française à peu près littérale ; en dessous nous donnons le texte latin.

... Nous, Ferry, duc et marquis de Lorraine, faisons savoir à tous nos sujets que nous avons donné et concédé à nos fidèles amis *Conrad Wernher,* sire de Hadstatt, à *Conrad Wernher,* son fils cadet, en fief et en augmentation des autres fiefs qu'ils tiennent déjà de nous ou qu'ils tiendront encore de nous, ou de nos héritiers, la moitié de la ville et du ban dits de La Bresse, situés de l'autre côté

... *Ego Fridericus, dux Lotharingiæ et marchio, notum facio universis quod ego dedi et concessi amicis meis fidelibus domino Conrado Wernhero, dicto de Hadestatt, et domino Conrado Wernhero, filio suo juniori, militibus et eorum heredibus, in feodem et in augmentationem aliorum feodorum que jam tenet seu tenere debet a me vel meis heredibus, mediætatem ville dicte de La Bresce, que sita est*

(1) Trésor des Chartes. Cartulaire *Bailliage de Vosges pour le domaine,* t. I (B. 380), fº 170.

de Cornemont (Cornimont). Nous leur accordons aussi la ville que
le sire Lieffroi de Ste Honorine avait reçue de nous en fief et qui
nous est revenue par suite de la mort de Lieffroi; cette ville comprend hommes, femmes, terres, prairies, forêts, eaux, revenus,
cens, juridictions, bans, jugements, domaines, etc.; quant à l'autre
moitié de la ville de La Bresse et du ban, elle restera en notre possession et en celle de nos héritiers. Et ceux à qui nous faisons cette
concession devront fidèlement défendre la dite ville de La Bresse
contre les ennemis qui sont de l'autre côté des montagnes de l'Allemagne; pour nous, nous la défendrons fidèlement contre les ennemis qui pourraient venir du côté des montagnes de la France. Et
nous faisons savoir que nous avons associé les dits sieurs de Hadstatt, dans les lieux dits *Géramer* et *Longemer;* nous devons faire
ensemble une *ville neuve* dans ces lieux, dont une moitié nous appartiendra à nous et à nos héritiers; que si l'on vient à établir un
marché ou un péage, la moitié des revenus sera pour nous et nos
héritiers, l'autre moitié reviendra aux sires de Hadstatt et à leurs
héritiers; ils auront la charge de conduire les marchands qui passe-

---

*ex altera parte Cornemont et de banno, sicut eam quondam domi-
nus Liefridus deo Sancta Heunmerina tenebat a me, que ex morte
dicti Liefridi, qui eam in feodo tenebat a me, mihi rehabita, vide-
licet in hominibus, uxoribus, terris, pratis, nemoribus, aquis, red-
ditibus, censibus, jurisdictionibus, bannis, judiciis, dominiis et in
omnibus aliis quecumque sint, et alia medietas dicte ville de La
Bresce, et de banno remanet mihi et meis heredibus; et ipsi debent
fideliter defendere dictam villam de La Bresce et dictum bannum
ab illis qui sunt ultra montes ex parte Alemannie; et ego debeo illos
fideliter defendere ex illis qui sunt ab ista parte montium terre gallice. Et sciendum est quod ego associavi eos illis locis que dicuntur
Geramer et Longe mer tali modo quod ego et ipsi debemus facere
unam villam novam in illis locis, in quibus ego et mei heredes ha-
bebimus et habere debemus medietatem, et ipsi et heredes eorum
aliam medietatem; et si ibi accipitur teloneum seu pedagium, ego et
mei heredes debemus habere medietatem et ipsi et heredes eorum
alteram medietatem; et ipsi debent conducere mercatores transeuntes*

ront dans ce pays, vers l'Allemagne; pour nous, nous conduirons ceux qui se dirigent vers la France.

Nous faisons aussi savoir que nous et la duchesse, notre femme, nous pourrons pêcher dans ces lieux pour nous; les sires de Hadstatt le pourront faire également pour eux, et si l'on vend les poissons pêchés dans ce domaine, nous partagerons encore avec eux le produit de la vente. Nous nous réservons spécialement à nous et à nos héritiers les forêts qui sont contiguës à *Géramer* et *Longe-mer;* toutefois nous accordons aux habitans de cette *Ville neuve* l'autorisation d'y toucher du bois pour bâtir leurs demeures et d'y ramasser le bois mort pour leur chauffage.....

Pour confirmer ce pacte, j'ai donné ces lettres marquées de notre Seing, en témoignage de vérité.

Donné en l'an de l'Incarnation de N. Seigneur, mil deux cent quatre-vingt-cinq, le samedi avant la fête de la Ste Vierge Marie, au mois de Mai.

On peut conclure, avec certitude, que Gérardmer, deux fois désigné dans ces lettres sous le nom de *Ville neuve,* date de la deuxième moitié du XIIIe siècle.

---

per illa loca ab altera parte montium ex parte Alemannie, et ego debo eos conducere ex ista parte montium terre gallice. Hoc etiam sciendum est quod ego et ducissa uxor mea possumus ibi piscari pro nobis, et ipsi similiter possunt piscari pro se; et si fieret aliqua venditio piscationis illorum locorum, ego et mei heredes debemus habere medietatem, et ipsi, et heredes eorum aliam medietatem. Item notandum est quod silve que sunt contigue ad Geramer et Longemer remanent mihi et meis heredibus sine participatione dictorum Conradi Wernheri et heredum eorum, hoc excepto quod incole de dicta nova villa *debent pro edificatione domorum suorum lignis illis usufrui et pro igne lignis dejectis que putrescerent.....*

In cujus rei firmitatem ego dedi eis litteras sigillo meo sigillatas, testimonium veritatis. Datum anno ab Incarnatione Domini millesimo CC. octuagesimo quinto, sabbato ante festum beate Marie Virginis mensis Maii.

4° PREMIERS HABITANTS DE GÉRARDMER

« La tradition rapporte, dit Jean-Baptiste Jacquot ([1]), que les premiers habitants trouvèrent toute la surface de Gérardmer couverte de bois de haute futaie et d'arbrisseaux sauvages, à l'exception du beau pâquis, dit le *Trexau* ([2]), sur la rive orientale du lac et à l'extrémité occidentale du bourg.

« Ces premiers habitants, pêcheurs et chasseurs, ne tardèrent pas à être convaincus des inconvénients et de l'insuffisance de ce genre de vie, de son incompatibilité, soit avec les agréments de la vie, soit avec l'entretien de la santé qui réclame un régime plus varié, et sentirent promptement la nécessité de cultiver la terre. Dans ce dessein, et pour hâter le défrichement de leurs forêts, ils commencèrent à former des clairières, soit en coupant les arbres, soit en les ébranchant, ou même en les écorçant sur pied, pour les faire sécher plus rapidement. » Ils pratiquèrent de ces opérations qu'ils appelaient tantôt *brèches*, tantôt *cercenées, surceneux,* vieux mots patois qui signifient écorcer, défricher, essarter.

Les premières habitations de Gérardmer furent situées sur la rive orientale du lac, et sur le bord de La Jamagne, en suivant l'ancien chemin du Vinot aux Bruches. Avant la construction du *Chalet d'Alsace* par M. Momy, l'allée plantée de maronniers qui longe le lac, était remplie par les baraques des anciens pêcheurs du lac; ces habitations, ordinairement en planches, misérables, malpropres, enlevaient au paysage du lac une grande partie de son pittoresque; M. Momy fit œuvre d'utilité publique en les rasant et en nivelant ensuite leur em-

(1) *Essai de Topographie,* ouvrage cité.
(2) D'un vieux mot patois qui signifie lieu dépouillé, défriché.

placement; cependant tout le vieux Gérardmer n'a pas disparu; on peut voir encore plusieurs maisons portant le millésime de 1500, notamment celle qui se trouve en face du chemin de Liézey, sur le chemin qui va de la rue de la Gare à l'avenue du Vinot (1).

Des raisons autres que celle de l'alimentation devaient engager les premiers habitants de Gérardmer à ne pas former d'agglomération auprès du lac; l'hiver y était long et humide; le vent d'ouest, qui est le vent dominant du pays, y souffle avec force; pour se mettre à l'abri des intempéries, ils vinrent s'installer dans les vallées abritées (Basse-des-Rupts, Creuse, Ramberchamp), ou sur le versant des coteaux (Rain, Bas-des-Xettes, Rochires, Forgotte); il est à remarquer, du reste, que la population de la section du Lac a toujours été la plus faible de celle des 4 sections du centre.

Ce mouvement de rétrogradation dans la vallée avait une autre cause; il rapprochait les fidèles de l'église d'alors, la chapelle du Calvaire; on se demande, au premier abord, pourquoi l'agglomération ne s'est pas formée autour de l'église, comme cela s'est produit partout; c'est que la prairie du Champ, à l'époque, était marécageuse, tourbeuse, inabordable par les temps de pluie ou de fonte de neige; les maisons ont été édifiées sur la hauteur, au flanc du côteau, et l'église a été construite au milieu des habitations, dès 1731.

Un document du XIVe siècle, qui existe au Trésor des Chartes (2), constate que le duc Raoul a donné à Conrad Hack de Tannes (Tann) « dix livrées de terre de forts, à rachat, à prendre et avoir sur la pâture, *les haisches et les yssues des bois* que le dit duc a entre Longemer et le

---

(1) Elle appartient à Mme veuve Jacquot. Il en existe encore quelques-unes sur le Trexau.

(2) Layette *Val de Liepvre* II, nº 4.

pertux d'Estaye (col de Taye); lesquelles dix livrées de
terre lui et ses hoirs doivent tenir en fief et hommage
jusqu'à ce qu'ils les puissent racheter pour la somme de
cent livres de forts ([1]). »

« Le Trésor des Chartes, dit Henri Lepage, possède
des actes de reprises faites aux ducs Charles II, René II,
Antoine et Charles III, en 1404, 1507, 1509, 1524 et 1553,
par Eppe, Cune, Frédéric et Claus de Hadstatt, pour ce
qu'ils tenaient en fief masculin de ces princes au Val de
Liepvre, à La Bresse, à *Gérardmer*, etc. » D'après le même
auteur, Claus de Hadstatt eut des difficultés avec le sieur
de Savigny, touchant leurs droits respectifs au village
de La Bresse. Le 24 Décembre 1570, Claus en écrivit
au comte de Vaudémont, lieutenant-général pour le duc
Charles III, son neveu ; le 5 Mars 1584, l'officier de la
seigneurie de Hadstatt réitéra les plaintes que son maître
avait précédemment faites, et les consigna dans une lettre,
adressée au procureur général de Vosges, où l'on remar-
que le passage suivant : « Touchant les prééminences et
« souveraineté qu'au nom de la très-louable Maison de
« Lorraine, la famille et Maison masculine de Hatstatt
« a eu seule jusques à présent, et en quelle manière cela
« se peult prouver et monstrer,... de ce en ay je donné
« suffisant advertissement... Et quant aux lettres et tiltres
« servans à cest affaires, je les ay envoyé en court...
« J'ay néantmoins, depuis vos dernières lettres à moy
« escriptes, cherché diligemment la première lettre de
« reprise,... mais je n'ay trouvé aultre chose qu'une
« saulvegarde ou protection du Saint Empire, affin que
« ceulx de La Bresse, Géramer et Longemer puissent li-
« brement hanter et demeurer en Allemaigne, par où (à
« mon opinion), s'ensuyt qu'à la première réception du
« fief, il a esté dit et conclu expressément que la très

(1) II. LEPAGE. *Notice sur Gérardmer.*

« louable Maison de Lorraine donneroit aux subjectz en
« entrant, et ceulx de Hatstatt en sortant, saulve con-
« duit... »

Clauss mourut vers cette époque, sans héritier mâle,
et le fief retourna à la couronne de Lorraine.

———

PREMIÈRE PARTIE

ÉTAT DES PERSONNES

CHAPITRE Ier. — LE TIERS ÉTAT

1º DROIT DE BOURGEOISIE

Les habitants de Gérardmer étaient des bourgeois ;
aussi tout étranger qui voulait élire domicile dans cette
localité était-il tenu à certaines formalités relatées dans
le règlement, en date de 1581, que firent les habitants
de Gérardmer. Ce réglement fut approuvé par S. A. R.
le duc de Lorraine ; en voici le texte :

RECETTE en deniers à cause d'entrée defforains qui s'habituent
et prennent bourgeoisie au lieu de Géramer.

Son Altesse a, de son autorité, agréé, confirmé l'édict que les
manans et habitans de Géramer ont faict entre eulx pour les
defforains cy après seront en volonté se retirer au dict Géramer,
sçavoir : que tous et ung chacun qui, à l'avenir, se présenteront
pour s'y domicilier et prendre bourgeoisie, seront tenus faire
paroistre par lettres d'attestation auctentiqués de quel lieu, extraction et comportement ils sont ; davantage, premier en avant
qu'estre receu pour bourgeoy, ung chacun d'eulx sera tenu payer
quarante francs d'entrée pour une fois, sçavoir vingt francs ès
mains de notre Receveur d'Arches et aux vénérandes Dames abbesse,
doyenne et Chapitre de l'Eglise Sainct-Pierre de Remiremont par

moitié, et les aultres vingt francs aus dicts habitans pour estre convertis à l'usage et proffit du publique et non aultrement (1)... »

Pour devenir bourgeois de Gérardmer l'étranger était donc obligé d'acquitter la taxe de 40 francs et de fournir ce que nous appelons aujourd'hui un certificat de bonne vie et mœurs. L'acte de réception, comme bourgeois, de Simonin (1693), stipule expressément :

· Que le nouvel entrant ne devait intenter aucun procès, débat, rancunes ny difficultés contre la communauté, les bourgeois ni les habitants du dit lieu, sans subject et cause légitime bien recognue, à peine d'estre dejeitté (déjeté) de la communauté et privé du dit droit de bourgeoisie et de tous dépens, dommages et interest à récupérer contre lui ayant y celuy acceptant satisfait les sommes statuées sur les nouveaux entrantz...

Le nouveau bourgeois s'engageait en outre « à payer « sa cote part de tailles, subsides, impositions, logemens « et autres taxes... »

Les admissions au droit de bourgeoisie furent rares au XVI⁰ siècle; en 1593, il n'y eut que celle de *Nicolas Gury* (2), dit *Franoult,* qui devint la souche d'une famille importante, répandue dans le département, celle des *Defranoux* (de Franoult, de Franould, de Franoulx, de Franoux puis Defranoux).

A partir de 1600, les étrangers vinrent en grand nombre à Gérardmer; cette intrusion engagea les habitants à solliciter du duc de Lorraine l'autorisation de porter le droit d'entrée à 150 francs, applicables, savoir : 40 francs par moitié au duc et au Chapitre, 30 francs à la fabrique de l'église et 80 francs à la commune (1609).

Les suppliants motivent ainsi leur réclamation :

(1) Archives communales A. A. I.
(2) Il était originaire du hameau de Franoux, commune de Dommartin près de Remiremont. C'était — à ce que pensent ses descendants — un officier annobli du Chapitre, disgracié dans ce moment, on ne sait pour quelle cause.

La modicité du droit d'entrée (1) n'empêche pas l'entrée des étrangers et de s'y rendre bourgeois ; les uns par mariage avec nos filles par eux abusées, les autres pour la commodité de voguer en Allemaigne toute voisine, s'en voiant croître le nombre de jour en jour, si que pour la juste crainte que les dits remontrans ont que tel peuplement de personnes étrangères sans moyens peü que soit, art ny practique quelconque en leur dit village, ne leur apportent enfin ruine et pauvreté, à cause qu'il y a de quoi l'exercer au labourage pour la stérilité et frigidité du climat, ny moïen d'y vivre que par le maniement du leur bétail... (2).

Le duc fit droit à la demande des requérants, mais il abaissa la taxe d'entrée à 100 francs, dont la moitié revenait au duc et au Chapitre, l'autre moitié aux habitants.

En 1618, Michiel Jehel de Rehapal (Rehaupal) fut reçu bourgeois à Gérardmer ; en 1679, ce fut Nicolas de La Levée (3), ancêtre de la famille des Lalevée ; en 1693, la communauté reçut comme bourgeois Nicolas Simonin (4), savoyard natif de la Valdotte, dont les descendants forment une nombreuse famille ; enfin en 1696, ce fut Georges Jollé (5), de Liézé (Liézey), paroisse de Champdray, qui acquitta le droit de bourgeoisie.

Les habitants de Gérardmer conservèrent avec un soin jaloux les privilèges de leur droit de bourgeoisie. Ils réclamèrent la confirmation de ce droit à différentes époques notamment en 1702, 1729 et 1775.

Les admissions au titre de bourgeois, moyennant fi-

---

(1) Etait-il si modeste pour l'époque ?

(2) Archives communales A. A. I. Ce texte démontre clairement qu'il ne s'agissait pas, comme l'ont écrit GRAVIER (*Histoire de Saint-Dié*) et H. LEPAGE, d'une immigration alsacienne.

(3) Archives communales C. C. IV. Un article de recettes de 28 francs est une partie du droit d'entrée de cet arrivant.

(4) On appelait communément les Simonin, Simony, et par surnom, un peu encore par défiance instinctive envers l'étranger, les Simonary.

(5) Archives communales B. B. I, comme le précédent. Il existe encore beaucoup de descendants de ce Jollé ; leur nom s'écrit souvent avec un seul *l*.

nances, furent plus fréquentes à la fin du XVIIIe siècle ;
voici celles qui sont relatées sur le registre dit « de bourgeoisie (¹). »

1775. Jean-Joseph Henry, venant de Rochesson.
      Jean-Joseph Valance,   —   Gerbépal.
1776. Bastien Beidel (2),   —   Corcieux.
      Claude-Mathieu Claudel,   —   La Bresse.
      Jean-Baptiste Gérard, chirurgien, venant du Tholy.
      Jean-Baptiste Sevrin (3), venant de Gerbépal.
      Joseph Perrin,   —   La Bresse.
      Nicolas Claudel, venant de Rehaupaux (Rehaupal).
1780. Martin Mougel, venant de La Bresse.
      Amé Perrin,   —   —
      Jean-Baptiste Cunin, venant de Tholy.
1782. Nicolas Houberdont,   —   Viménil.
      Valentin Thomas, venant de Chaudray (Champdray).
      Joseph Demange,   —   Rochesson.
      François George,   —   Toli (Tholy).
1783. Le Comte (4),   —   Granges.
      Amez Houat, (5)   —   Tendon.
      Joseph Demangelle,   —   Fresse.
1784. George Marion,   —   La Bresse.
1785. Dominique Grégoire,   —   Buvacôte (Bouvacôte).
      Jean-Nicolas Buffet,   —   Tendon.
1786. Sébastien Mougin,   —   La Bresse.
      Nicolas Colnel,   —   Beillard.
      Jean-Joseph Boulay,   —   Saint-Amé.
1788. Ant.-Benoît Claudel,   —   La Bresse.

L'étranger qui épousait une jeune fille de Gérardmer
devenait, *ipso facto,* bourgeois du pays ; aussi beaucoup
de nouveaux venus surent-ils par le mariage se soustraire
à la taxe de 100 francs.

(1) Archives communales A. A. I.
(2) Aujourd'hui, on écrit *Bédel.*
(3) Famille disparue du pays.
(4) On écrit *Lecomte.*
(5) On écrit *Houot.*

En 1684, ce fut Claude *Garnier,* venant de la paroisse de Saint-Nabord, qui épousa Marguerite Claudon, de Gérardmer (¹), et prit de la sorte son droit de cité ; il fut l'ancêtre de la famille Garnier-Thiébaut actuelle.

En 1700, « Martin *Perrin,* fils d'Anthoine, natif de La Valdotte, épousa la fille de deffunt Laurent Gley. » Ce fut l'ancêtre de la famille Perrin dont M. Jean-Baptiste Perrin, fabricant de toiles, est un représentant.

Ce mouvement d'immigration de Savoyards se continua dans le commencement du XIXᵉ siècle ; en 1818, un nommé *Marulaz,* vint, d'Epinal, s'établir à Gérardmer ; il y épousa — à l'âge de 19 ans — Marie-Agathe Martin et eut de son mariage plusieurs enfants qui vivent encore. Ce Marulaz était fils d'un marchand ambulant (²) installé à Epinal depuis 1815, natif de Morzine (Haute-Savoie), de la même famille que le général Marulaz dont la biographie appartient à l'histoire (³).

2° NOUVEAUX « ENTRANS » A GÉRARDMER

A la suite des rôles de répartition d'impôts, les asseyeurs dressaient la liste des « *Nouveaux Entrans* » qui étaient affranchis de charge pour la première année

(1) Archives communales G. G. IX. On trouve aussi l'ortographe Gairnier — Gournier.

Les Garnier devaient déjà être installés à Gérardmer avant cette date, car un des comptes du domaine d'Arches signale pour 1643 la présence de Bernard Garnier à Gérardmer (Archives de Nancy).

(2) Ce Marulaz avait servi pendant quinze années comme volontaire dans les armées de la République.

(3) Le fils du général Marulaz était général commandant une division d'armée à Paris, sous l'Empire. Il commandait la place de Besançon en 1815 ; les Alliés essayèrent de le corrompre par des offres d'argent considérables qu'il repoussa énergiquement.

Ces renseignements nous ont été obligeamment communiqués par M. Groshens, instituteur aux Bas-Rupts (Gérardmer), qui les tient d'un descendant de la famille Marulaz, M. Nicolas Marulaz.

de leur séjour ; beaucoup de ces étrangers n'étaient que passagers, car il existe aussi, à la suite des rôles la liste des « *Sortans ;* » on retrouve néanmoins parmi ces noms ceux de plusieurs familles de Gérardmer ; nous les donnons à titre de document.

« *Nouveaux Entrans.* »

1721. C. Colin. — J. Gonand. — J. Toussaint le Jeune. — J.-J. Pierrat. — D. Daniel. — J.-J.-A. Cuny. — G. Martin. — C. de Franoux. — A. et N. les Cuny.

1722. Veuve H. Arnoult. — L. Clément.

1723. D. Morel. — J.-J. Pierre. — Q. Chanel. — N. Bastien. — P. de Franoux.

1724. C. Martin. — Gérard-Gérard-N. Michel. — E. Bédel. — E. Claudel. — J.-N. Cuny. — N. Demarchal, chapelier. — P.-L. Gérard. — J. Costet.

1727. J. Berson, de Vaunilair. — A. Mougin, de Vagner.

1728. C. Jolé, franc de Granges. — Mani, de Martancourt (Mattaincourt).

1738. C.-F. Febvez, de Vagnez. — N. la Coste, de Tendon. — J. Grégoire, de Vagnez. — N. Genay, de Vagney. — A. Perrin, du Tolly. — B. Bombaude, de Champdray. — G. Pierrat, de Saint-Amez. — S.-J. Renaud, chirurgien, de Mirecourt.

1739. D. Remy, de Vagney. — J. Pierrot, du Tolly. — J. Claudel, de Vagney. — N. Demangeat le Jeune, du Bon homme. — N. Liégier, saunier, de Bruières. — J. Pierrot, de Grange. — J.-N. Bastien, du Toly.

1740. P.-F. Petey, chirurgien, de Gerbépal. — J.-I. Arnoux, de La Bresse.

1741. B. Thomas, de Vagney. — G. Costet, de Chendrey. — J. Tisserant, d'Alsace. — Veuve J. Hingré, de Dommartin.

1742. N. Bastien, de Grange. — J.-M. Claudel, de Vagney. — G. Chipot, d'Alsace. — Veuve Argillier, de Sendiez (Saint-Dié).

1743. J.-M. Thomas, de Vagney. — G.-J. Michel, de Vagney. — J.-L. Hans, de La Bresse. — Veuve A. Florent, d'Aunoux

(Anould). — J. Pierre, du Toly. — T. Simon, du Toly. — J. Jacquel, de Gerbépal.

1744. D. Lecomte, de Vagney. — C. Mougel, de Vagney. — P. Pierrat, du Toly. — D.-J. de Franoux, de Vagney. — J. Martin, de La Bresse. — Veuve P. Michel, de Doselle (Docelles).

1745. B.-J. Cuny, de Vagné. — J. Le Comte, de Vagné. — J. Simon le Jeune, de Fraice. — L. François, de Chandray. — J. Bastien, du Tolis. — Veuve N. Genet, du Tolis. — Veuve le Saille, de Chandray.

1746. V.-M. Thomas, de Vagney. — G.-C. de la Levée, du Valtin. — Veuve G. Cuny, de Corsieux.

1747. L. Demangeat, boitelier. — J. Durain, locataire, de Fachepremont. — G. Jacquel, du Valtin. — C. Moulin, du Tiliot (Thillot).

1748. P.-S. Le Roy, du Valtin. — N.-J. Valentin, de Vagnié. — J.-J. Bontems, de Vagnié. — B.-N. Framont, de Grange. — F. Moze. — J.-B. Michel, de Vagnié. — J. Valentin, d'Alsace. — A. Fleurence, de Corcieux. — N.-B. Thomas, de Vagnié.

1749. G. Remy, de Granges. — J. Pierre, du Tolis. — C.-M. Thomas, de Vagnié. — Veuve B. Arnould, de La Bresse. — E. de Franoux, de Chandray. — N. Amez, de Vagniez. — N. Georgel, de Granges.

1750. C. Barnet, de Rochesson. — G.-V. Valentin, de Rochesson. — Veuve J. Fleurance, de Sainte-Marie. — J.-N. André, d'Epinal.

1751. C. Thiéry, du Valtin. — J.-F. Michel, de Rochesson. — J. Toussaint, de Vagné. — J. Jacquot, forestier, de Grange.

1752. J.-J. Pierrat, de Viuchibure (Vichibure). — N.-N. Cuny, du Vazro.

1753. Veuve H. Arnoux. — Veuve D. Remy. — S. Petit, locataire, de Grouvelin. — S.-Nicolas Aimé, garçon. — N. Délon. — J. Coutret. — J. Le Clerc.

1754. S.-M. Thomas, de Saint-Georges. — C. Pierre, dit la Chauve. Veuve R. Demangeot. — V. Coanus. — Veuve J. Chipont. J. Pierron.

1755. Veuve J. Claude, de Remiremont. — N.-J. Toussaint, de Ban-le-Duc. — Jac. Houot, de Tandon. — Dom. Le Comte, de Grange. — J. Tisserant, de Ban-le-Duc. — Veuve Cl. Joley, de Grange. — J. Aubertin, de Gerbépal.

1756. Veuve N. Viry, du Tholy. — N. Viry, du Tholy. — Ant. Antoine, de Ban de Vagney. — J. Marchal, du Valtin. — J. Pierrat, de La Bresse. — D. Parmentelat, de Martin prey. — C. Garnier, de Ban de Longchamp.

1757. J. Didier, de Dommartin. — N. Pierrel, du Tholy. — C.-J. Toussaint, du Tholy. — J.-B. Fery, de Rochesson. — N.-D. Pierrat, de Vagney. — D. Florance, de Ban-le-Duc.

1758. Veuve C. Délon, de Chandray. — N. Liégey, de Sauxure (Saulxures). — J.-G. Jacquel, de Martimprey. — J. Antoine, de Corcieux. — S. Tisserant, de Grange. — H. Claude, de Fraize.

1759. G.-C. Viry, de La Bresse. — N.-D. Ferry, de Rochesson. — Veuve G. Toussaint, de Rochesson. — C. Garnier, de Dommartin. — V.-Th. Michel, de Granges. — J.-V. Valentin, du Valtin. — Veuve N.-J. Michel, de Rochesson.

1760. Veuve J. Cuny, du Tholy. — D. Viry, du Tholy. — Veuve N. Jeandin, de Saint-Diez. — M. Perrin, de Vagney. — Veuve Sr Declan, d'Épinal. — N. Batail, du Valtin. — Jacq. Tisserant, de Corcieux. — J. Georgel, d'Anould.

1761. J. Durand, du Tholy. — Veuve J. Blaise, d'Épinal. — Veuve J. St Dizier, de Rochesson. — J.-B. Ferry, de Rochesson. — L. Doridant, de Grange.

1762. G. Viry, de St-Jean-du-Marché. — E. Didier, de Rochesson. — J.-C Morand, de Remiremont. — F.-J. Claude, de Remiremont. — Veuve Cl. Lalevée, du Valtin. — D. Doridant, de Chandray.

1763. J. Fleurance, d'Orbé (Orbeys). — A. Barnet, de Rochesson. — Q. Gérard, de Ravon (Raon).

1764. S. Bertran, du Valtin. — M. Mougel, de Rochesson. — J.-P. Amé, de La Bresse. — J. C., invalide, venant du service du roi.

1765. A. Le Roy, de Viauménil (Vioménil). — C. Thomas, de Rochesson.

1766. F. Délon, de Chandray. — J. Viry, du Tholy. — L. Villaume, de Bufontaine (Biffontaine). — J. Mougel, de Rochesson. —

J.-J. Valentin, de Rochesson. — J. Toussaint, de Vagné. —
J.-B. Bédel, de Corcieux. — J. Cuny, de Grange.

1767. Veuve Viry Mougel, de Rochesson. — L. Michel, de La Bresse.
C.-A. Remy, de La Bresse. — B. Perrin, de La Bresse.

1768. G.-M. Thomas, de Rochesson. — J. Gravier, de Rochesson.

1769. G. Maurice, du Tholy. — J. Délon, de Vagney. — F. Fran-
cois, du Tholy. — Veuve S. Thomas, de Rochesson. —
J. Bertrant, de Ban-le-Duc. — H. Claude, de Fraize. —
F. le Doux, débitant de tabac, de Granges.

1770. J.-B. Defranoux, du Tholy. — Cl. La Côte, de Vagney. —
G. Crouvezier, de Rochesson. — G.-J. Valentin, de Vagney.
— J.-J. Henry, de Rochesson.

1771. J. Vincent, de Fraize. — J.-J. Thomas, de Rochesson. —
N.-J. Le Roy, d'Épinal. — J.-C. Perrin, de Gerbépal. —
C.-J. Doridant, du Tholy.

1772. N. Paxion, avocat, de Craon. — N. Georgel, de Granges.
— J.-F. Didier, de Neyemont (Ban-de-Sapt). — E. Mougel,
de Rochesson. — J.-N. Cuny, de Rochesson. — J.-N.
Defranoux, du Tholy. — J.-H. Berguant, de Vagney.

1773. Veuve N.-F. Roult, de Craïon (Craon). — C.-C. Martin,
de Clevecy (Clefcy). — N. Délon, de Granges.

1774. F. Hubert, du Tholy. — G. Defranoux, de Rochesson. —
J. Simonin, de Florence (Italie). — F. Arnoux, de La Bresse.
— D. Morel, forestier du roy, de Granges.

Le droit de bourgeoisie fut aboli, comme les autres
privilèges, dans la nuit du 4 Aout 1789; mais la Commune
garda longtemps sa défiance à l'égard des étrangers ; le
plus ancien acte *imprimé* (¹) de la Municipalité que nous
ayons retrouvé, est une ordonnance relative à l'invasion
du pays par des étrangers ; en voici le texte :

Le Corps municipal, assemblé en la manière ordinaire et accou-
tumée, considérant que plusieurs étrangers viennent s'établir en
cette Communauté, à son insu; que la plupart étant sans fortune,
leur résidence ne produit à la Communauté que des enfants qui

_____

(1) Archives municipales, Ordonnances et Arrêtés.

deviennent à sa charge, ou un accroissement d'impositions que les citoyens aisés sont obligés de supporter ; qu'étant souvent sans aveu, ils peuvent aussi compromettre la sûreté et la tranquillité publiques.

Considérant en conséquence qu'il ne peut permettre ni tolérer des abus aussi nuisibles aux véritables intérêts de la Communauté, qu'il est infiniment important de les arrêter, et qu'un des principaux moyens d'y parvenir est d'empêcher les citoyens propriétaires de maisons et tous autres, de recevoir à résidence aucun étranger, sans la permission expresse du Corps municipal, qui ne l'accordera jamais qu'après vérification de bonne vie et mœurs, et qu'après avoir exigé les bonnes et suffisantes cautions, pour sûreté des charges publiques,

Sur quoi, ouï le Procureur de la Commune en ses conclusions ou réquisitions.

Le Corps municipal, en renouvelant les anciens règlements et en y ajoutant, fait défenses très expresses aux propriétaires de maisons et à tous autres, de recevoir à résidence aucun étranger, sans en avoir obtenu la permission, par écrit, du Corps municipal. à peine de *cent* francs d'amende ; et pour pourvoir, d'une manière plus sûre à l'exécution du présent règlement, invite tous les citoyens à lui en dénoncer les contraventions.

A l'effet de quoi, le même règlement sera imprimé, publié et affiché par tout où besoin sera, à la diligence du Procureur de la Commune (1).

3º STATISTIQUE DE LA POPULATION

La population de Gérardmer s'accrut lentement ; en 1555, il n'y avait encore que 22 *conduits* (ou ménages), ce qui représente, à raison de 5 habitants par conduit, 110 habitants.

En 1581, il y avait 118 conduits, soit 590 habitants environ ; en 1585, 120 conduits ou 600 habitants ; en

(1) Au dos de l'ordonnance est la mention manuscrite d'affichage à la porte de l'église, par N. Jacques, échevin.

1588, 123 conduits ou 615 habitants. En 1590, il y avait 102 conduits, soit 510 habitants, dont 12 veuves faisant 6 conduits, 7 mendiants exempts de l'aide, de même que le Mayeur (¹), Jean Voiry (Viry). En 1593, il y avait 111 feux ou 555 habitants ; en 1594 (²), 100 conduits, soit 500 âmes ; en 1601, 105 feux, non compris les mendiants ; en 1602, 96 et 13 mendiants ; en 1606, 104 plus un tabellion et 24 mendiants ; en 1605, 109, 10 veuves et 12 mendiants ; en 1624, 85 conduits et demi et 5 veuves, soit environ 433 habitants (³).

Vers la même époque (1628), il n'y aurait eu que 13 maisons depuis le ruisseau de Forgotte jusqu'à la Croisette ; pas d'habitations ni d'essart communal, de Forgotte à la Pierre-Charlemagne, et de la rue du Lac au haut du Fény (⁴).

La population s'accrut considérablement de 1624 à 1631, car à cette dernière date, l'état de remembrement terrier accuse pour Gérardmer le chiffre de 239 conduits (⁵), ce qui représenterait environ 1195 habitants.

Ce mouvement d'accroissement se ralentit jusqu'en 1650 par suite des malheurs des guerres. Les Français et les Suédois, leurs alliés, firent à Gérardmer de sanglantes excursions, surtout en 1635.

Ils y amenèrent de plus la peste et la famine ; le désarroi fut si grand qu'il ne reste plus de traces de l'administration ; les registres mortuaires sont interrompus de 1630 à 1639 ; ils relatent que les Suédois ont « occis » quatre personnes du pays ; le 16 Octobre 1637, on y a consigné le décès de Jean Georgel, tué au Beillard par les Suédois.

(1) Le *Mayeur* exerçait les fonctions de juge de paix (Justice locale).
(2) Manuscrit de l'abbé DIDELOT.
(3) D'après les registres de l'aide Saint-Remy (cote personnelle). H. LEPAGE.
(4) D'après un manuscrit, sans nom d'auteur, communiqué par M. Ad. GAR-NIER, notaire honoraire.
(5) Archives communales D. D. VII.

La mortalité fut si grande à Gérardmer que les habitants eurent peine à payer leurs impôts; les comptes du domaine d'Arches ne donnent, pour les années 1656, 1659 et 1661, que 40 et 47 conduits [1] ce qui représenterait de 200 à 250 habitants. Ces chiffres, malgré leur caractère d'authenticité, sont trop faibles, car, en 1657, il y avait 242 imposés payant la subvention [2]; en 1658, 212; ce qui donnerait une population d'au moins 600 à 700 habitants, en ne comptant que 3 habitants en moyenne par imposé.

La population devait être plus réduite encore. Un rôle dressé par Pierre Dieudonné, maire, Bastien Noël, échevin, Pierre Gérard, greffier, contresigné par D. Comte, vicaire, porte 53 individus sans désignation, 59 femmes, 17 manouvriers, 22 veuves, 29 mendiants, 8 réfugiés, en tout 188; avec les 2 exempts, Thomas Glé [3] et l'Intendant le Jay, la population de Gérardmer n'était plus que de 190 habitants en 1664 [4]. Il est impossible de contrôler ces chiffres, car les registres de subvention manquent aux Archives communales de 1658 à 1672.

Fort heureusement ce mouvement décroissant ne dura pas; en 1672, il y avait 255 imposés; en 1673, il y en avait 260, soit de 765 à 780 habitants [5].

Le *Département des Vosges* par M. Léon Louis [6] ne donne que 154 personnes résidant à Gérardmer en 1678; ce chiffre, cité aussi par Louis JOUVE, dans ses « Lettres vosgiennes, » est évidemment erroné; à cette date, il y avait à Gérardmer 279 imposés [7]; en 1685 [8] il y en

(1) D'après H. LEPAGE.
(2) Archives communales C. C. XIII.
(3) Fermier de Longemer.
(4) H. LEPAGE.
(5) Archives communales C. C. XIII.
(6) T. VI, p. 314.
(7) Archives communales C. C. XIII.
(8) Id. C. C. XIV.

avait 350 ; en comptant toujours 3 habitants par tête d'imposé, la population de Gérardmer aurait donc été de 837 habitants en 1678 et de 1.050, en 1685.

Trente ans plus tard, en 1710, une déclaration [1] attestée par les maire, commis et principaux habitants, porte pour la paroisse 1.262 communiants et 670 non communiants, ce qui donnerait le total de 1.932 habitants ; l'année suivante, on comptait 394 imposés à la subvention [2], ce qui donnerait même plus de 5 habitants par tête d'imposé. Le *Département des Vosges*, pour la même date [3], ne donne que 511 habitants ; ce chiffre est inexact, comme celui que donne le *Polium* de Bugnon rédigé vers la même époque (346 habitants et 65 garçons).

La *Notice de Lorraine* de Dom Calmet indique pour 1756 environ 700 feux soit 3500 habitants.

La statistique du *Département des Vosges* de M. Léon Louis donne, pour 1730, le chiffre de 1.500 habitants [4] ; or, en 1730 il y avait 478 imposés ; le chiffre de 1.500 serait donc trop faible, puisqu'en 1710 pour 1932 habitants on ne comptait que 394 imposés ; mais en gardant notre première moyenne de 3 habitants par tête d'imposé, le chiffre de 1.500 serait plausible.

Le *Mémoire* de Léopold Bexon relate, pour 1778, 850 feux, ce qui fait 4.250 habitants ; à cette époque (1771) la population de Gérardmer n'était que de 3.302 habitants [5].

Ce rapide exposé fait voir les nombreux écarts que présentent les chiffres de la population, pour une époque donnée, suivant les auteurs consultés. Ces différences proviennent de la difficulté du recensement pour une

(1) Archives communales C. C. V.
(2) Id. C. C. XIII.
(3) Archives communales, t. VI, p. 314.
(4) Idem.
(5) Id. Statistique agricole.

population aussi disséminée que celle de Gérardmer, et de l'habitude des chroniqueurs d'évaluer la population par feux ou ménages en prenant une moyenne uniforme de 5 habitants par ménage, moyenne très souvent insuffisante et toujours variable.

Il était bien permis du reste, aux chroniqueurs, de s'en tenir aux approximations quand l'Assemblée municipale de Gérardmer, elle-même, se trompait aussi gravement qu'elle le fit en 1789 sur le chiffre de sa population. Dans une délibération (1) où l'Assemblée demande une brigade de cavaliers de la maréchaussée pour faire la police, il est dit que la Communauté compte plus de 5.000 âmes ; le recensement par sections (2), donne seulement 3.745 habitants, tandis qu'un autre document donne 4.062, chiffre probable, car en 1792 (3) il y avait 4.120 habitants et en 1793 (4), 4.243.

C'est pourquoi nous avons tenu à discuter tous ces chiffres, documents en mains ; le dernier mot n'est pas dit au sujet des fluctuations de l'ancienne population de Gérardmer, si intimement liées à l'histoire même du pays ; on peut néanmoins admettre, dans leur ensemble, les faits suivants :

1o Au milieu du XVIe siècle, la population de Gérardmer n'était que d'une centaine d'habitants ;

2o De cette époque à 1624, elle a augmenté et varié de 400 à 600 ;

3o En 1631, la population est subitement montée à près de 1.200 habitants ;

4o Elle a décru pendant le deuxième tiers du XVIIe siècle pour croître ensuite dès 1678, dépasser 2.000 dès la

(1) Archives communales. Registres des délibérations. B. B. II.
(2) id. postérieures à 1789. Population.
(3) Id. Statistique agricole.
(4) Id. postérieures à 1789. Population. Il y avait à cette date 848 feux.

4

deuxième moitié du XVIIIe siècle, et atteindre 4.000 habitants en 1789.

Nous donnons ci-après le tableau des principaux mouvements de la population avant 1789, en faisant suivre d'un point interrogatif les chiffres douteux.

TABLEAU DE LA POPULATION DE GÉRARDMER AVANT 1789

ANNÉES	POPULATION	ANNÉES	POPULATION	ANNÉES	POPULATION
1555	110	1605	567	1710	1.932
1581	590	1624	433	1730	1.500 ?
1585	600	1631	1.195	1756	3.500 ?
1588	615	1657	600-700 ?	1771	3.302
1590	510	1664	190 ?	1778	4.250 ?
1593	555	1672-73	765-780 ?	1789	4.062
1594	500	1678	837 ?	1792	4.120
1601	525	1685	1.050	1793	4.243
1602	493				

Pour terminer l'histoire de l'ancienne population de de Gérardmer, nous donnons l'état des contribuables de la localité en 1676 ; les noms sont classés par ordre alphabétique des *prénoms;* c'est un trait de mœurs curieux et qui s'explique en ce sens que les prénoms se transmettaient de père en fils, à l'aîné de la famille.

LISTE DES CONTRIBUABLES DE GÉRARDMER ÉTABLIE PAR LES ASSEYEURS (1) (1676).

Anthoine Paxion. — de La Passée. — Tisserand. — T. Tisserand. Fleurance.
André Vital.
Adam Viry.
Bastien Noël. — Nicolas Villiaume. — Jean Michel. — Gaudel. — Villiaume. — Jean Martin. — Cunin. — Paxion. — Thomas. — Fleurance. — Morel. — Haxaire. — Michel le Jeune.

(1) Archives communales C. C. XIII.

Balthazard Demangeat.

Claude Chipot. — Grossire. — Viry. — Perrin. — Martin. — George Jacque. — Crouvezier.

Curien de Franoult.

Claude Th. George. — Morel. — G^d Pierrat. — Nicolas Pierrat.

Claudon Grossière (1).

Dominique Ferry le Jeune. — C. Chipot. — Thiébaut. — Beyxon. — Valentin. — Martin. — Coultret (2). — Pierrat. — de Franoult. — Remy. — Viry. — Le Comte. — Grossire.

Demenge Bastien. — Thisserand. — Falte. — Coultret. — Nicolas Pierrat. — Grossire.

Didier Gérard.

Dieudonné Pierrat.

Florentin Michel.

Florence Guerre. — Pierrat. — Poirat.

Gérard Colnat. — Michel. — André Camy. — Barthél. Pierre. — Crouvezier. — Claire. — Demangeat. — Tisserand. — Doridant. — Dieudonné. — Gégoux Jacquot. — Daniel. — Simon Viry. — Flor. Pierrat. — Hubert Perrin. — Eloi. — Grand Michel. — Nicolas Symon. — Vⁱⁿ Gégoux. — Simon Leroy. — Collon. — Thomas.

George Florence. — Villaume.

Gégoux Tisserant.

Humbert Estienne (3). — Didier.

Jacques Chipot. — G^d Tisserand. — Valentin. — Thiébault. — De Franoult. — Grobus. — Gégoult Jacquat.

Jean Pierrat. — Collon. — Claire. — Costet. — Gley. — Florent. — Colin. — Crouvezier. — George Gaspar. — Chipot. — N^{as} Pierrat. — Claudon Chipot. — Martin. — Liegay. — Sébastien Michel. — Nicolas Claude. — Blaise. — Claude. — Thiéry. — Toussaint. — Villiaume. — Valentin. — Mougel Jacquat. — Daniel.

Laurent Villiaume. — Mengel Jacquat. — Parmentelat. — Perrin.

La Veuve Blaise de Franoult. — Jean-Michel. — Balthazard Martin. — Jacques Simon. — Jacques Gérard. — Jacques-Marguel Perrin. — Jⁿ Etienne. — Laurent Villiaume. — Laurent Collin. — Balhazard Viry. — Pierron Jean-Maurice. — Dominique Pierrat. — Dominique Denys. — Claudon Valentin. — Etienne Gérard. —

(1) Plus tard *Grossire*.
(2) Plus tard *Coutret*.
(3) Plus tard *Étienne*.

Etienne Perrin. — Gérard Grancolas. — Nicolas-Gérard Pierrat.
— Jean Grancolas. — Dominique Boulay. — Claudel George. —
Mengeon des Xettes. — Joseph Collas. — Nicolas Morel. — G.
Villaume. — Brd Morel. — G^d Morel. — J^n Vincent. — M^{co} De-
nyot. — Dominique Michel. — G. Demangeat. — Dominique Le
Roy. — Mengeon le Maire.

Mengel Doridant.

Mansuy Vitaul. — Demenge Maurice.

Maingeon Gérosme.

Michel G^d Michel.

Nicolas Martin. — D. Le Roy. — Paxion. — Pierre. — Frederich. —
Bresson. — Thiébault. — Parmentelat. — Gérard Le Roy. — de
La Levée. — Thomas. — Grossire. — Claude. — Vitaux. — Par-
mentelat. — Michel. — Le Roy. — Viry. — D. Tisserant. — G^d
Cuny, — Simon Viry. — Le Roy. — Maurice. — Paulus Tous-
saint. — George. — Viry. — Hubert Vital. — de La Passée. —
Mougel. — Simon. — Valentin Viry: — D. Haxaire. — Perrin.
— Gegoult Mougel. — Gérard. — Gley le Jeune. — M. Le Comte.
— Daniel.

Pierre Tancourt. — Dieudonné. — Pierrat. — D. Bastien.

Paul D. Pastry.

Pierre de Franoult. — Gérard. — Florance.

Thomas Mougel. — Perrin. — Thierry. — Gley. — Claudon. —
Claude. — Viry. — Gley le Jeune.

Valentin Tisserant. — Dominique Tisserant.

Simon Gérard Simon. — Perrin.

Enfants tenant bien et ménage.

Dominique, fils de Dominique Grossire.

4° VARIATIONS DE L'ORTHOGRAPHE DES NOMS DE FAMILLE
A GÉRARDMER

L'analyse des pieds terriers de 1631, de 1725, de 1731
et des divers documents qui relatent de noms de personnes, nous a permis de faire plusieurs remarques
intéressantes sur les variations des noms de famille à
Gérardmer; sur la rareté ou la disparition de quelques-
uns de ces noms.

1° *Noms ayant subi des variations.*

NOMS ACTUELS	VARIATIONS
Arnould.	Arnoult, Arnoux.
Bédel.	Beidel.
Chipot.	Chipoux, Chippoux.
Crouvesier.	Crouvezier, Crouvisier, Crouvizier (1).
Cuny.	Cugny.
Coutret.	Coultret.
Costet.	Costel, Costé, Costelt.
Chrétien.	Chrestien.
Collin.	Colin.
Cunin.	Cugnin.
Defranoux.	de Franoult, de Fanould, de Franoulx, de Franoux.
Étienne.	Estienne.
Fleurance.	Florance.
Gœry.	Gury.
Grossire.	Grossière.
Gley.	Glé.
Garnier.	Gairnier, Gournier.
Gaspard.	Gaspar.
Gegout.	Gégoux, Gégoulx, Gégoult.
Gérôme.	Gérosme.
Haxaire.	Haxart.
Houot.	Houat.
Jacquot.	Jacot.
Lalevée.	de la Levée, de Lalevée, Lalevée.
Leroy.	Le Roy.
Laurent.	Lorent.
Lecomte.	Le Comte.
Michel.	Michiel.
Mougin.	Mougeon, Mougel.
Mangin.	Mengin.
Morel.	Mourel.
Mourant.	Morand.
Pierrat.	Pérait.

(1) L'orthographe n'est pas encore fixée.

Perrin.	Périn.
Pierrot.	Piérot.
Pierrel.	Piérel.
Petitdemange.	Petit Demenge.
Simon.	Symon.
Tisserand.	Tisserant.
Vital.	Vitot, Vitaux, Vitaul.
Viry.	Voiry.
Villaumé.	Villiaume, Villiaumé.

2º Noms n'ayant pas varié.

André. — Bresson. — Bastien. — Blaise. — Bailly. — Claude. — Claudel. — Daniel. — Demenge. — Doridant. — Didier. — Ferry. — Georgel. — Gérard. — George. — Gley. — Groscolas. — Grosjean. — Jacques. — Jacquel. — Jolé. — Hannezo. — Humbert. — Hanz. — Martin. — Maurice. — Paxion. — Parmentelat. — Remy. — Saint-Dizier. — Thomas. — Toussaint. — Thiéry. — Valentin.

3º Noms rares.

Bailly. — Bernot. — Coanus. — Chadel. — Colladat (1). — Carquel. — Clément. — Gochy. — Gustin. — Harry. — Jacquel. — Jeanpierre. — Jehenne. — Navel. — Sonrier. — Villemin.

4º Noms tirés du lieu d'habitation ou d'origine, d'un objet, d'un cours d'eau, d'une montagne, etc.

Costet, de Coste, *Côte*, d'où Jean de la Coste du Beuliart.

Cresson, Nicolas du *Cresson*.

Fény, de *feignes* (v. *Introduction*), d'où Jean du funy, du phanil, du fany.

Levée, Nicolas de la Levée. Une levée est une sorte de talus pour une digue, une chaussée.

Pont, Jean du Pont, d'où Dupont.

Vieux Ruisseau, en patois *vië ri*, a donné *Viry*.

Pierre a donné les diverses formes : Pierat, Piérin, Piérel, Pierot, d'où Pierrat, Perrin, Pierrel, Pierrot.

Le *Boulay* (nom de lieu), Jean Du Boulay.

La *Breuche* (lieu dit), Claudon la Breuche.

Les *Xtéls* (bas des Xettes), Jean de *Xtéls*, etc.

(1) D'où Coladia, lieudit.

Nous donnons, pour terminer, les noms des familles qui possédaient des terres à Gérardmer et qui habitaient le pays en 1631 et en 1731 (d'après les registres d'acensement et les pieds terriers).

NOMS DES FAMILLES DE GÉRARDMER

1631. Bresson. — Bernot. — Bastien. — Blaise. — Claudon la Breuche. — Jean du Boulay. — Nicolas du Cresson. — Cugnin. — Colin. — Crouvezier. — Nicolas de la Coste. — Jean du Costey. — Collin. — Cugny. — Chipot. — Crouvezier. — Claudel. Coultret. — Chrestien. — Chadel. — Colladat. — Carquel. — Diœudonné. — De Franoult. — Jean du Funy. — Desballes. — Demengeot. — Estienne. — Florence. — Fery. — Gochy: — Georgel. — Gaspard. — Grossière. — Gury. — George. — Groscolas. — Grosjean. — Gley. — Grandcolas. — Gégoulx. Gaspar. — Gustin. — Glé. — Haxart. — Hannezo. — Humbert. — Harry. — Hanz. — Jacot. — Jeanpierre. — Jehenne. Leroy. — Lorent. — Michiel. — Mougin. — Martin. — Mourel. — Mengin. — Mougeon. — Navel. — Pierat. — Pierel dit Chaussatte. — Pierin. — Pierot. — Parmentelat. — Paxion. — Pierre. — Le Roy. — Sonrier. — Symon. — Tisserant, — Thomas. — Thiéry. — Toussaint. — Vitot. — Vital. — Viry. Valentin. — Voiry. — Vitaux. — Vitaul. — Jean de Xtels.

1731. André. — Arnoult. — Bexon. — Bresson. — Bastien — Bailly. — Costelt. — Coutret. — Cuny. — Claude. — Chipot. — Claudel. — La Coste. — Coanus. — Crouvezier. — Clément. — Le Crouvizier. — Costet. — Chadel. — Daniel. — Demenge. — Dupont. — Didier. — Doridant. — Estienne. — Fleurance. — Defranoult. — Ferry. — Gérard. — Grossire. — Gegoult. — Gérosme. — Gegoux. — Georgel. — Haxaire. — Jacquel. — Jollé. — Le Roy. — De la Levée. — Le Comte. — Martin. — Maurice. — Michel. — Morel. — Mougel. — Pierrat. — Pierrot. — Parmentelat. — Perrin. — Pierrel. — Petit demenge. — Paxion. — Simon. — Saint-Dizier. — Remy. — Toussaint. — Thiéry. — Thomas. — Tisserand. — Viry. — Valentin. — Villiaumé. — Villemin. — Voirin. — Villiaume.

A partir de 1789, la population de Gérardmer n'a fait que progresser, les chiffres (1) que nous donnons ci-dessous montrent que la population agglomérée augmente constamment, et que celle des sections, à part les sections des Xettes et de la Haie-Griselle, diminue depuis 1836.

POPULATION EN

SECTIONS	1789	1793	1795	1807	1817	1836	1841	1851	1861	1872	1882	1886	1891
Forgotte......	425	458	439	488	544	732	770	755	849	910	1026	1113	1145
Rain........	266	296	266	297	322	351	353	402	440	501	521	627	729
Marché......	355	385	338	364	370	451	470	474	568	599	695	761	784
Lac........	110	136	179	188	186	201	203	216	203	279	195	188	227
Popᵘˡᵒⁿ agglomérée.	1156	1275	1222	1337	1422	1735	1796	1847	2060	2289	2437	2689	2885
Beillard...	394	413	441	468	525	632	486	588	572	605	546	500	527
Phény......	221	296	285	305	326	348	346	359	324	306	315	288	317
Bas-Rupts...	376	384	400	404	411	504	552	540	543	538	535	516	495
Rayée......	237	344	269	262	281	328	305	300	316	347	339	320	310
Gouttridos...	165	168	143	157	190	196	183	186	205	189	191	191	206
Xonrupt....	289	300	356	423	471	573	567	557	510	580	547	525	516
Fies.......	316	372	429	386	378	457	472	460	461	462	458	446	427
Haie-Griselle	146	172	171	202	250	355	303	336	343	434	730	829	902
Liézey- (2) Xettes	445	519	563	616	702	803	615	622	587	652	654	627	612
Popᵒⁿ éparse.	2589	2968	3057	3223	3534	4196	3829	3948	3861	4113	4515	4242	4312
Popᵒⁿ totale..	3745	4243	4279	4560	4956	5931	5625	5795	5921	6402	6752	6931	7197

(1) Archives communales postérieures à 1789 (population).

(2) La section de Liézey est plus connue sous le nom de section des Xettes, depuis que la section de Liézey a été érigée en commune (1836).

Nombre d'Enfants par Ménage

Tous les auteurs qui ont écrit sur Gérardmer s'accordent à reconnaître que les familles de 5, 8 et même 10 enfants n'étaient pas rares chez les montagnards. Léopold Bexon [1] dit que « les mariages y étaient édifiants par la concorde et l'amitié. Le divorce y était inconnu, aussi à peine les enfants avait-ils atteint l'âge de puberté, qu'ils se mariaient ; cependant l'espèce d'homme y est belle, forte et robuste pour faire face au climat rude, et les femmes y sont très *fécondes*. »

L'Évêque de Blois, qui écrivait en l'an X une statistique de Lorraine, dit de même : « Les femmes, à Gérardmer, sont remarquables par *leur fécondité*, leur économie, leur soin pour le bétail, la culture des légumes et des fleurs... [2]. »

Nous avons relevé le nombre des pères de famille ayant 10 enfants, pour la période de 1721 à 1790, car ces chefs de famille sont inscrits au rôle des imposés comme étant *francs* d'impôts à cause de leurs charges paternelles.

ANNÉES	NOMBRE DE PÈRES DE FAMILLE AYANT 10 ENFANTS
1721—1730	28
1731—1740	72
1741—1750	79
1751—1760	96
1761—1770	72
1771—1780	59
1781—1790	28
Total pour 70 ans	434

La moyenne annuelle est de 7 pères de famille ayant

(1) *Mémoire* cité.
(1) Le *Département des Vosges* par Léon Louis, t. V, p. 389.

10 enfants; en 1891, il y avait encore à Gérardmer 110 familles de 6 enfants et 32 de 7 enfants et au-dessus. Mais les familles de 10 enfants deviennent très rares.

En comparant le chiffre annuel des naissances au montant de la population, on trouve, pour 1789, 127 naissances et 4.062 habitants, soit une moyenne de 3,12 par 100 habitants.

L'année 1891 a fourni 219 naissances pour 7.197 habitants. La moyenne % est de 3,04 ; elle a donc légèrement baissé.

Au siècle dernier, le nombre moyen des habitants par ménage était de 5 personnes ; en 1891, pour 1.686 ménages, il y a 7.197 habitants; la moyenne est de 4,2 de personnes par ménage; elle a aussi un peu baissé (1).

MORTALITÉ

Nous avons comparé la mortalité au siècle dernier à ce qu'elle est de nos jours.

Pour la période décennale de 1780-1789 inclus, il y a eu 1.036 décès; soit 103 à 104 décès annuellement. La population moyenne, pendant cette période, ayant été de 3.500 habitants, la proportion des décès aurait été de 3 pour 100 habitants.

De 1873 à 1883, le nombre total des décès s'est élevé à 1.576 ; la moyenne annuelle est donc de 157,6; mais comme la population moyenne s'est élevée à 6.567 habitants, la mortalité n'a été que de 2,4 % ; elle est donc moins élevée qu'il y a cent ans; en 1891, pour 7.187 habitants, il n'y a eu que 210 décès, soit une moyenne de 2,8 %.

En revanche, la longévité était plus grande aux siècles derniers que de nos jours.

(1) Tous ces renseignements et ceux qui suivent sont extraits des registres de l'Etat civil.

Le recensement de 1789 (1) accuse, à Gérardmer, l'existence de

56 hommes et de 41 femmes ayant de 70 à 80 ans,
3 — 6 — 80 à 90 —
1 homme ayant de 90 à 100 ans.

En 1795, il n'y avait qu'une personne ayant 91 ans, Marie-Magdeleine Thomas, veuve de Jean-Gabriel Jacquot. La statistique de l'an IX donne :

51 hommes et 59 femmes ayant de 70 à 80 ans,
17 — 13 — 80 à 90 —
1 homme ayant de 90 à 100 ans.

En 1820, il y avait à Gérardmer 33 hommes ayant atteint 75 ans et au-dessus, et à peu près autant de femmes.

Il n'y a pas encore eu de centenaires à Gérardmer; la personne la plus âgée qui y soit morte, est Agathe Simon, originaire de La Bresse, à l'âge de 99 ans 9 mois (1852).

Le recensement de la population pour 1891 atteste la diminution du nombre des vieillards, bien que la moyenne de la vie humaine soit prolongée.

A cette date, il existait :

42 hommes et 43 femmes ayant de 70 à 75 ans,
35 — 33 — 75 à 80 —
22 — 16 — 80 à 85 —
6 hommes (veufs) 1 — 85 à 90 —
1 homme ayant 90 ans (2).

REGISTRES DE L'ÉTAT CIVIL

Comme dans toutes les communes de la Lorraine, le curé fut chargé, jusqu'en 1790, de la tenue des actes

(1) Archives communales. Case population.
(2) C'était M. Didierlaurent Del, dit le Père Jean Del, décédé en 1892 dans sa 91e année.

de mariage, de baptême et de décès [1] (mortuaires). Ces registres tiennent lieu de ceux de l'état civil.

Ils sont conservés à Gérardmer depuis le 18 Mars 1609 et tous fort bien écrits, par les curés, de cette grande écriture lisible connue maintenant sous le nom de « française, » qui était bien supérieure, au point de vue de la conservation des documents, à nos pattes de mouche actuelles.

Nous indiquons au chapitre « Instruction » les renseignements qu'ils nous ont fournis sous le rapport de la connaissance de l'écriture. Voici les documents intéressants que nous avons relevés dans chaque groupe de ces registres, cotés et parafés, dès la première moitié du XVIIIe siècle par le Lieutenant-Général au Bailliage de Remiremont.

Naissances.

Le 25 Août 1672, naissance de Louis Gérard qui a eu pour marraine noble Demoiselle de Martimprey.

Le 25 Octobre 1673, naissance de Nicolas Henry qui a eu pour parrain noble Nicolas de Martimprey.

Le 14 Mai 1678, naissance de Joseph Gérard qui a eu pour parrain noble Joseph de Martimprey.

Le 26 Août 1740, naissance de Louis Virion qui a eu pour parrain Pierre de Calan, Capitaine-Général des fermes du roi.

Mariages.

Le 31 Mai 1695, mariage de Dominique Parmentelat et Marguerite Defranoux, célébré par Messire Masson de Fleury, docteur en théologie, curé de Gérardmer.

Le 13 Octobre 1739, mariage de Claude de Lalevée (ancêtre des Lalevée.)

Le 16 Février 1745, mariage de Claude de Lassauce (ancêtre des Lassauce.)

(1) Archives communales G. G. IX.

Décès.

Les registres mortuaires ont été interrompus en partie pendant les années 1635-36-37, au moment de la peste et des guerres du XVIIe siècle. On y lit :

Le 16 Octobre 1637, mort de Jean-Claude Georgel, tué au Beillard par les Suédois.

Le 19 Janvier 1722, enterrement de Jean Chipot, incendié et consumé dans sa maison. On n'a pu enterrer que ses os.

Le 3 Novembre 1722, enterrement de Joseph Poirot, maire, par le Révérend Père Paul de Girancourt, capucin, prédicateur de Remiremont.

Le 17 Octobre 1729, enterrement de Sébastien Thomas, trouvé mort dans la montagne [1].

Le 26 Mars 1730, enterrement de Dominique Besson, trouvé noyé.

Le 19 Mai 1745, enterrement de Marguerite de Lasausse.

Le 19 Janvier 1782, enterrement de Charles-Léopold de Tarsin.

Par la loi du 20 Septembre 1792, la tenue des registres « de l'Etat civil des citoyens, » fut confiée à un des officiers municipaux de l'Assemblée municipale. Le premier désigné pour cet office, à Gérardmer, fut le sieur Augustin Viry, secrétaire-greffier de l'Assemblée ; le second fut Jacques Costet.

A partir de l'an XI, le maire fut le seul officier municipal et ce fut à lui qu'incomba la tâche de tenir les registres qui, depuis la Révolution, s'appellent « Registres de l'Etat civil. » Avant 1789, le registre des naissances s'appelait Registre des Baptêmes ; celui des décès était désigné sous le nom de Registre des Mortuaires.

Une cérémonie religieuse qui précédait le mariage, au siècle dernier, et qui n'existe plus, était celle des fiançailles [2]. Les deux fiancés échangeaient l'anneau des

_____

(1) Ces mentions sont fréquentes, surtout à l'époque des grandes neiges.

(2) A la campagne, de nos jours, la cérémonie consiste simplement en un banquet de famille, appelé « les *accords* » ou plus prosaïquement les « *marchés.* »

fiançailles et le prêtre bénissait cet accord dont il transcrivait la célébration sous la rubrique suivante : « M. X***
« et Mlle Y*** se sont fiancés et se sont promis de s'épou-
« ser ensemble, le plus tôt que faire se pourra, et dans
« 40 jours pour le plus tard. » Et les futurs époux étaient déjà engagés sur l'honneur.

CHAPITRE II. — ÉTAT DES PRIVILÉGIÉS

1° NOBLESSE

A la veille de la Révolution, il n'y avait à Gérardmer aucune personne noble. L'état des priviligiés, daté du 10 Mai 1729 (¹), est ainsi conçu :

Il n'y a à Gérardmer aucun gentilhomme titré, comme marquis, comtes, barons, ny autres, S. A. R. en estant seule le Seigneur haut justicier avec le Chapitre de Remiremont par indivis et n'a droit à haute, moyenne et basse justice que S. A. R. et le dit Chapitre.

Il n'y en a pas non plus possédant fief ni autrement.

Il n'y a non plus aucuns amodiateurs, fermiers, ni meuniers en des seigneurs particuliers, commandeurs de l'Ordre de Malthe, concierges, jardiniers, portiers, marcaires ni vachers déclarés exempts par les Mandements, de la subvention.

Il n'y en a aucun du dit Gérardmer exempts de subvention par plaids, bruchs ou décrets de S. A. R. ni pour cause de commissions dans la ferme générale sinon le Receveur des droits d'entrée, issues foraines, qui a aussi la distribution des papiers et parchemins timbrés, contrôle des exploits, et le contrôleur des actes des notaires que l'on ne doit augmenter à la subvention par les Mandements, ny les comprendre, ny commander à la corvée des chemins.....

Les droits des ducs de Lorraine sur Gérardmer remontaient à la cession faite par le duc Ferry III à Clauss de

(¹) Archives communales A. A. I.

Hadstatt (1285). Clauss de Hadstatt étant mort sans héritiers mâles vers la fin du XIIIe siècle, le fief qu'il tenait des ducs de Lorraine, fit retour au duché.

Aussi, en 1585, Charles III, duc de Lorraine, fit-il consigner dans les comptes du domaine d'Arches les droits dont avaient joui les sires de Hadstatt et les redevances qui leur revenaient.

Les habitants de Gérardmer étaient tenus de payer à ce seigneur, le jour de la Saint-Martin d'hiver, quatre lances de bois de sapin non ferrées, néanmoins en ne se rendant à Soultzbach que chaque trois ans, plus six blancs, monnaie de Lorraine, par habitant chef de ménage, plus douze barils de beurre, dont trois tiennent environ deux pintes, mesure de Remiremont, et deux pintes de poissons et truites fraîches. Les porteurs de ces redevances étaient défrayés à Soultzbach (1).

En 1631, la redevance annuelle est ainsi libellée dans le registre terrier d'ascensement (2) :

Droictures dheues à Son Altesse.

Pour les 4 lances à 2 francs l'une	8 francs,
Pour 6 blancs par feu, 239 feux	28 fr. 9 gros.
Pour 12 barils de beurre estimés (3) à	6 francs.
2 pintes de truites fraîches portées précédemment à Soultzbach	11 francs.

Le même article mentionne en outre :

Pour exemptions de banalité (moulins et fours) . .	80 francs.
Pour la pêche des ruisseaux	57 —

Nous donnons *in extenso,* à cause de son importance, le texte même des redevances dont il s'agit :

(1) Archives communales D. D. VII.
(2) Résidence du sieur de Hadstatt, en Alsace.
(3) Le registre des comptes des Commis (C. C. VI, 1728-1759) mentionne la redevance au Domaine de 12 barizels de beurre renfermant 40 livres et valant 46 francs 8 gros.

DÉCLARATION (1) des droicts, rentes et redevances qu'estoient d'heues par chacun an, par les habitans de Gérarmer, au feu sieur Clauss de Hadstatt, qui présentement sont retournez à Son Altesse, pour estre ledit feu sieur de Hadstatt décédé sans hoirs légitimes procréés de son corps ; et lesquelles droictures, rentes et redevances iceluy deffunct, les tenoit en fief masculin de Sadicte Altesse dont ce comptable a charge et commission les lever et rendre bon compte par chacun an, comme appert par la dicte commission, signée de Sadicte Altesse du cinquième novembre mil Vᵉ quatre vingts et cinq ; icelles droictures et redevances décla̅irées par les mayeur et gens de justice du dict Gérarmer, et iceulx affirmez n'y avoir davantage que ce que s'ensuyt.

Les habitants du dict Gérarmer estoient annuellement tenus rendre, payer et délivrer audict feu sieur de Hadstatt, ou à son officier, au lieu de Soultzbach, par jour de feste Sainct-Martin d'hyver, quatre lances de sapin non ferrées, lesquelles néanmoins on ne rendoit audict Soultzbach que de trois ans à aultres, comme ilz ont déclairé. Et d'aultant qu'à la Sainct - Martin dernier mil cinq cent quatre-vingts et cinq, les dites lances estoient d'heues de trois ans, que montent à douze, cest officier s'en a fait païer et les a receu.

Les mêmes habitants souloient pareillement payer au dict feu sieur de Hadstatt ou à son officier, au dict Soultzbach par jour de feste Sainct-Martin, scavoir : sur chacun feu se retrouvant au dict Gérarmer, six blancs, monnoye de Lorraine.

Estoit dheu par chacun an, par les dicts habitans, audict feu sieur de Hadstatt, au terme Sainct-Martin d'hyver, douze barrys plains de beurre, dont les trois tiennent environ deux pintes, mesure de Remiremont, qui reviennent à quattre potz, mesure du dict Remiremont, que cest officier a receu.

Semblablement estoient iceulx habitans redevables, par chacun an, audict feu sieur de Hadstatt, ou à son officier, par jour de feste Sainct-Martin, de deux pintes de poissons et truitelles fresches, lesquelles ilz estoient subjects porter audict Soultzbach et estoient iceulx porteurs, y portans et rendans telle droicture avec les aultres rentes cy devant déclairées, deffrayez au dict lieu ; comme ils sup-

(1) Archives communales, plusieurs copies en divers casiers. Celle que nous citons est tirée des comptes d'Arches (1594).

plient à Son Altesse et à Messieurs commander à cest officier de vouloir faire de même lorsqu'ils paieront ou rendront telles redevances à Remiremont ou la part que ledict officier se tiendra. Cependant, pour l'esgard des dictes deux pintes de truitelles, le comptable en a receu soub le bon adveu de Messieurs, ung fran.

Les habitants de Gérardmer devaient en outre un droit de main-morte, par moitié au duc et au Chapitre, plus annuellement 20 sous 4 deniers au duc seul.

Ces autres redevances sont mentionnées dans les archives communales (¹), sous le titre : *Droictures de Géraulmeix*. Nous ne pouvons mieux faire que de les citer textuellement :

Nostre souverain seigneur ait au lieu de Géraulmeix toute haulteur et haulte justice, comme l'appréhention, détention, et exécution des corps des personnes y mésusans civillement et criminellement, prenant seul et pour le tout les confiscations, treuves, espaves, boisons, attrahières, haultes amendes, forces et rescousses et autres choses semblables, deppendantes des droictz de haulte justice.

Les habitans dudict lieu sont à nostre dit seigneur et à l'église de Remiremont et y ont la création du maire du dict lieu, que se faict par chacun an; et sè prent le plus vieulx marié, à tour de roole, pour exercer ledict office, moyennant qu'il soit sans reproche; lequel est tenu de faire ses rapportz une fois l'an, au terme de woyen, au plaid banal du ban de Vaigney; et se pringnent les amendes par le prévost d'Arches et lieutenant de la dicte église, par moictié. Lequel lieutenant prent le serment du dict maire, et à la plume de l'eschèque. Les morte-mains sont la moitié à nostre dict seigneur et l'aultre moictié à la dicte église.

Ilz ne suyvent aucunement la bannière, ne sont subjets au hault jugement, ny de comparoitre ez monstres du ban de Vagney ains sont tenus, en temps d'éminentz périlz de garder les passaiges des montaignes, et, quand il y a des dangiers d'advertir les officiers d'Arches. Et en ont ainsi usé de toute ancienneté.

(1) C. C. I. 1618.

Le cris de la feste et garde d'icelle appartient au prévost d'Arches, et prent connaissance de toutes les amendes qui s'y commectent.

La cure d'illecq est à la protection et garde de nostre souverain seigneur, de laquelle nul ne peut appréhender la possession sans placet et permission de sa grâce.

Comme on le voit, les redevances perçues sur Gérardmer revenaient par moitié au Chapitre de Remiremont. Aucun texte ne permet d'indiquer l'origine de la domination des Dames de Remiremont; mais elle était fort ancienne, ainsi que le constatent des titres de 1449, 1475 concernant Longemer (¹), propriété du Chapitre.

Il est probable que ces droits venaient de la première possession du pays faite par l'abbaye de Remiremont à Longemer et de la dépendance de Gérardmer du ban de Vagney.

A l'époque dont nous parlons (1567), Gérardmer était dans une situation très prospère; la commune put prêter 150.000 à Charles III (²), lors d'un emprunt que ce duc fit sur ses sujets. La rente de cet emprunt était payée à la commune, au taux de 5 %, par le receveur d'Arches. Ce dernier ayant négligé de payer la rente (³), les habitants réclamèrent au duc, qui s'empressa de leur donner satisfaction.

Cette prospérité financière dura peu. Le pays fut ruiné après la guerre civile que suscitèrent, en Alsace, Georges de Brandebourg et le cardinal de Lorraine, les deux prétendants à la succession de l'évêque Jean de Manderschied.

La communauté fut trop éprouvée pour pouvoir payer ses impôts; elle en demanda une réduction, que le duc

(1) Voir *Longemer*.
(2) H. LEPAGE.
(3) 1775.

de Lorraine lui accorda par son décret du 12 Novembre 1593, « ayant égard à la pauvreté des supplians, causée par la malignité des temps. » Il fit une réduction de 400 francs pour deux années, sur les 2.400 francs qui lui revenaient annuellement.

Droits Domaniaux dits Féodaux.

Après avoir fait connaître l'origine des droits des Dames de Remiremont et de Son Altesse Royale sur Gérardmer, nous groupons dans ce chapitre les droits « domaniaux, » communément appelés « féodaux, » que devaient les habitants de cette localité [1].

Il y avait d'abord les *Coutumes* ou redevances en nature comme les 12 barils de beurre fournis au duc, les 2 pintes de truite, les 4 lances en bois de sapin. Les Dames de Remiremont percevaient des redevances analogues et partageaient avec le duc le produit de la vente des fromages faits en un jour de l'année sur les chaumes.

Les redevances en argent étaient : 1o le *cens* ou taxe foncière perçue sur les terres acensées [2] et dont le montant augmenta avec les défrichements; 2o la *taille* qui se payait par « feu, » par « ménage » et qui était de 6 blancs au XVIe siècle; 3o le droit de *mainmorte,* que nous appelons aujourd'hui le droit de mutation ; il était perçu chaque fois que la terre changeait de maître ; 4o les *banalités,* droit perçu quand les vassaux d'un seigneur se servaient du moulin ou du four appartenant à ce seigneur et qu'on appelait moulin banal, four banal; 5o le droit de *pêche,* car le seigneur se réservait de pêcher dans les lacs et

---

(1) La classification est celle que donne M. RAMBAUD dans son excellent ouvrage de *la Civilisation française,* t. I, page 156 et suivantes.

(2) Voir *Acensement.*

rivières du pays; enfin 6° un droit spécial, la *taille romaine*.

Nous n'ajoutons pas à cette énumération les impôts proprement dits, que nous étudierons dans un chapitre spécial.

Mainmorte.

Ce droit fut établi à Gérardmer par une ordonnance de Nicolas de Lorraine, comte de Vaudémont, tuteur de Charles III, son neveu, en date de 1554. Cette ordonnance [1] porte que : le droit de mainmorte ne rend les habitants « en aucune façon serfs ou de condition servile, ne s'étendant pas plus avant que sur ceux qui sont actuellement résidants audit lieu, et consiste seulement en ce que, mourant un chef d'hôtel marié ou non marié, intestat [2], sans hoirs légitimes procréés de lui, les meubles qu'il délaisse sont acquis, comme mainmortables, au duc et à l'église Saint-Pierre de Remiremont; étant, au surplus, loisible auxdits habitants et à leurs enfants, de se marier, tenir et posséder offices et bénéfices, jouir et disposer de leurs biens meubles et immeubles partout où ils seront, peuvent librement s'en aller prendre bourgeoisie ailleurs, où bon leur semblera, puis retourner à Gérardmer s'il leur plaît, avec toute liberté, sans obligation d'en demander licence à personne, francs et de libre condition qu'ils sont, sans autre servitude quelconque. »

En 1715 [3], les habitants demandèrent à S. A. R. d'ordonner qu'il n'y eût pas ouverture à la mainmorte lorsqu'un fils sous la puissance de père ou de mère, ou sous

[1] Archives communales C. C. XX.
[2] Sans testament.
[3] Archives communales C. C. XX.

la tutelle d'autrui, viendra à décéder sans hoirs procréés de son corps, laissant pour héritiers des frères et sœurs. Le duc Léopold accéda à cette demande.

Banalités.

. Par lettres-patentes du 10 Décembre 1555, Nicolas de Lorraine, comte de Vaudémont, acense pour toujours à :

Jehan Claudel, de Giraulmer, pour luy, ses hoirs et ayans cause, le moulin qu'il tenait jà par cy devant, séant au dit Giraulmer, sur la rivière ou ruisseau venant de la mer ou lacq dudit Giraulmer ; et pourra ledit Jehan Claudel prendre et tourner l'eau de ladite ripvière à ses bons pointz et avantaiges et si avant qu'il sera requis et mestier en prendre pour faire mouldre et tourner le dit moulin (1).

Cet acensement est fait moyennant la somme de 12 gros de cens annuel, moitié au domaine, moitié à l'église Saint-Pierre de Remiremont, plus 6 francs d'entrée pour une fois seulement.

Le rôle des acensements de Géraulmeix fait en l'année 1554 (2) mentionne ainsi un second moulin :

Demenge Cugnin doibt chacun an, au terme St Martin, à nostre souverain seigneur et à l'église de Remiremont par moityé, troys gros et demy de cense et ung gros et demy de garde à nostre dit seigneur seul, pour ung moulin séant desoub l'église dudit Giraulmeix, sur la rivière et ruisseau qui vient de la mer ou lac dudit lieu, et pour prendre l'eauwe à ladite rivière et à ses bons pointz et adventaiges, saulf le droit d'aultruy au-dessus du molin Jean Claudel, en eust à suffisance pour moldre et tourner.

En 1618, Henry II, duc de Lorraine (3) voulut augmenter le revenu de son domaine, en établissant à Gé-

(1) D'après H. LEPAGE.
(2) Comptes du domaine d'Arches, d'après H. LEPAGE.
(3) Duc de Calabre, Bar, Gueldre, marquis de Pont-à-Mousson, etc.

rardmer, des fours banaux dont il espérait retirer de notables profits. Il dit (¹) que le droit de banalité est notoirement attribué à tous seigneurs comme marque de leur haute justice.

Les habitants de Gérardmer firent une pétition en disant que :

D'aultant qu'au ban de Gérardmer il ne se trouve aucunes terres labourables, estant contrains les dits habitans d'achepter leurs grains ez marchez des villages aux environs dont le plus proche est distant de 4 à 5 lieues, et, en retournant, les mouldre au premier moulin qu'ilz rencontrent pour l'incertitude et difficulté de les pouvoir mouldre enceux du dict Gérardmer, tant à cause du mancquement d'eau que, d'autrefois, pour en sortir sy grande abondance du lac du dit lieu, que les dits moulins en demeurent le plus souvent noyez et inutilez ; et d'ailleurs qu'ils ne peuvent faire provision de grains, pour l'impossibilité d'aller par charroiz ez chemins du dit ban, sinon du costé de Bruières, en sorte que quelquefois ilz sont si nécessiteux de farine et de pain, qu'aussy tost que quelqu'un d'entre eulx en ont amené en leurs maisons, ils sont contrainctz d'en emprunter les uns des autres, pour les rendre à mesme courtoisie et commodité, se trouvant encore parmy eulx bon nombre de menues gens quy ne peuvent achepter du pain que de jour à autre à cause de leur pauvreté ; mesmes que les maisons dudit Gérardmer estantes espanchées et fort arriérées les unes des autres, de sorte que, quand *on ferait un four au milieu de leur dit ban, il ne pourait estre qu'à leur ruyne* (2).

Ils demandent au duc de les exempter à perpétuité de la dite subjection de banalités pour fours et moulins à condition de payer une redevance de ·60 francs à la recette d'Arches.

Le duc y consentit, en exigeant toutefois que la redevance fût portée à 80 francs.

Voici le décret relatif :

(1) Archives communales D. D. XVIII.
(2) Id.

« ..... Désirant traiter favorablement nos dits subjects et désirant soulager leurs besoins et commodités, autant que faire le pouvons...

Exemptons et déchargeons les dits habitants et communauttés de Gérardmer de la banalité des fours et moulins que nous aurions droit et pouvoir d'ériger au ban du dit village pour nous et nos successeurs.

Disposons à perpétuité..... les habitants pour aller moudre leur grain et cuire leur pain à tel moulin et à tel four qu'il leur plaira...

Ils paieront au jour et terme de Noël, pour continuer tous les ans à perpétuité, la somme de 80 francs à partager entre le recebvé (receveur) d'Arches et les Dames de Remiremont.

Car ainsy nous plaist... (1). »

Les moulins de Gérardmer furent incendiés en 1670, et leur rétablissement devant coûter 4.500 francs, les habitants demandèrent au Chapitre de Remiremont la remise du droit annuel de banalité (40 francs); le Chapitre accorda cette remise pour deux années seulement (2).

En 1701, la commune dut solliciter la confirmation de l'exemption du droit de banalité; cettte confirmation lui fut accordée (3).

Dans les comptes de 1708 (4), la commune ne déclare posséder que quatre moulins situés sur le Lacq, dessoubs de Fourgotte (Forgotte), ez Cuves, Ensalochamp (Ensalechamp).

Droits de Pêche.

Le 16 Septembre 1619, les habitants obtinrent l'acensement pour six années, à partir du 1er Janvier 1620, des deux rivières (5), « fluentes par leur ban et finage, dont « l'une prend sa source au lac de Longemer et l'autre

(1) Archives communales. D. D. XVIII.
(2) Id.
(3) Id.
(4) Id. C. C. IV.
(5) La Vologne et la Jamagne.

« dans le village du dit Géramer, comme aussy deux
« ruisseaux (¹) fluants par le finage d'illecques, dont l'un
« flue dès les Basses des Haults-Ruz jusques à la sépa-
« ration du ban de Rochesson, et l'autre le long de la
« Basse des Ruz-de-Forgoutte, » moyennant 82 fr. 6 gros
pour les deux rivières et 28 francs pour les deux ruisseaux, moitié au Chapitre de Remiremont « à condition
« qu'ilz ne dépeupleront les dites - rivières et ruisseaux,
« ainsi les entretiendront deuement empoissonnés, aux
« peines portées par les ordonnances (²). »

La commune pouvait alors affermer le droit de pêche
à des particuliers. En 1665, ce droit fut porté à 53 francs
par année.

Quant au lac de Gérardmer, il était une propriété communale et il fut loué par baux de 3 années.

Taille romaine.

Un article de dépense des syndics pour 1723 (³) mentionne qu'ils ont payé pour les habitants de Gérardmer,
au lieutenant de l'église Saint-Pierre de Remiremont, un
certain droit dit *la taille romaine,* ce qui a fait un franc
8 gros 4 deniers pour la part du Chapitre seul.

Le droit de taille romaine avait primitivement été fixé
à « vingt gros quatre deniers, que ne monte ny avalle (⁴). »

Droits indivis entre le Duc et le Chapitre.

Avant les arrêts de 1702 et 1705, le maire de Gérardmer payait au lieutenant de l'église Saint-Pierre de Remi-

---

(1) Forgotte et les Hauts-Rupts.
. (2) D'après les pièces justificatives des comptes du domaine d'Arches en
1619, H. LEPAGE.
(3) Archives communales C. C. V.
(4) Ni ne *descend.*

remont 14 francs et deux fromages. Depuis ces années il n'a plus voulu payer par année que 7 francs et un fromage qui a été vendu 2 francs 4 gros.

Une déclaration de la communauté de Gérardmer (1), datée de 1708, est ainsi conçue :

Chaque habitant faisant feu et ménage doit à S. A. R. et au Chapitre de Remiremont 2 francs pour droit d'affouage, pâturage et marnage dans les bois qui sont communs à Sadite Altesse et au dit Chapitre, et 1 franc 6 gros aux officiers et forestiers d'Arches et Bruyères.

Les habitants doivent au domaine 910 francs de cens annuel, tant pour héritages acensés anciennement, qu'aultres appelés les terres de surcroît, et pour rachat de faciende de tavernes... sont mainmortables à S. A. R. et au Chapitre pour les meubles seulement. Ceux qui résident aux respandises sont mainmortables à S. A. seule, aussi pour les meubles seulement.

Armoiries de Gérardmer.

Pendant plus d'un siècle, Gérardmer n'avait pas retrouvé ses anciennes armoiries; elles furent retrouvées pour la première fois à Nancy, en 1884, par M. V. Cuny, originaire de Gérardmer, et la découverte en fut publiée dans le journal de *L'Archéologie lorraine,* numéro de Juin de la même année, par M. Léon Germain.

Cette découverte faite au dehors nous a engagé à redoubler d'activité dans nos recherches parmi les archives communales pour retrouver l'emblème communal. Nos efforts ont été couronnés de succès, et au mois de Décembre 1891, dans une liasse de papiers non catalogués, nous avons trouvé une empreinte absolument intacte et entière du sceau de Gérardmer au siècle dernier.

(1) Archives communales C. C. IV.

Le document dont il s'agit ([1]) est un certificat délivré par
les maire et sindic de la localité, en 1768 ([2]), à un sieur
« Sébastien Haxaire, marchand, » habitant de Gérardmer,
qui « avait acheté un cheval à Lazare, juif d'Alsace. » Ce
cheval étant mort peu de temps après l'achat, Haxaire fit
procéder à l'autopsie de l'animal, et il fut constaté que la
bête était « pourrie au cœur et au foie » (cheval morveux).
C'est ce que relate le procès-verbal en question, terminé
par ces mots : « En foi de quoy nous avons apposé le
« cachet de notre sus dite communauté, sous l'*empreinte*
« *d'un cerf,* pour servir et valoir au dit Haxaire en cas de
« besoin. »

Au verso de la pièce, dans la marge,
se trouve l'empreinte à la cire rouge
du sceau communal. Elle est nettement
conservée ; en voici la description : c'est
un sceau circulaire, de 0m02 de diamètre, au centre duquel est placé un cerf
qui passe. Les côtés sont garnis par
deux branches de laurier qui se relient par le bas. En
haut se trouve gravé le mot : GÉRARDMER.

Il est évident que le cerf fait allusion aux forêts étendues
qui occupaient au siècle dernier la presque totalité de la
superficie de Gérardmer.

Les habitants de Gérardmer devront donc abandonner ([3])
les belles armes, purement légendaires, qu'ils ont adoptées
en 1866, et qui sont magnifiquement brodées sur la riche
bannière offerte par les dames de la ville à l'*Union musi-
cale* (harmonie).

---

(1) Documents non classés.

(2) Le 20 May. C'est la date la plus ancienne. Des fragments du cachet existent
encore dans des lettres de 1775, 1782, 1783, 1785, liasses F. F. VII et F. F. VIII.
Procès.

(3) M. Ad. Garnier, ancien notaire à Gérardmer, président de l'*Union nau-
tique,* a fait graver les armes nouvelles sur les insignes de cette Société.

Rappelons' dans quelles circonstances furent créées ces armes.

Au moment des fêtes données à l'occasion du centenaire de la réunion de la Lorraine à la France, quand on voulut représenter dans la galerie des Cerfs du Palais ducal les armoiries des principales communes de la Lorraine, il fut impossible de découvrir celles de Gérardmer ; on en créa pour la circonstance. L'idée de faire des armes rappelant la légende qui attribue la fondation de Gérardmer à Gérard d'Alsace est de M. Adam, substitut à Nancy ; la rédaction et le dessin, de M. Lapaix, auteur de l'*Armorial des Villes de Lorraine*. (Nancy 1868, p. 300.)

M. Lapaix dit à ce sujet : « Les armes de Gérardmer sont d'azur au chevalier vêtu d'argent, monté sur un cheval de même, harnaché de gueules ; le chevalier tenant une oriflamme d'or chargée d'un alérion de gueules, le tout posé sur un tertre de sinople, au-dessus d'un lac d'argent coulant jusqu'en pointe. »

Ces armes ont vécu.

2° CLERGÉ

La Paroisse de Gérardmer.

Pendant plusieurs siècles, les habitants de Gérardmer ne possédèrent sur leur territoire d'autre édifice religieux que la petite chapelle érigée par Bilon et dédiée aux saints Gérard et Barthélemy. Ils étaient obligés d'aller à Gerbépaulx (Gerbépal) pour assister aux offices et recevoir les sacrements.

Cette dernière localité était, depuis le commencement du XVIᵉ siècle, le siège d'une chapelle vicariale relevant de la cure de Corcieux et desservie par un vicaire résident.

Les habitants de Gérardmer étaient, pour ce fait, sujets à certaines redevances envers ceux de Gerbépaulx ; ils devaient notamment contribuer aux réparations et à l'entretien de l'église de Gerbépaulx.

Une matrone (sage-femme) de Gérardmer ayant péri dans les eaux grossies de la Vologne, avec l'enfant qu'elle portait au baptême à Gerbépal, cet accident engagea les habitants à former une paroisse; mais ils ne furent pas distraits de l'église vicariale de Gerbépal sans contestation. Après maints pourparlers, une transaction termina le différend. Aux termes de cette transaction, les habitants de Gérardmer furent déchargés des redevances prétendues par ceux de Gerbépaulx, et détachés de leur église, moyennant une somme de deux cents francs (1) (1563, 24 Mars).

Dès l'année 1540, les habitants de Gérardmer élevèrent, sur le bord de la Jamagne, non loin de l'emplacement prétendu de la Tour de Gérard d'Alsace, une chapelle dédiée à saint Gérard et saint Barthélémy; ils obtinrent deux ans après l'autorisation de ne plus porter leurs morts à Gerbépaulx (2), mais la chapelle vicariale de Gérardmer dépendit de la cure de Corcieux.

Le curé de Corcieux, en donnant son assentiment à l'érection d'un vicariat à Gérardmer, avait imposé aux habitants de cette localité une redevance annuelle de « *vingt barils de bon beurre,* bien recevable, à telle me-« sure qu'ils paient et livrent au sieur de Hadstatt, ledit « beurre mis et livré dans des saillettes et fourni au « terme de la Purification Notre-Dame, et *douze fromages* « des hautes chaumes payables à la Saint-Barthélémy, » à charge par le curé de Corcieux « de défrayer les deux « marguilliers et le cheval qui en effectuaient le trans-« port (3). »

---

(1) Archives communales G. G. VI.

(2) Archives communales G. G. VI. La lettre-patente qui accorde cette dispense est signée par Anthoine des Pérégrins, évêque de Toul.

(3) Archives communales G. G. VI. Titre de 1571.

Le droit fut acquitté régulièrement dès l'origine, puisque le sieur Coppat, curé de Corcieux, écrivit aux habitants de Gérardmer une lettre de remercîment (1) que nous avons cru devoir reproduire pour donner une idée du style de l'époque. Cette lettre, datée du 5 Octobre 1680, fut envoyée de Corcieux. Elle est un modèle de calligraphie :

Messieurs,

Pendant le temps que j'ai eu l'honneur de demeurer à Gérardmer, je me suis trouvé si confus parmy ses bienfaits et les honneurs que j'y ai receu de vostre communauté, que dans ce ravissement continuel il ne m'a jamais esté possible de trouver des paroles qui fussent dignes de vous exprimer mon ressentiment et ma gloire. Maintenant que mon esprit semble un peu plus libre, je suis contraint d'avouer qu'il n'y a point d'éloquence au monde qui ne soit au-dessous de vos honnêtetés. Et il faut certainement qu'elle soit bien généralle, puisqu'elle s'est estandue jusqu'à moy, qui suis à mon grand regret le plus inutile de tous ceux qui se sont jamais vouëz à votre service. Et le plus grand desplaisir qui me reste maintenant, c'est de m'estre séparez de vous, Messieurs, sans vous avoir servuie comme vous méritiez, et de ne m'estre pas rendus digne de l'honneur de vostre amitié. C'est pourquoy maintenant je n'ay rien tant à craindre, sinon la perte de vostre bon souvenir que je vous supplie de me conserver toujours, et plùt à Dieu que je peusse remercier de vive voix toute la communauté en particulier, et vous faire voir au defaut de toute reconnaissance, un visage où le ressentiment (2) de vos bienfaits est aussi bien peint que celuy de ma douleur; mais puisque cela ne se peut, contentez-vous, Messieurs, s'il vous plaist, d'un adieu, et assurez-vous qu'en quelque part que je sois, je me conserveray toujours la mémoire de vostre bonté, qui seule m'oblige encore à faire estat de la vie, sur l'espérance que j'ay que Dieu ne permettra pas que je demeure ingrat

(1) Archives communales G. G. VI.
(2) Le bon souvenir.

envers vous et qu'il me fera pas la grâce de vous témoigner un jour
par des preuves infaillibles que je suis avec respect,

Messieurs,
Votre très humble et très obéissant serviteur,

G. COPPAT, indigne prêtre.

Dans la suite, ce droit fut l'objet de nombreuses contestations (¹). En 1700, les habitants de Gérardmer s'adressèrent à un « advocat » de Remiremont, pour savoir s'ils
ne pourraient faire casser le titre qui donnait droit de
redevance au curé de Corcieux et pour obtenir un vicaire
perpétuel.

En 1723 (²), éclata un conflit de juridiction entre les curés
de Corcieux et de Gerbépal. Ce dernier voulait reprendre
à son profit les redevances que touchait le curé de Corcieux
sur Gérardmer. Dans ce but, le curé de Gerbépal fit assigner les maire, commis et habitants de la commune de
Gérardmer; ce que voyant, le curé de Corcieux s'engagea
à soutenir à ses frais et dépens les poursuites intentées à
la commune par le sieur Vautrin.

Le différend ayant été soumis à l'évêque de Toul, le
curé de Gerbépal, écrivit au maire de Gérardmer pour
le prier d'engager les habitants et les vicaires à garder
la neutralité entre Gerbépal et Corcieux. Sa lettre n'est
pas moins curieuse que celle du curé Coppat; aussi nous
la donnons également *in extenso* :

C'est malgré moy quand je fais donner assignation, il ny a personne qui haisse les procet que moy. Croyez Monsieur, et soyez
persuadé que quand je fais assigner les habitans de Gérardmer, ce
n'est pas pour en tirer du profit, ce n'est que pour soutenir des
droits qui me paroisse apparant. En outre je ne fais rien et ne feray

---

(1) Dès 1669, une partie des fermes de Gérardmer situées près du Tholy
furent séparées du ban et réunies avec celles du *ban Saint-Joseph*, formées
de 106 granges tirées des bans de Moulins, Vagney, Tendon. Archives communales, II, 1.

(2) Archives communales G. G. VI, ainsi que les documents qui suivent.

que de volonté et du conseil de Mgr Nostre Évesque et de son Grand Vicaire qui m'ont même chargé de vous dire ou vous escrire que le meilleur party pour vous, Messieurs, estoit de demeurer dans l'inaction, aussi bien que Messieurs vos vicaires qui ont prit ou veulent prendre le fait party qui est à choisir; quelle consolation auriez-vous quand vous vous opposeray aux volontés d'un Évesque pour vous soustraire d'une église qui a donné à vos ancestres la trace du batême et que vous avez sussé avec le lait. Le conseil à suivre et le plus sur est celuy d'un père charitable et qui et tout œil pour voir nos nécessités; sy par malheur la paroisse qui a l'honneur de vous avoir pour chef, par les œuvres ou par d'autre peine dont se sert le Seigneur pour punir nos péchez vous réduisait à un aussy petit nombre que vous ne puissiez entretenir un ministre du Seigneur et ou église à racomoder quelle serait l'endroit que choisiriez, serait-ce Corcieux. Mais vous opposeray l'éloignement des lieux, les frimats et les neige vous empêchent il faut vous arrester à une église plus proche, quelle est cette église, sinon celle pour laquelle vos prédécesseur ont eut tant de respect et de vénération. Et quand il sen sont séparez les anciens ne lont point oublié. Si vous avez mémoire de vos bons père n'oublié point leur dévotion.

Monsieur (1) marque (écrit) que ce n'est point une chicane inventé à plaisir, c'est que l'advocat que l'on vous a donné à Nancy. nast point voulu comparoître prenez vos mesures ladessus est l'avis le plus sur c'est de ne point entrer dans le procès et de faire signifier que vous vous soumettrez à ce que la Cour décidera ou Monseigneur sans ambrasser un party plustôt que l'autre, de peur qu'en soutenant pour lun, vous nussiez des dépens, ce qui me ferait déplaisir et même je sçait que si on peut scavoir que Mr Damance vous ait donné un billet d'indemnité il ne vous servira de rien..... Croyez, Monsieur, aussi bien que tous ceux de Gérardmer que je suis leur amy et que dans loccasion je leur feray connaître.

Je suis Monsieur avec un profond respect,

Votre très humble et obéissant serviteur
N. VAUTRIN, prtre et curé de Gerbépal.

Le curé de Gerbépal fut sans doute débouté de sa plainte,

(1) Monseigneur.

car les habitants de Gérardmer continuèrent à payer la redevance au curé de Corcieux.

En 1790 M. L'Huillier, curé de Corcieux, fit assigner la communauté de Gérardmer qui refusait de lui fournir les barils de beurre et les fromages. Il se plaignait de n'avoir reçu que « 20 barils de beurre (¹), et 6 fromages si petits que tous n'en formaient pas un. » Il réclamait dans la huitaine 40 livres de bon beurre et 12 fromages des hautes chaumes.

Le défenseur de la communauté échoua dans sa plaidoirie, car par une ordonnance postérieure de l'évêque de Saint-Dié, les habitants de Gérardmer furent maintenus dans leur ancienne servitude, qui fut seulement abolie à l'institution canonique de la cure.

La paroisse de Gérardmer fit partie de l'évêché de Toul jusqu'en 1777 époque où l'évêché de Saint-Dié fut créé.

Elle était desservie par un *prêtre vicaire en chef*. Bien qu'il n'eût que le titre de vicaire dépendant de la cure de Corcieux, ce prêtre jouissait d'un bénéfice qui lui rapportait 4.500 livres (₂). Il était secondé dans son ministère par deux vicaires qu'il nourrissait ; il donnait à l'un 150 livres ; l'autre était à la charge de la Fabrique.

La cure cantonale ne fut instituée canoniquement qu'en 1804.

LISTE (³) DES PRÊTRES-VICAIRES EN CHEF QUI DESSERVAIENT L'ÉGLISE DE GÉRARDMER. (Annexe de la cure de Corcieux), 1686-1789.

1686—1698, l'abbé Gabriel Coppat.
1698—1700, id. Claude-Joseph Poirot.
1700—1703, id. Nicolas-François Besançon.
1703—1711, id. François Mallet.

---

(1) Les 20 barils renfermaient environ 100 livres de beurre.
(2) Léopold Bexon.
(3) Communiquée par M. le Curé de Gérardmer.

1711—1720, l'abbé Joseph Pierrot.
1720—1726, id. Laurent Gouvenant.
1726—1759, id. Claude-Antoine Poirot.
1759—1761, id. Nicolas-Laurent Perry.
1761—1766, id. Pierre-Léopold Jardot.
1767—1780, id. Nicolas Georgel.
1780—an II, id. Jean-George Colin.

Eglise de Gérardmer.

Dès l'année 1628, la chapelle des saints Gérard et Barthélemy ne pouvant plus contenir le nombre des fidèles, fut agrandie et reconstruite sur les fondements de l'ancienne.

Comme cet édifice religieux se trouvait éloigné du village, la garde en était confiée à deux marguilliers qui couchaient toutes les nuits dans la sacristie. Le marguillier en chef fut toujours un membre de la famille des Viry (1) de 1629 à 1807.

La prairie dite *du Champ,* qui sépare l'agglomération de la chapelle du Calvaire, était à cette époque très marécageuse, ce qui ne permettait pas d'y asseoir des constructions. C'est à cette cause qu'on doit attribuer l'isolement des maisons du village d'un centre religieux autour duquel se seraient naturellement groupées les habitations, comme cela a eu lieu dans presque tous les villages.

En 1711 la population étant beaucoup augmentée (1.932 à 2.000 habitants), la chapelle vicariale se trouvait de nouveau trop étroite ; aussi les habitants de Gérardmer se réunirent-ils en assemblée afin de faire les préparatifs nécessaires pour la construction d'une nouvelle église plus vaste que l'ancienne (22 Mars 1718). Ils prirent une résolution (2) qui est signée par 250 d'entre eux.

(1) La famille des Viry, une des plus anciennes et des plus nombreuses de Gérardmer, a fourni des fonctionnaires dans toutes les administrations municipales ; ses membres sont tous parents entre eux. On les appelle communément les *Chan Colau.*
(2) Archives communales. D. D. XII.

6

Dès l'abord, la communauté se trouva partagée en deux camps au sujet de l'emplacement de la nouvelle église ; les uns voulaient rétablir l'ancienne, l'allonger, l'élargir et la rehausser ; les autres préféraient la construction à neuf au centre du bourg de Gérardmer ; ceux-ci, en conformité de vues avec le curé de Gérardmer, fondaient leur opinion « sur la commodité du pasteur et du peuple, la sûreté des vases sacrés et des ornements, la décence qu'on y doit garder (à l'église) dans le service divin, qu'il n'est guère possible de bien observer dans un endroit où très souvent on arrive mouillé, par un grand froid, surtout par les grandes neiges (¹). »

Le duc de Lorraine, auquel le différend fut soumis, nomma le curé Sommier pour le trancher, et il fut décidé que l'église serait construite à neuf, au centre du village, sur le point culminant (²). Le décret du duc qui autorisait la construction, date de 1730.

Les plans de l'édifice furent dressés par un architecte italien (³), et les travaux commencèrent en 1730.

Avant de creuser les fondations, on fut obligé de faire disparaître un énorme bloc de granit qui se trouvait à l'endroit même où est le maître-autel. Cette pierre était connue sous le nom de Roche de l'*Aumerèye* (de l'Aumône), parce que les pauvres avaient l'habitude de s'y placer pour demander l'aumône. Elle servait aussi d'estrade aux ménétriers dans les réjouissances populaires.

. Les travaux, mis en adjudication, furent poussés avec activité, et l'église fut consacrée le 18 Août 1732.

Le petit dôme qui surmonte le chœur fut mis en adjudication en 1737 pour la somme de 750 francs (⁴) ; quant

(1) Archives communales D. D. XII.
(2) L'altitude du seuil est d'environ 680 mètres.
(3) Ils sont aux Archives départementales et en parties aux Archives communales. D. D. XII (copies).
4) Archives communales D. D. XII.

à la tour, elle ne fut édifiée que quelques années plus tard ; elle avait 80 pieds de hauteur (1). On la surmonta d'une flèche (2) qui avait une hauteur presque égale, ce qui occasionna sa chute. La flèche fut effectivement renversée par un coup de vent le 18 Février 1756. Dans sa chute, elle endommagea gravement une partie de la toiture de la nef et brisa les lambris.

La flèche fut remplacée en 1763 par le dôme qui existe encore. L'adjudication de ce dôme (3) se monta à 1.050 francs, sans compter les transports de matériaux et fournitures de bois. La commune prit les fonds nécessaires sur les dommages-intérêts versés pour délits forestiers, savoir :

Sur les forêts dépendant de Saint-Dié........ 232 fr.
    —   d'Epinal........... 70 fr.
Enfin elle y affecta en produit de ventes de bois   334 fr.

L'église de Gérardmer fut un travail remarquable pour l'époque. Sa construction coûta 112.000 francs, sans compter les nombreuses corvées que firent les habitants.

La tradition rapporte que ceux dont la demeure était éloignée du village ne manquaient .pas d'apporter pour l'édifice une pierre dont le poids était proportionné à leur force, et que l'ancien chemin vicinal de Gérardmer à Vagney doit son origine aux fréquents voyages des montagnards du Phény. Les pierres de taille, en grès vosgien, de l'église et de la tour proviennent des carrières de cette localité, abandonnées depuis longtemps (4).

Les ferrements et serrures de l'église furent payés au moyen du produit de la vente d'un pré communal qui depuis lors s'appela « Le Pré des Clefs (5). »

En 1825, on éleva une chapelle sur l'emplacement de

(1) Archives communales. Le plan de la flèche s'y trouve.
(2) Idem.
(3) Idem.
(4) Biazot, Phény, Nayemont.
(5) Route du Biazot, en face de l'usine Simonin.

la prétendue tour de Gérard d'Alsace et des anciennes chapelles des saints Gérard et Barthélemy.

C'est la chapelle du Calvaire, entourée par le cimetière ancien où reposent les générations de 1542 à 1732 et de 1850 jusqu'à nos jours.

Depuis la construction de la nouvelle église jusqu'en 1850, on inhuma autour de cette église ; le cimetière a été depuis transformé en places et passages publics. Des pierres bornes en marquent encore les limites.

Comme les marguilliers ne couchaient plus à la sacristie depuis la reconstruction de l'église, il y eut à plusieurs reprises (3 fois depuis 1731 jusqu'en 1765), des vols commis à l'église. En 1765, le curé de Gérardmer se plaint à l'évêque de Toul qu'on a pris à l'église en linges et ornements pour environ 1.200 livres, sans toucher toutefois aux vases sacrés. Il lui demande la « permission de laisser faire un lit à niche sur la tribune de l'orgue pour y faire coucher le marguillier, comme anciennement ;.... car toutes les fois qu'on a volé il y a eu bris de vitres, de barreaux et fracture de porte. »

L'évêque de Toul accorda l'autorisation demandée « à la condition qu'on observera la décence requise. »

La Fabrique. — Les Chatolliers.

La fabrique de l'église était administrée par le curé et les *chatolliers*. On nommait ainsi les *fabriciens* de l'époque. Leur nom venait de ce qu'ils portaient — à l'origine — la chape du curé dans les cérémonies religieuses.

Les chatolliers étaient au nombre de deux. Ils étaient nommés par l'assemblée municipale et prêtaient serment entre les mains du prêtre et vicaire en chef de la paroisse. Les fonctions d'agents comptables de la fabrique leur incombaient ; ils tenaient compte, sur un registre, de leurs recettes et dépenses.

Chaque année, au mois d'Avril, ils rendaient compte de leur gestion par-devant le curé de Corcieux, le vicaire en chef de Gérardmer, le commis-lieutenant du prévôt, les maire, jurés et habitants de Gérardmer.

Cette assemblée approuvait les comptes et aussitôt après, elle désignait un chatollier pour succéder à celui des deux qui était remplacé.

Nous avons emprunté à leurs comptes (¹) quelques articles qui nous ont paru intéressants à noter.

RECETTES

45 livres d'un habitant de Gérardmer pour être de la confrérie de Sᵗ Joseph, et 18 livres de cire.

18 fr. 5 gros provenant de donations faites aux jeunes filles qui chantaient à l'église au profit de la fabrique.

65 » 4 » provenant de la vente de fromages donnés aux dites filles.

18 » 7 » retirés de dedans les troncs des saints Claude et Blaise.

6 » donnés en offrande par un homme de Gérardmer.

12 » 8 » 4 deniers pour fromages dus à la Sᵗ Barthélemy.

5 » d'une femme pour l'enterrement de son mari.

27 » de la confrérie du Rosaire.

24 » 6 » pour 10 livres ½ de cire vendues au profit de la fabrique.

50 » d'un habitant de Gérardmer pour somme due à la communauté.

17 » 4 » pour vente de 46 livres de fromage données à la communauté.

DÉPENSES

2.499 fr. 6 gros pour le métal des cloches de Gérardmer.

66 » 1 » pour les battants des dites cloches et pour les attacher.

(1) Archives communales G. G. II, III (1678-1685).

51 fr. 4 gros pour la croix posée au-dessus de la tour de l'église.

38 » 4 » au marguillier, pour les hosties faites pendant une année.

33 » 6 » pour achat de fromages dus au curé (de Corcieux).

42 » aux Révérends Pères de Saint-Joseph, pour messes dites à l'intention de la communauté.

17 » 4 » pour le vin qu'un homme de Gérardmer a fourni pendant un an pour la communion.

15 » 9 » pour peinture du devant de l'autel.

2 » 1 » pour un petit baril pour mettre le beurre du curé (de Corcieux).

149 » 7 » pour journées de travail à la maison curiale.

1 » 4 » pour raccommodage des chandeliers de l'église.

16 » pour le paiement du chantre.

250 » empruntés par la fabrique à trois particuliers.

TABLEAU DES RECETTES ET DES DÉPENSES

ANNÉES	RECETTES			DÉPENSES			DIFFÉRENCE			CHATOLLIERS
	Fr.	Gr.	Den.	Fr.	Gr.	D.	Fr.	Gr.	Den.	
1678-79	6.614	11	12	7.501	8	8	— 886	8	12	Claude Morel, Jh Villaume.
1679-80	3.518	7	12	3.890	7	»	— 378	11	4	Id. Id.
1680-81	1.043	7	»	1.198	1	»	— 154	6	8	N.-Dieudonné Leroy.
1681-82	982	1	10	800	11	8	+ 181	2	2	Nicolas Grossire.
1682-83	1.233	2	6	932	2	»	+ 301	»	6	Id.
1683-84	1.214	11	2	830	9	»	+ 383	2	2	Id. et Thiébaut Viry.
1684-85	1.934	11	2	2.193	5	»	— 265	5	14	Dque Le Roy et Id.

Les chatolliers recevaient les donations faites à la Fabrique pour des messes, des aumônes ou autres œuvres pies.

Nous avons retrouvé, dans une boîte en sapin, dite boîte d'Allemagne, cachée sous de vieux papiers, un grand nombre de parchemins relatifs à ces donations. (Pièces non classées). Ce sont des actes authentiques (notariés) rédigés à peu près tous sur les deux formules stéréotypées qui suivent :

1° « ...Considérant la brièveté de cette vie et l'incertitude de
l'heure de la mort, voulant procurer du soulagement spirituel tant
à son âme qu'à celle de son mari défunt (ou sa femme défunte)...
Reconnaissant d'ailleurs qu'il n'y a rien de plus juste que de rendre
à Dieu une partie des biens qu'il a plu à sa Divine Majesté de leur
prester... »

2° « Au nom de la Très Sainte et Indivise Trinité, Père, Fils
et St Esprit, Amen. Je, Nicolas Le Roy de Gérardmer, considérant
qu'estant en mes bons sens advis et entendement quoy que alité
de maladie, et qu'il n'y a rien de plus certain que la mort et l'heure
d'icelle incertaine, craignant de mourir intestat sans avoir disposé
des biens que Dieu m'a presté en ce mortel monde, mercy à lui,
sachant bien mesme qu'il n'y a rien de plus asseuré (assuré) pour
les mortels que les aulmosnes et bien faitz des vivants... »

De 1598 à 1797, soit pendant deux siècles, nous avons
relevé dans les documents précités une quarantaine de
donations. Les plus importantes sont les suivantes :

1713. N. Toussaint, don de 1.050 francs pour 12 messes hautes
de *Requiem* par an.

1744. Cl. Mougel, don de 900 francs pour 4 messes hautes chaque quatre-temps, avec un nocturne, des vigiles, le *Libera* et un
De profundis pour le repos des pauvres âmes abandonnées. Il sera
donné 5 francs au vicaire, 9 gros au maître d'escole et 6 gros au
marguillier.

1752. J.-B. Viry, don de 1.000 francs, dont 400 à la fabrique et
600 au bureau des pauvres, à répartir ainsi : la rente de 400 francs
pour nourrir et entretenir les pauvres. — La rente de 200 francs
pour payer *l'écolage des enfants pauvres*. — La rente de 400 francs
pour 2 messes hautes du jour avec un nocturne de vigiles du précédent et le *Libera* à la fin de chacune. Le curé aura 4 francs par
messe, le maître d'escole 9 gros, le marguillier 6 gros.

Les chatolliers qui reçurent ces donations appartenaient
aux familles suivantes :

Bastien. — Costet. — Coutret. — Demenge. — De Franoult. —
Gérard. — Gegoult. — Gley. — Haxaire. — Jacquot. — Le Roy. —

Maurion. — Morel. — Martin. — Parmentelat. — Pierrat. — Pierrel. — Perrin. — Simon. — Thomas. — Villiaume. — Viry.

Les actes furent établis ordinairement par les tabellions communaux dont voici les noms :

C. Claudel. — Morel. — Gérard. — Collot. — Paxion. — Claudel, au Tholy.

Leurs offices étaient héréditaires.

Les prêtres-vicaires en chef qui assistaient les chatolliers furent :

J. Poirot. — Sonrel. — C. Poirot. — C. Comte. — L. Jacquemin, bachelier en Ste Théologie, chanoine en l'église Saint-Pierre-du-Vic (1679). — F. Mallet. — J. Poirot. — C. Poirot. — Jardot. — Corizot.

En 1790, la Chambre des Comptes de Lorraine, par une ordonnance du 12 Février, demanda la déclaration des rentes et redevances perçues par les prêtres, fabriques, confréries, etc.

Voici quelles furent les déclarations faites pour Gérardmer. (Papiers non classés).

Le sieur Colin, prêtre-vicaire en chef, « possède en biens-fonds 4 petites zilles de prey » exploitées par lui, qui « pourraient se louer annuellement 6 gros l'une. »

Les revenus d'Augustin Le Roy, prêtre résidant à Gérardmer, sont :

Une pension viagère de Sa Majesté polonaise de . . 200 livres.
Une — des Quinze-Vingts sur l'hôpital royal de 300 —
Revenu annuel d'un patrimoine situé sur Gérardmer 200 —

Augustin Gégout, receveur de la Confrérie du Saint-Rosaire, accuse le bilan suivant :

Recettes : Provenant de location de biens-fonds. . 38^l 18^s 6$^{den.}$
Rentes constituées . . . . 10^l
Dépenses. . . . . 15^l 14^s 6^{den}.

Nicolas Cunin, fabricien de la paroisse, donne pour le budget de la fabrique :

Recettes : Location de biens - fonds . . . . . . 162¹ 16ˢ.

Rentes constituées . . . . 711¹ 19ˢ.

Dépenses . . . . 853¹ 5ˢ 6ᵈᵉⁿ.

Comme au XVIIᵉ siècle, ce budget se solde en déficit. Gérard Le Roy, receveur de la Confrérie des Morts, établit le compte suivant :

Recettes en location de biens-fonds et rentes constituées . . . . 158¹ 17ˢ 4ᵈᵉⁿ.

Dépenses . . . . 43¹ 18ˢ 9ᵈᵉⁿ.

Enfin Joseph Garnier, receveur de la Confrérie de Saint-Crépin, présente le budget qui suit :

Recettes. Rentes constituées. . . . . 166¹ 10ˢ 3ᵈᵉⁿ.

Dépenses . . . . 99¹ 10ˢ 6ᵈᵉⁿ.

Cloches.

Des cloches furent placées dans la tour de l'église nouvelle; car on trouve plusieurs titres se rapportant au payement ou à la réparation des cloches.

Par un traité (¹) passé le 6 Septembre 1720, le nommé Pierre Rozier, fondeur à Bréval, se soumet à fondre une nouvelle cloche, du même poids que celle qui est fendue au clocher, moyennant la somme de 300 livres payables aussitôt que la cloche sera posée.

En 1761, en vertu de deux traités passés avec la communauté les 8 Février et 7 Août, deux fondeurs s'engagent à refondre la grosse cloche de l'église et à la mettre d'accord avec les deux autres.

Le 25 Août 1763, le sieur N. Antoine signe un traité par lequel il s'engage envers la communauté à refondre

---

(1) **Archives communales. D. D. XIII.** Il s'agit ici des cloches de l'ancienne église.

la grosse cloche qui est cassée, moyennant une somme de 201 livres et demie.

Enfin le 1er Août 1765, les maire, syndics et jurés s'assemblent pour délibérer sur le remboursement de 401 livres dues aux fondeurs de cloches. Ils demandent à l'Intendant de leur permettre de percevoir les deux tiers des rentes, dommages-intérêts qui peuvent leur revenir des bois communaux dépendant de la maîtrise de Saint-Dié. Cette autorisation leur fut accordée.

Maison curiale.

La maison curiale fut rebâtie à neuf dès 1735. A cette époque, la communauté sollicita de S. A. R. l'autorisation d'établir une maison de cure. La demande représente :

Qu'il y a deux curés ; ils n'ont qu'une petite cuisine un petit poële et une chambre très serrée. Il faut souvent faire venir des religieux étrangers pour entendre les confessions.

Les habitants demandent un secours pour la construction du presbytère. Ils se trouvent dans une situation gênée pour avoir supporté toutes les impositions. Ils demandent la permission d'aliéner sans aucun cens la quantité de 30 jours de terrain communal.

La demande est signée par 21 personnes.

Cette requête fut octroyée, aussi la communauté mit-elle immédiatement les travaux en adjudication. MM. Bonnard et Remy furent adjudicataires pour la somme de 3.600 livres.

La communauté s'engageait à fournir les planches et les essis, à faire vider les fondations. Elle se réservait la fourniture de la chaux et la conduite des pierres.

La réception de la maison curiale eut lieu le 20 Juillet 1737.

Nous avons trouvé, jointes au dossier, les pièces suivantes :

1o Une quittance de 2.798 livres signée par les entrepreneurs de la maison.

2º Une délibération des maire, jurés et fabriciens de la communauté de Gérardmer par laquelle ils accordent une indemnité de 240 livres pour les entrepreneurs de la maison curiale (travaux non mentionnés dans l'inventaire.)

3º Un rôle de conduite des pierres moyennant 4 sous par pied.

4º Les devis des ouvrages à faire pour la construction du bâtiment dont il s'agit, et les plans de ce bâtiment (1).

Culte.

Comme nous l'avons vu précédemment, le curé fut chargé jusqu'en 1789 de la tenue des actes de l'état civil. Il suit de là que les protestants et les juifs n'avaient pas d'état civil avant la Révolution, ce qui rend difficiles les recherches concernant les cultes dissidents.

Cependant nous pensons qu'avant 1789 il n'y avait pas de membres de la religion réformée; en 1807, la statistique n'en accuse que deux qui habitaient dans la section du Lac.

Aujourd'hui que les querelles religieuses sont moins vives et que Gérardmer est par excellence un pays hospitalier pour l'étranger, on compte encore fort peu de dissidents. La grande masse de la population, celle de la montagne surtout, est restée fidèle au culte catholique.

Juifs.

Pendant tout le Moyen âge, les juifs furent persécutés. « On les massacra à Metz, à Verdun et dans d'autres villes (2) » et les Croisés, avant leur départ pour la Croisade, furent leurs plus ardents bourreaux.

Sous le règne de Simon II (1182) « une ordonnance dé-
« pouilla de leurs biens et expulsa de Lorraine les juifs
« accusés de parodier dans leurs synagogues, les céré-
« monies de la religion chrétienne (3). »

(1) Archives communales D. D. XIV.
(2) A. DIGOT, *Histoire de Lorraine*, t. I, p. 308.
(3) Id., id., t. I, p. 351.

Ils revinrent un siècle plus tard et s'établirent à Nancy, à Saint-Dié où on leur concéda un terrain vide de la rue Princière; « mais un crime horrible.commis par l'un d'eux, « et un sacrilège dont quelques autres se rendirent cou- « pables, excitèrent une telle indignation qu'ils furent « chassés peu de temps après leur établissement (¹). »

Pendant le cours du XVᵉ siècle, l'animadversion populaire poursuivit sans relâche les juifs qui étaient négociants. Néanmoins beaucoup de villes leur ouvrirent leurs portes, et dès la fin du XVIIᵉ siècle ils étaient établis à Tanviller. Mais Léopold se repentit de sa clémence; par une ordonnance du 5 Août 1700, il ordonna que « les calvinistes et les juifs vuideraient les états de S. A. dans le délai de trois mois; eux, leurs enfants, à peine d'y être contraints par toutes voyes dües et raisonnables, même par la confiscation de leurs biens meubles et immeubles (²). »

· Quelques années plus tard, les juifs furent tolérés en Lorraine, moyennant une redevance de 10.000 livres, et Stanislas « leur permit d'élire un rabbin (ce qui ne leur « avait jamais été accordé), et de former une assemblée « à Morhange pour rédiger les règlements qui devaient « leur tenir lieu de loi civile (³). »

Pour mettre fin à ces mesures vexatoires, il ne fallait rien moins que la Révolution française, qui accorda à tous les citoyens la liberté du culte.

Les premiers juifs qui entrèrent en relations d'affaires avec les habitants de Gérardmer furent des marchands de bestiaux. Dès 1768, les archives (⁴) relatent les achats de chevaux faits par plusieurs habitants de la montagne, à Lazare, « juif d'Alsace. »

---

(1) A. Digot, *Histoire de Lorraine*, t. II, p. 144.
(2) Id., id., t. VI, p. 28 et 204.
(3) Id., id.
(4) Archives communales. Liasse non classée.

Vers 1830, plusieurs israélites (¹) vinrent s'établir à Gérardmer et y fonder des maisons de commerce qui, pour
la plupart, ont prospéré. Actuellement la communauté is-
raélite compte 23 familles et 113 personnes.

Chapitre III. — ASSISTANCE PUBLIQUE

En 1789, il n'y avait à Gérardmer, en dehors du Bureau des Pauvres, aucun établissement de bienfaisance;
mais les malheureux ne manquaient pas pour cela, car
de tout temps, même dans les contrées les plus prospères,
il y a eu des nécessiteux (²).

Dès l'année 1573, les Etats-Généraux de Lorraine
avaient voté une véritable *taxe* des pauvres, et le duc
avait nommé dans chaque lieu, des collecteurs chargés
de faire la perception et la distribution de l'impôt dont
il s'agit. Mais soit que les Etats n'eussent pas jugé à
propos de maintenir la taxe, soit qu'elle n'ait pas été
régulièrement perçue, on continua à mendier comme
auparavant. Aussi par une ordonnance de 1597, le duc
Charles prescrivit-il *l'aumône légale* publique. Voici en
quoi consistait cet impôt, assez léger du reste : tous les
ans le conseil des jurés « cotisait les bourgeois d'après
les ressources présumées de chacun d'eux, exigeait le
paiement de la taxe et en faisait distribuer le produit aux
indigents désignés par les inspecteurs du quartier. » De

---

(1) Un des premiers fut M. Paris, père. Nous devons les renseignements qui
suivent à son fils, M. Alfred Paris, chef de la communauté.

(2) D'après une déclaration de l'abbé Colin, prêtre-vicaire en chef de Gérardmer, il y avait, en 1790, « 1.200 pauvres, sans y comprendre ceux qui n'ayant
d'autre ressource que le travail de leurs mains, deviennent indigents dès qu'ils
sont malades. »

plus, en 1626, le duc Charles IV ordonna « que sur les certificats des curés, les pauvres de la capitale (Nancy) seraient secourus et soulagés par les médecins, chirurgiens et apothicaires, aux frais de l'aumône publique; que les mendiants étrangers seraient hébergés pour une nuit et conduits hors des murs le lendemain matin (1). »

Léopold Bexon (2) nous apprend que « la charité s'exerce à Gérardmer dans toute son étendue et avec édification. La femme pauvre, en couches, est aussi bien traitée, soulagée par le secours de ses voisins d'une demi-lieue, que la plus riche. Un malade est exactement visité et soigné par ses voisins dont les plus près sont souvent d'une demi-lieue, avec plus d'attention que ne le sont ordinairement ceux des villes par leurs voisins. Si c'est un pauvre, chacun s'empresse de porter pour lui fournir un bon lit, de pourvoir à tous ses besoins, en vin, confiture, etc., et, à sa convalescence, en bonne nourriture et habillements. Un chatollier recueille les charités parmi les fidèles à l'église; cette cueillette va ordinairement de 10 à 12 livres, de façon qu'un pauvre, en convalescence, l'est moins que lorsqu'il est tombé malade. »

Le tableau est flatteur; Léopold Bexon ne pouvait du reste désobliger ses compatriotes.

Nous ajouterons qu'en outre des pauvres honteux dont il vient d'être parlé, il y avait, à Gérardmer, beaucoup de mendiants exemptés de payer l'impôt. Ils étaient à la charge de la communauté.

Nous en avons relevé la série en mettant en regard le nombre des habitants et celui des imposés. Nous avons pu ainsi établir les variations du nombre des pauvres par périodes décennales.

(1) A. DIGOT, t. V, p. 108 et 169.
(2) Mémoire précité.

STATISTIQUE DU PAUPÉRISME

ANNÉES	NOMBRE			NOMBRE MOYEN P. % DES PAUVRES	
	D'HABITANTS	DES IMPOSÉS	DES PAUVRES	SUR CELUI DES HABITANTS	SUR CELUI DES IMPOSÉS
1721	1.700	521	41	2.3	8
1731	1.500	506	75	5.	14
1741	2.000	543	70	3.5	13
1751	2.400	579	77	3.2	14
1761	3.000	593	110	3.7	19
1771	3.302	594	190	5.7	32
1781	3.700	627	237	6.4	44
Totaux.......	17.602	3.963	800	29.8	144
Moyennes décennales	2.514	567	114	4.2	20.5

Voici la statistique détaillée pour l'année 1789 (1).

POPULATION	FEUX	PAUVRES ne payant pas de taxe.	PAUVRES payant 1 ou 2 journées de travail.	VIEILLARDS incapables.	INFIRMES	ENFANTS de pauvres au-dessous de 14 ans.	TOTAL des Individus à secourir.
4.062	833	243	56	43	61	307	504

La dépense pour les nécessiteux de l'année 1789 s'éleva à 14.500 francs, dont la municipalité disposait par donations ou contrats.

Chose curieuse : Gérardmer, qui était sous la juridiction de Remiremont, aurait dû pouvoir faire admettre quelques-uns de ses pauvres à l'hôpital de Remiremont. Cette faveur lui fut toujours refusée, bien que ceux qui étaient dans le cas de faire des legs par testament dussent tester en faveur de cet hôpital.

(1) Archives communales. — Comptes des commis. Listes des répartiteurs (asseyeurs).

Bureau des Pauvres

Le Bureau des Pauvres, — aujourd'hui le Bureau de Bienfaisance, — était chargé de recueillir les aumônes et de les répartir entre les nécessiteux de Gérardmer. Ce bureau, présidé par le curé, était composé des notables de la commune; il se réunissait trois ou quatre fois l'année pour recevoir les comptes de ceux de ses membres qu'il avait élus pour recueillir les fonds ou en faire la répartition.

En principe, le bureau ne donnait pas d'aumône en argent, mais des secours en nourriture et en vêtements. Le registre des comptes de ce bureau pour l'année 1719 [1] contient plusieurs traités conclus entre la communauté et deux boulangers du lieu pour la confection et la fourniture de pain aux pauvres. Ces boulangers n'avaient pas de salaire; mais ils tiraient sur la communauté *un sou* par livre pour la moitié du pain délivré aux indigents, et *trois liards* pour l'autre moitié. Ils devaient une remise de 5 francs chacun et s'engageaient pour trois mois.

Les adjudications pour les fournitures des indigents furent toujours tenues exactement, même pendant la période si troublée de la Révolution.

Le 18 Novembre 1792, l'assemblée municipale décida, pour assurer l'entretien des malheureux, la construction de greniers fermant à clef, « pouvant contenir 30 reseaux de bled ou seigle » et achetés à la Saint-Martin, époque où les grains sont le meilleur marché.

La cuisson et la distribution du pain tous les dimanches furent mises à l'enchère; le boulanger qui cuisait le pain recevait 36 sous, cours de France, par resal de farine; il avait en outre les *sons*.

(1) Archives communales G. G. IV.

La loi du 28 Juin 1793 ayant ordonné la création
d'agence de secours, la municipalité s'empressa de nommer des commissaires pour répartir « les secours accordés aux familles pauvres des défenseurs de la patrie. »
Le commissaire de Gérardmer, le 11 pluviôse an II, toucha pour ce fait 3.681 livres, 11 gros, 7 deniers.

Les rentes des pauvres (rentes à percevoir chez les
locataires du bureau ou ses débiteurs), étaient également
ment affermées en adjudication.

Pour l'an II, la redevance était de 6 deniers par livre
de rente; le droit de les percevoir, pour l'an IV, fut adjugé à moitié prix.

Le bureau des pauvres était administré en l'an II par
A.-P. Valentin, manœuvre, demeurant à la section de
Forgotte; Nicolas-Gérard Martin, marcaire à Xonrupt;
Nicolas Grossire, marcaire aux Gouttridos.

Pour l'an IV, les administrateurs étaient : Gérard Le
Roy, de Forgotte; Gérard Jacquot, du Marché; Valentin
Gegout; Jean-Baptiste Viry et Joseph-Hubert Didier, des
Berleux, car la municipalité « se confiait dans le zèle,
la probité, l'activité, le patriotisme et l'humanité de ces
citoyens (1). »

Budget des Pauvres

Les ressources dont le bureau des pauvres disposait
provenaient de deux sources différentes :

1o Des quêtes faites à l'église paroissiale par le marguillier, certains jours désignés;

2o De donations faites par les particuliers;

3o D'amendes imposées par la municipalité pour les
contraventions.

(1) Archives communales postérieures à 1790. Registres des délibérations
de l'assemblée municipale.

7

Les quêtes faites à l'église rapportaient en moyenne 10 à 12 francs chacune.

Les principales donations faites au bureau des pauvres furent les suivantes :

En 1728, donation testamentaire par Joseph-Gérard Viry et sa femme, d'une somme annuelle de 35 francs.

En 1752, pareille donation par Jean-Jacques Valentin et sa femme, d'une somme annuelle de 120 francs.

En 1777, vente d'une maison pour la somme de 3.072 francs. Il était dû au bureau des pauvres 1.812 francs sur le prix de cette maison (¹).

Nous donnons ci-après les budgets annuels du bureau des pauvres par périodes décennales, d'après les registres déposés aux archives communales (²).

ANNÉES	RECETTES	DÉPENSES	ANNÉES	RECETTES	DÉPENSES
1721	1.380	1.288	1761	336	458
1731	276	208	1771	409	742
1741	791	942	1781	970	852
1751	281	370	1791	504	465

CAUSES DE LA PAUVRETÉ

La municipalité de Gérardmer, à différentes reprises, indique toujours les sources d'indigence que voici :

1° La longueur des hivers ;

2° La difficulté de pouvoir faire du commerce pendant l'hiver à cause de la quantité des neiges et du mauvais état des chemins ;

3° L'ingratitude du sol ;

4° La trop grande population ;

5° L'absence de toute sorte de manufacture.

(1) Archives communales G, G. I.
(2) Id. G. G. IV et V.

Aussi, comme conclusion, la municipalité exprima-t-elle toujours le désir de voir établir dans le canton une filature de fil, lin ou coton, ou une manufacture quelconque qui donnerait de l'ouvrage aux ouvriers pendant l'hiver.

A ces causes générales de malaise, il s'en ajouta une autre à la fin du XVIIIe siècle; ce fut le dépeuplement des forêts par suite de la multiplication des scieries et des ventes de coupes, notammant à Belbriette. Le bois devenant rare, beaucoup de boisseliers ne purent continuer leur métier faute de matière première.

Aujourd'hui, les nombreux établissements industriels de Gérardmer offrent à l'activité de l'ouvrier un champ aussi vaste que varié; les salaires sont élevés; il est peu de pays où l'ouvrier laborieux puisse gagner sa vie aussi facilement qu'à Gérardmer. Cependant, malgré toutes ces conditions favorables au développement du bien-être, beaucoup de familles d'ouvriers vivent dans la gêne, parfois dans la misère.

M. F. Martin, dans son opuscule précité, n'hésite pas à voir une des principales causes de la pauvreté de l'ouvrier dans l'usage immodéré de l'eau-de-vie. C'est triste à dire !

DEUXIÈME PARTIE

ÉTAT DES TERRES

Chapitre Ier. — ACENSEMENTS

L'histoire de la formation territoriale de Gérardmer est très curieuse en raison même de la nature du sol à l'origine de son occupation.

Les premiers habitants de Gérardmer vivaient exclusivement du produit de leur pêche ou de leur chasse; dès que la population augmenta, les conditions de l'existence se modifièrent rapidement; la vie un peu sauvage du chasseur et du pêcheur fut remplacée par les mœurs pastorales. Trop à l'étroit dans leurs chétives habitations, les premières générations de Géromhèyes songèrent à défricher les terres incultes et à élever, hors de l'agglomération principale, des granges, sortes d'habitations rustiques très sommaires, où ils pouvaient loger le peu de foin qu'ils récoltaient et abriter leurs bestiaux.

Ils s'adressèrent à cet effet, soit au receveur général de Lorraine, soit aux officiers des grueries d'Arches et de Bruyères, desquelles dépendait le ban de Gérardmer (1). Ces derniers, pensant agir dans l'intérêt du do-

---

(1) De 1594 à 1710, Gérardmer fut sous la dépendance du bailliage de Vosges et de la prévôté d'Arches; mais une partie de son territoire relevait de la prévôté de Bruyères.

maine, leur firent des concessions de terres moyennant des redevances proportionnées, à la quantité qui leur était abandonnée. C'était ce qu'on appelait des *acensements*.

PREMIERS ACENSEMENTS

Ces premières concessions n'avaient pas eu lieu, paraît-il, avec assez de discernement; aussi eurent-elles pour résultat la dégradation des forêts, et elles ne rapportèrent pas au fisc tout le profit qu'il pensait en retirer.

Afin de remédier à cet état de choses, les régents de Lorraine, pendant la minorité de Charles III, se réservèrent à eux-mêmes ou déléguèrent à la Chambre des Comptes le pouvoir d'accorder des acensements. C'est ainsi qu'on trouve au Trésor des Chartes, dans les lettres-patentes, un grand nombre d'actes d'acensements. Nous en citons un *in extenso* pour faire voir dans quels termes ils étaient conçus et quelle situation ils créaient aux censitaires.

Ascensement par Jehan Piérot de Giraulmeix.

Nicolas de Lorraine, comte de Vaudémont, baron de Mercueur, ayant la tutelle et administration des biens et pays de nostre nepveu... Charles... Sçavoir faisons comme cy-devant, par abus, les recepveurs et officiers de cestuy duché de Lorraine, à cause que n'estait leur charge, aient faict plusieurs laix et assencements de forests, lieux vagues, tant pour labouraige que praierie et permis, à ceste fin, plusieurs essarts, à la grande ruyne des bois et forests de nostre dict nepveu, permectans aux assenceurs plusieurs libertez, aussi à la grande diminution des droictures et redebvances que annuellement y pouvaient estre actenuz, et ce à si moindre et non compétente redebvance, que facilement l'abus se est trouvé et démonstré par noz très-chers et féaux conseillers les sieurs de Bassompierre, bailly des Vosge, et de Neuflotte, messire Dom^que Champenois, que pour ce y avons commis et député, et lesquelz ont veu

et revisité la plupart d'iceulx lieux et réduicts et remis les choses à
reigle, voir encor à beaucoup moindre pris que l'on en eust bien
trouvé. Ayans esgard aux labeurs qu'en assertant (essartant) iceulx
assenseurs puellent (peuvent) avoir employé, et sans toucher au laix
que feux, de bonne mémoire, les ducs progéniteurs de nostredict
nepveu en ont faiz cy devant, voulans y donner meilleur ordre, et,
pour la seureté des preneurs, en faire lettres et témoingnaiges, leur
avons faict nouveaulx assencemens par les manières et conditions
cy-après déclairées. Pourquoi, nous, ce que dict est considéré et
désirans l'augmentation du domaine de nostredict nepveu, avons
à Jehan Demenge Pierot et ses parsonniers (ses proches, ses héri-
tiers) assencé... la grainge Pierot du Vinat (Vinot), avec le prey
à l'entour, qui contient environ seize charées de foing, séant au lieu
dict sur Rougimont, joignant devers le dessoubz aux rains du dict
Rougimont... pour le pris de deux frans et demy... pour la moic-
tié, et l'aultre moictié à l'église Sainct Pierre de Remiremont, et
deux frans d'entrée pour une fois... moyennant qu'ilz y pourront
prendre lieu et place pour y vacquer et faire prey pour cinquante
charées de foing, pourveu qu'il n'y ait bois vif et portant paixon
(poix)... à condition qu'ilz y pourront tenir vacheries, loger et
gésir leur bestial et norris et avoir le pasturaige d'iceluy esdicts
bois et forests et montaignes à l'environ... comme aultres ayans
semblables ascensemens... que furent faictes et données à Nancy, le
dix-huictiesme jour de Juillet l'an mil V^c cinquante-deux (1).

Les acensements faits par les officiers et receveurs du
duché de Lorraine dont parlent les premières lettres -
patentes, sont rappelés, en ce qui concerne la prévôté
de Bruyères, dans les comptes de cette prévôté pour les
années 1539, 1540 et 1576.

Les comptes de 1576 renferment quatre chapitres ainsi
intitulés :

1° Aulcuns assencemens faictz par feu George des Moynes, luy
vivant receveur général de Lorraine (1501-1538), de l'advis de
Messieurs du Conseil et des Comptes ;

(1) Trésor des Chartes, d'après H. LEPAGE.

2º Assencemens faictz par les receveurs particuliers, que les détenteurs supplient demeurer au contenu de leurs lectres, laissées soulz le bon plaisir de Monseigneur de Vaudémont, tuteur;

3º Nouveaux assencemens faictz par les sieurs de Bassompierre et Neuflotte, en l'an 1547, renouvellés par Monsieur le Président et Jacques Vyon de Montenoy, auditeur (des Comptes) en l'année 1554.

4º Aultres nouveaux assencements faictz par Messieurs les Présidents de Lorraine, Mre Claude Mengin, et Jacques Vyon de Montenoy, auditeur en l'année 1554 (1).

Des chapitres semblables à ces deux derniers se trouvent dans les comptes du domaine d'Arches pour l'année 1573, avec un « rôle des assencemens faicts en 1565. »

En 1580, les habitants de Gérardmer avaient fait de nouveaux acensements et bâti des granges sans payer de redevances ; le duc de Lorraine, d'un commun accord avec les dames de Remiremont, fit arpenter tous les acensements du ban de Gérardmer qui étaient tant sous la prévôté d'Arches que sur celle de Bruyères. Il fut convenu entre les habitants et les envoyés du duc et du Chapitre que pour les acensements faits depuis 1540, par le receveur général de Lorraine, George des Moynes, la redevance serait de 4 deniers par jour de terre et 12 gros par jour de surcroît; pour les acensements faits de 1541 à 1569, 2 gros par jour, 18 gros d'entrée, 3 années d'arrérage, et 5 sols par borne. Enfin, 9 gros par grange érigée sans permission et 2 francs d'entrée (2).

La superficie des terres (3) mises en valeur était à cette époque de 74 jours 2 omées 16 verges 2 pieds ¾ payant une redevance annuelle de 3 gros par arpent, ce qui fait, pour la part du roi, 3 francs 1 gros 7 deniers, plus 25 francs comme moitié du droit d'entrée et des bornes;

(1) D'après H. Lepage.
(2) Archives communales D. D. I,
(3) Pied terrier de *Géramer* dressé en 1598 par Jean Bardin et Charles Rennel. D. D. I.

en outre, 26 jours ½ qui donnent un cens annuel de 3 francs 3 gros 12 deniers (part du duc) et 50 francs de droit d'entrée (part du duc) (1).

En 1615, les habitants de Gérardmer se plaignirent au duc (2) de « la diminution de leur vaine pasture, » par suite des nombreux acensements. Ils sollicitèrent la faveur d'être préférés à un particulier qui voulait obtenir à son profit le paquis de 80 jours situé entre Granges et Gérardmer (3). Le duc Henri II leur accorda la préférence demandée moyennant « une redevance annuelle et perpétuelle de 200 francs, plus 25 francs de droit d'entrée, » dont moitié au duc et moitié à l'église Saint-Pierre de Remiremont ; à la condition en outre :

Que les habitants jouiront de ces biens en commun, aultant le pauvre que le riche et le riche que le pauvre, à l'usage et commodité du pasturage libre et ouvert à leur bestail, et sans qu'il deust estre loisible à leurs doyen, procureur et commis d'en vendre ou transporter, moins s'approprier chose aucune en particulier ou à autre usage que la dicte pasture commune.

Les terres ainsi acensées furent reconnues et arpentées de nouveau (4), et, par une déclaration de 1628, le cens établi pour ces terres variait de 2 fr. à 3 fr. le jour, d'après la nature du terrain (pré ou champ) et la présence ou non d'une grange.

La Chambre des Comptes de Lorraine, dans une déclaration en date du 10 Mars 1631 (5), fit aux habitants de Gérardmer l'acensement de 415 jours 4 omées 7 pieds ¾

(1) Archives communales D. D. I.
(2) Id.
(3) Ce paquis avait été disputé par Gérardmer et Granges. Un long procès avait eu lieu entre les deux communes à ce sujet. Le duc Henri II accorda la mitoyenneté (1611) et condamna chacune des communes à moitié des frais du procès (600 francs en tout).
(4) Par les commis du sieur Nas Georgel, admodiateur de la recette du domaine de Bruyères.
(5) Archives communales D. D. I.

de terrain dont ils pourront disposer à leur gré, « fermer et convertir en nature de preys, vendre, etc., » sous la condition de payer un cens fixé pour chacune des pièces de terre, compris entre 3 et 4 gros par jour, avec un droit d'entrée de pierres bornes, qui s'élevait de 15 à 20 francs.

Ces terrains furent distribués et abornés par les gruyer et contrôleur d'Arches et de Bruyères, chacun pour leur gruerie respective (1).

Le 20 Janvier de l'année suivante, les dames Catherine de Mailly et Philippe du Hautoy, « grandes aulmosnières » en l'église Saint-Pierre de Remiremont, écrivirent aux habitants de Gérardmer, au nom des Dames du Chapitre, en leur acensant la part des 415 jours ci-dessus qu'elles possédaient par moitié avec S. A. R., moyennant un cens annuel et perpétuel d'un gros par jour de surcroîts et d'usurpations, et 50 francs d'entrée; 3 gros par arpent pour les autres jours, et 100 francs d'entrée comme pour la portion appartenant au duc.

ÉTAT DE LA PROPRIÉTÉ TERRITORIALE A GÉRARDMER EN 1631

Les actes d'acensement de 1631-32 sont de la plus haute importance. Ils contiennent, en effet, l'état nominatif des propriétaires terriers avec la désignation des *lieux-dits* où étaient situées les propriétés, la contenance des terres acensées et leurs impositions.

Ils relatent un acensement fort important qui eut lieu en 1612 et se montait à 1.620 jours de terrain (2). Le total des acensements reconnus en 1631 était de 3.150 jours (630 hectares), se décomposant ainsi :

Acensements de 1612 : 1.620 jours. — De 1616 : 85 jours ¼. —

----

(1) Procès-verbaux des 24 Juillet et 9 Septembre 1631.
(2) Le jour valait 10 omées, soit 20 ares 40, environ 1/5 d'hectare.

De 1621 : 106 jours ¼. — Sur les Chaumes (Fachepremont. — Saint-Jacques. — Grouvelin) et leurs Répandizes : 1.338 jours.

Ces terrains appartenaient à environ 300 propriétaires; les plus grands tenanciers parmi eux, étaient :

T. Viry, qui possédait 62 jours ¾ à Celley. — J. Hannezo, 54 à Noir-Ruz. — D. Pierrat, 48 à Corxart derrière la mer.

Nous donnons, par lettre alphabétique, la liste des *lieux-dits* qui, à cette date, payaient l'impôt foncier; nous donnons entre parenthèses l'orthographe actuelle.

Ez Bas-Ruz (*Les Bas-Rupts*). — L'Endroict-des-Bas-Ruz. — Badon. — Ez Beuliart (*Le Beillard*). — Bas-du-Page. — Bas-des-Bas-Ruz (*Rupts*). — Basse-de-Celley (*Cellet*). — Basses-Feignes. — Côté-de-Bresson (*au Bresson*). — Basse-du-Haut-Rang. — Basse-Cochonprey (*Kichompré*). — Les Blanches-Hutts (?) — Les Berloquez (*Bloquez*). — Les Bas de la mer (*inusité*). — La Breuchatte. — La Breuche-de-l'Air (*La Broche-du-Lard*). — La Broche-du-Pont. — Celay, Celley (*Cellet*). — La Couleure. — Corxart (*Corsaire*). — Le Cresson. — La Croisatte (*Croisette*). — Ez Cuves (*aux Cuves*). — La Creuse. — Derrière-le-Haut. — Id. la Voye. — Id. Longemer. — Id. la mer (*le Lac*). — Id. le Menne-Roche (*inusité*). — Id. le Chemin-de-la-Poussière (?) — Dessus-le-Corxart (*Corsaire-du-Dessus*). — Id. la Breuche. — Envers-des-Filles (*Fies*). — Id. du Rupt, de Fourgotte (*Forgotte*). — Id. Estang (*Étang*). — Id. Longemer. — Du Ruz (?) — Fany (*Phény*). — Fouchez-du-Corsaire (?) — Framont (*Frémont*). — Faing-Levey (*Faing-Lové*). — Id. la Grüe (*Grue*). — Goutte-des-Saps. — Id. du Poncey (*Poncés*). — Id. Chauvinie (*Choine*). — Des Ruaux (*Airian*). — Id. Saulx (*Saps*). — Id. de la Montagne (*de la Mont'e*). — Id. du Tot (*du Tour*). — Gouttes-Riedolz (*Gouttridos*). — Id. derrière le Trexault-du-Xattel (*Derrière-le-Xetté*). — Id. de la Haute-Rayez (*de la Rayée*). — Id. Scherwane (?) — Id. de la Morte-Femme. — Id. du Roullier. — Id. de Lancelot. — Putte-Goutte (*Peute*). — Grande-Basse. — Id. Breuche (*Broche*). — Ez Grèves (?) — Le Haut-Surceneulx (*Surceneux*). — Id. de Badon. — Id. de la Poussière. — Id. de la Rayée. — Id. Pergis. — Les Hautes-Feingnes (*Feignes*). — Id. Vannes. — Les Hauts-Ruz (*Rupts*). — Hous-

seramont (?) — Nouveau lieu. — Noire-Ruz (*Rupt*). — Pierre-
Charlemagne. — Plain-des-Vannes. — Plain pay (?) — Le Pollueux-
la-Chèvre (*le Poly*). — La Poussière. — Au Poirel (*au Haut-Poirot*).
— Pré-Ruz (*du Ruisseau*). — Id. Ferry. — Id. de la Voye. — Lon-
gemer. — La Mer (*le Lac de Gérardmer*). — Ez Mareilles (*à Mérelle*).
— Les 4 Feingnes (*Feignes*). — Ramberchamp. — Ez Royes (*les
Royes*). — La Roye-du-Cresson. — Roche-Logue (?) — Rayatz-de-
Reylgotte (*Royes de Relles-Gouttes*). — Rang-du-Lancelot. — Id. du
Bay (*Rein-du-Beau*). — Reylgotte (*Relles-Gouttes*). — Ruz-de-la-
Poussière (*Ruisseau*). — Id. de Creuse-Goutte. — Id. de Reylgotte.
— Surceneulx : Hans, Jacot, Marion, le Bridelot (devenus Surce-
neux ou Cerceneux). — Sur les Roches-l'Urson. — Les Vazenés. —
Voye-du-Veltin (*Valtin*). — Id. du Ruz. — Dú Cerlieu (*au Clair-
Lieu*). — Id. des Hauts-Ruz. — Id. du Beuliart. — Id. du Cresson.
— Vieille-Grange. — Ez gras Voizonnels (?) — Xtels (*Xtés*). — Xarts
des bras de la mer (*inusité*). — Au Xetty (*le Xetté*). — Xonruy (*Xon-
rupt*). — Rondfaing (?)

Soixante-quinze ans après (1706), les habitants de Gérardmer obtinrent un nouvel acensement de 300 jours de
terre dont 134 appartenaient au duc seul; le reste était
indivis entre le duc et le Chapitre de Remiremont. Le cens
annuel et perpétuel était de 6 gros par jour de terrain
plus un droit d'entrée de 70 francs (une fois payé).

La commune fut jalouse de conserver ses droits terriers; des particuliers ayant voulu usurper des acensements, elle demanda et obtint (1707) la confirmation de
ses droits antérieurs. En 1709, le Cerceneux-Marion fut
acensé pour 1.200 francs.

Les registres terriers [1] du XVIIIe siècle (1727, révisés
en 1730) constatent une rapide augmentation - des terres
acensées; le total, qui monte à 5.841 jours ½ environ, a
presque doublé dans un siècle.

Il est vrai qu'il faut déduire de ce chiffre les 300 jours

[1] Archives communales, D. D. 7. Ils ont été dressés par Philippe-Amé Doyette,
substitut d'Arches.

possédés par le seigneur de Martimprey ([1]) et qu'il y avait eū l'acensement de 300 jours de terre en 1706 ; mais en ajoutant ces 600 jours au total des acensements de 1631, on reste encore bien au-dessous du chiffre total de 1730. C'est que, indépendamment des acensements concédés officiellement par la Chambre des Comptes, il se produisait incessamment des usurpations en « surcroît » que les arpenteurs constataient dans leurs pieds-terriers.

Les 5.841 jours ½ (1.168 hectares) se décomposent en :

Terrains sur la prévôté d'Arches, nûment ([2])….	*1.736 jours ½.*	
— *communs* ([3])………………………	*2.113*	—
— *prévôté de Bruyères, divers*…………	*1.697*	—
Seigneur de Martimprey…………………	*294*	—

Les propriétaires de ces terrains sont moins nombreux qu'au siècle précédent : 282 seulement ; par contre les domaines familiaux se sont étendus ; ainsi nous relevons, parmi les marquants :

J. Houot, au Raing-Brice, du Balliard : 179 jours dont 2 pour un estang (étang).

Un groupe de propriétaires au Belliard :

V. Viry. — N. Fleurence. — Coanus. — J. Martin. — N.-J. de Franoult. — J. Tisserand et L.-J. Claude : 204 jours ; enfin le Sr Paxion possédait, à la pointe de Rougimont, 63 jours.

Le pied terrier de 1631 ne signale qu'un seul propriétaire étranger à Gérardmer : feu J. Thierry, curé de *Coursieux* (Corcieux). Un article de 4 francs est rapporté sur lui :

Pour le droit qu'iceluy auroit dit avoir d'un nommé J. Chaussatte pour posséder le lac et ruisseau, dit vulgairement Retournemer, et

---

(1) Anobli depuis 1615, mais il ne pouvait enlever aux habitants de Gérardmer leurs droits d'usage pour la pâture et les forêts.

(2) Au duc seul.

(3) Au duc et au Chapitre.

user de la pesche d'iceluy à leur volonté, mais comme il est voyable que cela n'estoit qu'au bon plaisir de Son Altesse et sur aulcune considération de la personne du dit feu sieur curé, et estant que présentement il se pourroit faire beaucoup plus grand proffit desdits lac et ruisseau en dépendant, la présente remontrance en a esté dressée à ce sujet.

Un siècle après, les nouveaux possesseurs de terre étrangers à Gérardmer étaient plus nombreux. Outre le seigneur de Martimprey, J. François, escuyer, et son gendre, le Sr A. Brégeot, seigneur de Couture, capitaine de S. A. R., il y avait comme propriétaires terriers n'étant pas du pays :

La dame de Gelnoncourt. — Le Sr Masson, d'Épinal. — Damoiselle Catherine de Vienville. — Le Sr Masson, de Rembèrviller (Rambervillers). — J.-B. Fleurence, de Munster. — F. Phulpin, de Vaumecourt (Vomécourt). — J.-N. Doridant, escuyer, gruyer, de Bruyères. — Christine des Champs, de La Poutroye. — Le Sr de Bouzainville, seigneur de Vaudéville. — Le Sr Le Comte, prévôt gruyer de Darney.

Un demi-siècle s'écoula avant que les habitants de Gérardmer eussent à solliciter de nouveaux acensements. Ils se contentèrent, en 1777, de demander à être maintenus dans la possession des héritages dont ils étaient détenteurs. La Cour des Comptes rendit à ce sujet 5 arrêts conformes, les 27 et 31 Janvier, 28 et 30 Avril et 3 Mai. Les 4 premiers ne concernent chacun qu'un seul particulier, le dernier en concerne 237. Il y avait donc à la fin du XVIIIe siècle 238 propriétaires terriers possédant une superficie de 6.000 jours de terre (1.200 hectares).

En 1731, il y avait, d'après le pied terrier, 5.841 jours, soit 1.168 hectares.

Malgré ces nombreux acensements, il restait encore bien des terres à utiliser ; c'est dans ce but qu'une ordonnance royale du 27 Juillet 1821 autorisa la concession, au profit de 913 détenteurs, d'environ 192 hectares de terrain pris parmi les pâtis communaux et les terres vagues. D'autres terrains de même nature, hérissés de rochers et de blocs de granit, sans aucune utilité et d'aucun rapport, furent défrichés par les habitants, qui, à force de peines, sont parvenus à rendre à l'agriculture plus de 138 hectares d'un sol qui semblait toujours perdu pour elle (1).

DÉFENSES POUR LES ACENSEMENTS

Les acensements occasionnaient des frais considérables à la communauté. Celui de 1706 seul coûta près de 7.000 francs. Nous donnons ci-après le détail (2) des principaux articles de dépenses, pour faire ressortir en outre la lenteur de la procédure et les précautions minutieuses dont s'entouraient les censitaires.

Pour un premier voyage à Lunéville par Me Gérard, tabellion au dit Gérardmer, pour présenter requête à S. A. R. demandant les 300 jours (6 jours y furent employés), 42 francs.

Honoraire de Cl. Gérard, à raison de 3 francs 6 gros par jour, 21 francs.

A Me Petit Didier, avocat à la Cour, pour l'adresse de la requête. 3 francs six gros.

Au Sr Marchis, pour retirer la requête décrétée au Conseil de Mme A. R., 3 livres 12 sols, faisant 8 francs 5 gros.

Pour un deuxième voyage du tabellion à Gircourt, afin de présenter au seigneur Ht de Gircourt la requête de Mme A. R., qui chargeait ce seigneur de visiter l'emplacement le plus convenable à l'acensement sollicité, 15 francs 2 gros.

Dépenses faites à la taverne de Gérard Michel par le Sr Doridant, gruyer de Bruyères, délégué du comte de Gircourt (3 jours), 65 francs 6 gros.

Pour 3 journées de vacation au Sr Doridant, 44 francs 4 gros.

---

(1) D'après H. Lepage.
(2) Extrait du compte dressé par les maires et jurés. Archives communales D. D. 1.

Pour les journées des maire, jurés et 3 hommes qui assistèrent le sieur Doridant dans ses opérations, 27 francs.

Pour un deuxième voyage à Lunéville fait par le tabellion et G. Michel, afin de présenter à Mme A. R. l'avis du seigneur de Girecourt (7 journées et dépens), 107 francs 10 gros.

Au Sr Marchis, greffier du Conseil, pour retirer la requête décrétée et renvoyée aux seigneurs de la Chambre des Comptes, 8 francs 5 gros.

Au même, pour sollicitation et adresse de la requête, 14 francs.

Pour le voyage à Nancy des mêmes délégués, pour présenter la requête à la Chambre des Comptes, 4 journées et dépens, 84 francs.

Au Sr Petit Didier, avocat, pour sollicitation et présentation de la requête, il fut payé 17 francs 6 gros.

Pour les publications faites, 3 dimanches consécutifs, par les sergents de Corcieux, Granges et Gérardmer, dépense, 35 francs.

Pour l'adjudication faite par le sieur Doridant et son greffier Ranfaing (elle dura 3 jours), il fut payé au dit gruyer de Bruyères 70 francs.

Pour les dépenses faites chez le tavernier Michel par les sieurs Gruyer, Ranfaing, les maire et jurés, au cours de l'adjudication, 60 francs 8 gros.

Pour le voyage à Nancy du tabellion Gérard et de Michel afin d'obtenir le contrat de l'acensement des 300 jours de terres adjugées (12 jours), 189 francs.

Pour écritures au sieur Petit Didier, avocat, 35 francs.

Pour les droits des seigneurs de la Chambre (du secrétaire, minute, grosse, sceau et parchemin du contrat), coût : 137 francs.

Pour la délivrance et l'expédition du contrat il fut payé au sieur Godbillot et à son clerc, 16 francs 4 gros.

Pour un voyage à Bruyères des mêmes Gérard et Michel afin d'informer le sieur Doridant qu'il était chargé, avec un arpenteur juré, de faire la délivrance des 300 jours acensés, il fut payé pour journées et dépens, 14 francs.

Pour la délivrance et l'arpentage des terres il fut payé, pour 24 jours (6 livres par jour), au sieur Doridant, au sieur Ranfaing et à Antoine, arpenteur juré :

Au sieur Doridant, 336 francs.

Vacations au sieur Ranfaing, 224 francs.

Id.   Anthoine, 224 francs.

Pour les dépenses faites au logis du sieur Michel par les sieurs

Doridant, Ranfaing, Anthoine, les maire et jurés de la Commune, pendant le temps de la livraison des terres, 661 francs.

Pour l'expédition de la grosse et copie du verbal de la livraison et arpentage des 300 jours, il a été payé à Ranfaing, 23 francs 4 gros.

Enfin il a été payé à divers particuliers qui ont assisté les gruyers et arpenteurs la somme de 136 francs pour journées faites par M. Martin, lieutenant de maire; Me Gérard, tabellion ; Michel, tavernier ; et les particuliers : Denis, Gegoult, Bresson, Gley, Pierrot, Denyot, Viry.

Abornements

Les terres acensées étaient abornées avec attention. Pour chaque pierre borne on payait 3 gros 12 deniers. Les rapports des gruyers disent à ce sujet [1] : « Nous avons aborné sur roches de pierres, plantées avec témoins desoub, (dessous), soit en charbon, petits cailloux et pièces de pots de terre, sur toutes lesquelles bornes il y a Croix de Lorraine empreinte dessus; celles faites dans les coings de chaque endroit, livrés doubles avec allignement, les autres dans les milieux aussi allignantes. »

Outre ces bornes solidement plantées, il y avait des repères sur des « pierres froides, » roches massives marquées également de la Croix de Lorraine [2].

Granges et Maisons d'habitation

Les premiers habitants de Gérardmer n'avaient pour demeure que des hangars couverts en planches qui servaient de remises pour le bétail et les fourrages ; ces remises ou *granges* étaient élevées partout où il avait un paquis à proximité. Peu à peu le montagnard embellit sa grange, la rendit plus hospitalière, mieux abritée contre les intempéries, il en fit une *ferme*. Ces progrès furent

(1) Procès-verbal d'abornement de 1631. Archives communales D. D. I.
(2) Les chaumes étaient séparées par des bornes spéciales. V. art. *Chaumes.*

lents; car dans la première moitié du XVII⁰ siècle, sur
176 habitations qui existaient à Gérardmer, en dehors des
chaumes, on comptait encore 164 granges et seulement
12 maisons.

En compulsant attentivement les listes des propriétaires
terriers pour 1631, nous avons pu retrouver l'emplacement
de ces habitations.

*Il y en avait 15 à La Poussière. — 12 au Beuliart. — 11 ez
Bas-Ruz. — 10 au Hault du Fany (Phény). — 9 à Badon. — 8 à
la Breuche du Pont. — ez Gouttes Riedol. — Derrière Longemer. —
7 à Xonruït (Xonrupt). — 6 ez Quatre-Feignes. — Au Corxelaire
de la Mer (Corsaire). — 5 ez Rayez (Rayée). — Framont. — Hauts-
Ruz. — 4 Noire Ruz. — Relles Gouttes. — 3 Plain des Vannes et
Hautes Vannes. — Goutte des Saps. — Celley. — 2 sur les Bras de
la Mer (du Lac). — Au Cresson. — Derrière la Mer. — Envers du
Ruz de Fourgotte. — Goutte Derrière. — Goutte Schewaine. —
Hautes-Feignes. — Au Poirel (Poirot). — Au Plain de Xetty. — Les
Poucés. — Le Pollueux La Chèvre (Le Poly). — Rondfaing. —
Surceneulx de Badon. — Trexault du Xattel. — Enfin une seule
aux Bloquez. — A la Breuche des Hauts Rupts. — Aux Basses Fei-
gnes. — A Creuse Goutte. — Devant Housseramont. — A l'Envers
de l'Estang. — Au Faing Levey (Faing Lové). — A la Goute des
Ruaux (G. Airian). — Goutte de la Montée. — Goutte du Tot (du
Tour). — Aux Hautes Royes. — Au Haut Pergis. — A Mareilles
(Mérelle). — Au Pré Paris. — Au Pré Ferry. — Au Rang du Bay.
— A la Roye du Cresson. — A la Goutte du Roulier. — Au Rang
du Pré Mengin. — Au Surceneulx Marion. — A la Voye du Clerlieu.
— A la Voye du Valtin. — Au Vinot. — Le Moulin du Ruisseau de
la Mer et celui du Rupt de Fourgotte.*

Depuis cette époque, pour construire des habitations, il
fallait obtenir l'autorisation de la communauté. Par une
résolution de 1713 (¹) :

Les maire et jurés étant assemblés pour régir les affaires de la
communauté, ont résoult (résolu) et terminé que sur ce plusieurs
particuliers estaient dans le dessein de bastir des maisons et loge-

(1) Archives communales D. D. I.

ments sur les paquis communaulx où bon leur semblent (*sic*), au dessus desdites maisons et logements, il leur conviendrait encore prendre du terrain aux environs pour jardinage, ce qui porterait un notable préjudice à la dite communaulté, tant par rapport au pasturage que pour ce que la communaulté paye un cens considérable à S. A. R. et au Chapitre de Remiremont et par conséquent il est absolument nécessaire d'empêcher lesdits particuliers et autres qui seraient dans les desseings de faire de nouveaux bastiment sur lesdits pacquis communaulx, et de se pourvoir où il appartiendra contre ceux qui vouldraient entreprendre des bastiments.

Le mouvement de bâtisse s'accentua dès le commencement du XVIIIe siècle. Par une ordonnance de 1719 (¹), le duc Léopold accorda aux habitants de Gérardmer la franchise pour bâtir, à la condition « qu'on bâtira des maisons solides, à chaux et à sable, logeables et non autrement. »

Aussi les granges se transformèrent-elles rapidement en maisons ; le pied-terrier de 1727-1731 enregistre sur Gérardmer 44 granges seulement et 248 maisons ; le progrès avait donc été remarquable dans moins d'un siècle.

Dans le dernier tiers du XVIIIe siècle (1760-1780), on comptait environ 30 granges et 720 maisons, soit 750 habitations.

Le recensement de 1789 accuse un total de 956 habitations, comprenant 236 maisons éparses et 720 agglomérées. La statistique de l'an IX (1800) prouve que le mouvement s'accentue ; il existe à cette date 1.028 maisons, dont 771 agglomérées et 257 éparses (fermes).

La statistique de 1891 donne les chiffres suivants : maisons, 1223 (dont 52 vacantes) ; logements, 1718 (dont 32 vacants), ateliers et magasins, 171.

Le nombre des maisons n'a augmenté que de 200 dans le XIXe siècle ; les nouvelles constructions se sont élevées

(1) **Archives communales A. A. I.**

principalement sur le coteau des Xettes, près du Lac et sur le Boulevard qui est actuellement le plus beau quartier de Gérardmer.

Les habitants de Gérardmer qui voulaient bâtir ou empiéter sur le terrain communal, étaient obligés de soumissionner sur un registre spécial ([1]), intitulé : « Soumissions pour bâtir sur le terrain communal. » Il contient :

L'Etat des soumissions des pauvres particuliers et habitants de la paroisse de Gérardmer, qui ont construis chacun un petit logement et masure sur les terrains communaux dépendante de la dite communauté, sur l'agraiement des voisins résidant chacun proche de leurs petits logements, et aussi par l'agraiement des officiers de la dite communauté, auxquels ils n'entreprendronts aucun procès mal fondé contre les officiers et habitants de la dite communauté, les dits habitans suplians jouirons de leurs petits logements pendant leurs vie et celles de leurs femmes ainsi qu'elle se contienne, et après leurs décès seulement qu'elles ne subsisteronts à leurs enfants et autres particuliers, qu'en passant chacun des nouvelles soumissions, et jusqu'au bon plaisir des officiers et habitants de la dite communauté, qu'ils ne seront aucunement en droit de les vendres n'y louer que ce qui se peut enlever, c'est-à-dire que le terrain à eux accordé sera toujours à la communauté, et lesdits habitants laisserons passer et repasser librement les bestiaux aux environs de leurs logemens, ni qui leur soit fait aucun tord ni même aux habitants qui leurs soient préjudiciables. C'est pourquoi ils en veuillent aujourd'hui en faire la reconnaissance par devant leurs maires, cindic et jurés de la dite communauté de Gérardmer, comme n'ayant aucun bien ny logement à eux en propre. C'est pourquoi ils on crullent faire aujourd'hui leurs reconnaissances par devant les S[rs] maires, cindic et jurés de la dite communauté, ainsi que plusieurs en ont déjà fait et passés de soumissions.

Il y avait en tout, tant sur le terrain communal que sur les lieux vagues et proches des montagnes (Phény, etc.,) 103 soumissionnaires.

Dès 1788 ([2]) le droit de bâtisse était gratuit pour les

(1) Archives communales D. D. I.
(2) Registre des délibérations. Archives communales B. B. II.

pauvres gens à la condition de faire la soumission : « de ne point s'approprier le dit terrain sur lequel on leur permettait de construire leurs baraques, mais au contraire de le rendre libre à la première réquisition de la Communauté. »

Les empiètements des particuliers sur le terrain communal pour constructions ou cultures furent la source de nombreux conflits entre la commune et les usurpateurs. De 1688 à 1757 nous avons relevé une douzaine de poursuites judiciaires exercées par la commune contre les habitants qui s'appropriaient indûment du terrain communal ; la procédure, en pareil cas, était assez compliquée : l'administration communale adressait, aux *Officiers en la juridiction commune* de Remiremont, une supplique où elle exposait ses griefs et sollicitait l'autorisation d'assigner l'usurpateur. Cette autorisation était généralement accordée; l'assemblée communale désignait un avocat et les débats avaient lieu devant les juges qui rendaient un jugement motivé ; copie de ce jugement était transmise aux archives communales. Le coût des papiers timbrés, des expéditions, des frais d'avocat, variait de 25 à 30 francs.

Pour éviter ces tracas et ces dépenses, la Communauté se procura l'autorisation de faire *démolir* les maisons des particuliers sises sur le terrain communal (1757). Cette mesure sévère ne suffit pas toujours à empêcher les usurpations, comme on va le voir dans le chapitre suivant.

Procès entre la Communauté et les Particuliers.

La communauté pour défendre ses droits en matière de propriété territoriale, ne craignit pas d'intenter un procès aux usurpateurs quand les voies judiciaires habituelles ne suffisaient pas à leur faire lâcher prise.

Nous allons résumer l'histoire des procès de ce genre qui eurent lieu dans le cours du XVIIIᵉ siècle.

Le premier en date fut intenté à Joseph Simon, qui avait clos « un terrain communal en nature de meix (jardin) devant la maison située au centre du village (¹). »

Les maires et jurés de la communauté qui avaient pris 'une résolution concernant la fermeture des portions de terrain communaux loués aux habitants de Gérardmer, s'adressèrent au prévôt d'Arches pour obtenir le droit de poursuivre Simon.

La décision du prévôt ne parut pas suffisamment sévère à l'égard de l'usurpateur ; aussi les édiles de Gérardmer interjetèrent-ils appel de la sentence du prévôt d'Arches devant le tribunal de Remiremont. Simon fut condamné aux frais et dépens et dut enlever la clôture du terrain communal (1706).

La communauté obtint également gain de cause dans le procès qu'elle intenta, peu d'années après (1713-1704) à Nicolas de La Levée de Xonrupt..

Ce dernier se refusait à acquitter le reliquat du droit de cens pour des terrains qui lui avaient été concédés aux deux cantons du Page et de la Basse Charbonnière.

Le reste de son droit s'élevait à 87 francs qu'il prétendait esquiver par droit d'ancienneté (²).

Mais l'administration communale veillait ; le procès dura deux années et finalement les Lavée furent contraints à payer les 87 francs ci-dessus « dans les 24 heures, sous le préjudice d'une amende de 10 francs, pour chaque jour de retard. »

Plus d'un demi-siècle s'écoula sans contestations nouvelles ; il en survint une autre (en 1771-72) au sujet d'une baraque sise sur le terrain communal (³). Cette baraque,

(1) Archives communales F. F. IX, 1 pièce parchemin, 15 pièces papiers.
(2) Id. F. F. IX.
(3) Id. F. F. VII.

laissée vide par la mort de son propriétaire, fut occupée sans formalités par un nommé Valentin Jacquel.

Malgré les nombreux avertissements de la communauté, le sieur Jacquel persista à occuper cette construction dont le fonds était revendiqué par la municipalité. Par un arrêté du Procureur du Roi au bailliage de Remiremont, la communauté fut autorisée à démolir la baraque occupée par le sieur Jacquel.

Ce dernier en réédifia une autre sur le même emplacement et assigna la communauté en demande de dommages-intérêts.

La communauté eut encore gain de cause. Jacquel fut condamné aux frais et dépens, la communauté fut autorisée à faire démolir sa baraque ; enfin le défendeur reçut la défense de bâtir à nouveau sous peine *d'emprisonnement.*

Le procès coûta cher à l'usurpateur ; le mémoire des frais de la communauté se monte à 106 livres (dont 46 au Procureur communal et 40 de frais divers) ; le dossier compte 5 pièces parchemin et 35 pièces papier.

Mais ce procès et tous les précédents furent éclipsés par l'important différend qui survint à la fin de ce siècle, entre la communauté et Gabriel Paxion.

Ce procès dura 5 années (1781-1786) ; le dossier volumineux qui s'y rattache ([1]) renferme 4 pièces parchemin, 129 pièces papier et un plan ; la lecture de ces documents est des plus intéressantes. Elle met en relief la physionomie caractéristique d'un montagnard instruit et intelligent qui tint hardiment tête à toute la municipalité dans des circonstances très désavantageuses pour lui.

Voici quelle fut l'origine du procès.

Il était d'usage, comme le dit Paxion, que les propriétaires de terrain construisaient sur le communal une « rabaissée, » mais sans aliéner les droits communaux et

(1) **Archives communales F. F. VIII.**

lè fonds, et sans pouvoir bâtir maisons ou agrandissements sur l'emplacement de cette rabaissée. Il y avait, en 1780, plus de 50 constructions analogues.

En 1778, Paxion avait acheté, sise en face de la maison communale, une maison, de laquelle dépendait une rabaissée, séparée par la route, et située également devant la maison communale. Il releva et agrandit cette rabaissée.

Aussitôt la communauté se plaignit vivement et le procès commença, car le contrat de la vente faite à Paxion portait que « quant au hallier (la rabaissée en question), la venderesse ne vend que les droits qu'elle y a. » Or, ces droits que la dite « venderesse » Valentin tenaient de feu son mari Demangeat, étaient les droits d'usage précités.

Une plainte faite au nom des principaux habitants de Gérardmer fut adressée à l'Intendant pour obtenir la démolition de la rabaissée de Paxion.

Ce dernier se défendit par une lettre qui montre combien il était instruit pour l'époque.

Laissons-lui la parole :

Ce jourd'hui, 10 Octobre 1781, le soussigné Gabriel Paxion, négociant à Gérardmer, ayant eu communication d'un placet présenté contre lui à Mgr l'Intendant, par une partie de la communauté de Gérardmer, à l'effet de fournir des réponses, aura l'honneur d'observer, que pour mettre Mgr en état de prononcer avec connaissance de cause, il est intéressant de lui remettre sous les yeux les moyens dont se servent ceux qui se pourvoient contre lui.

Ils ont exposé par le placet qu'ils ont adressé à Mgr, que le comparant s'avisant de construire une rabaissée très considérable, au milieu du village, ce qui portait un préjudice considérable à la communauté et donnait atteinte à ses droits en favorisant les autres particuliers à suivre ses traces ; voilà les seules raisons consignées dans le placet qu'ils ont présenté pour que le comparant fût obligé à démolir sa rabaissée.

Si le comparant parvient à démontrer, comme il s'en flatte, que cet exposé de partie de la communauté est contraire à la vérité, qu'il ne peut résulter aucune espèce d'inconvénient de l'existence de cette rabaissée, il y a lieu d'espérer de la justice et de l'équité de Mgr qu'ils seront déboutés de leur demande.

Un fait constant et qui ne peut être révoqué en doute, c'est que le comparant n'a pas fait un nouvel œuvre ; il y a eu de tout temps une rabaissée dans l'emplacement où il l'a rebâtie aujourd'hui ; les propriétaires de la maison qu'il habite ont toujours joui d'une rabaissée en cet endroit ; le comparant n'a fait que la relever, la rendre un peu plus commode ; comment concilier, dans cette circonstance, le langage actuel de cette partie de la communauté avec son silence depuis longtemps ; si cette rabaissée porte un si grand préjudice, pourquoi ne se sont-ils pas pourvus plus tôt pour la faire démolir ? pourquoi les offusque-t-elle seulement depuis que le comparant la possède, et comment pourrait-elle porter préjudice à la communauté dans ce moment puisqu'elle ne lui en a pas porté depuis le temps qu'elle existe ? Le terrain sur lequel elle est située est spatieux et vaste, il n'est d'aucune utilité à la communauté, elle n'en tire aucun parti, ce n'est ni l'endroit du marché, ni la route ; c'est un terrain absolument abandonné dont la communauté ne peut tirer aucune espèce d'avantage. S'il était vrai que cette rabaissée portât préjudice, cette partie de la communauté qui en poursuit la destruction aurait dû spécifier comment et en quoi ; mais dans l'impossibilité de le caractériser, elle se contente de dire vaguement que cela porte préjudice, ce qui prouve la fausseté de son allégation.

On insiste en disant que cette rabaissée porte atteinte aux droits de la communauté en favorisant d'autres particuliers à suivre ses traces. Ce nouveau moyen est aussi absurde qu'il est contraire à ce qui se pratique ; il est en effet d'un usage ancien et constant dans le village de Gérardmer, que chaque propriétaire de maison possède à sa proximité une rabaissée sur le communal, il est sans exagération (on le porte en fait) plus de cinquante particuliers qui en jouissent paisiblement, sans jamais avoir été inquiétés, et qu'on laisse tranquils (sic).

Par quelle fatalité arrive-t-il que le comparant est le seul poursuivi, c'est cependant un citoyen qui doit mériter la reconnaissance de sa communauté ; il fait un commerce assez étendu ; il procure à ses cohabitants la vente de leurs denrées en les conduisant chez l'étranger ; il est de notoriété que la famille Paxion fait un commerce de plus de cinq cent mille livres par année, et c'est contre cet homme que l'on s'acharne, on ne veut pas qu'il ait une rabaissée, et on en *laisse tranquillement jouir les plus médiocres habitants, ceux qui contribuent le moins aux charges publiques. Ce procédé est d'autant plus odieux qu'il est de toute évidence qu'il ne peut résulter aucun avantage à la communauté de la destruction de sa rabaissée; si quelque particulier se présentait pour y bâtir une habitation, si la communauté avait besoin de ce terrain pour y bâtir un édifice, y établir un marché, le comparant atteste, que sans difficultés, il consentirait à la destruction de sa rabaissée; il a fait des offres et il réitère qu'il se soumet à l'abandonner à la première occasion que cet emplacement pourra être de quelque utilité; est-il rien de plus raisonnable? et dans la circonstance peut-on exiger quelque chose de plus juste?*

Le comparant vient de mettre sous les yeux de Mgr. la vérité la plus exacte, si cependant il pouvait rester quelque doute dans son esprit à cet égard, il le supplie d'approfondir les faits et d'ordonner que Monsieur son subdélégué se transporte sur les lieux pour vérifier et s'assurer de l'état des choses aux frais de ceux qui en auront imposés.

Le comparant a avancé que le parti formé contre lui n'était composé que d'une partie de la communauté et il le prouve puisque soixante-dix voix ont opinés en sa faveur contre soixante-cinq; par ces considérations le comparant espère de la justice et de l'équité de Mgr qu'il déboutera la partie de la communauté qui s'est pourvue de sa demande, et il redoublera ses vœux pour la conservation et la prospérité des jours de sa grandeur.

Néanmoins, par décision du 19 Décembre 1781, Paxion fut condamné :

A démolir et raser sa rabaissée qu'il a construit sur les terrains communaux, et ce dans la huitaine, sinon ledit temps passé, autorisons les suppliants à la faire démolir à ses frais; voire, en outre, ordonnons que ledit terrain restera libre au profit de ladite communauté, et le condamnons aux dépens (1) sans préjudice à tous autres droits actions.

Paxion ne se tint pas pour battu; il interjeta appel devant le Parlement de Nancy. Cet appel lui fut accordé, et la cour rendit un arrêt par lequel elle ordonna qu'il serait tiré « une carte topographique du hallier dont il s'agit. »

(1) Pour la communauté : 77 livres.

Cette carte fut faite avec un soin et une justesse d'exécution remarquables pour l'époque. Nous en donnons ci-contre une reproduction en mettant vis-à-vis la situation actuelle des lieux (portion de la Grand'rue).

La procédure recommença à Nancy : ce fut, une série d'assignations, lettres, requêtes en nombre considérable. La communauté se fit défendre par un procureur au Parlement de Nancy, Me Jacquinet, et elle sut intéresser son défenseur à sa cause. Ellle recourut même aux petits présents, car dans une lettre de 1782, Me Jacquinet écrivit au maire : « Je vous remercie du très beau poisson que vous m'avez fait l'honneur de m'adresser. »

D'ailleurs, tous les chefs de la municipalité s'occupèrent chaleureusement de l'affaire. Il y a nombre de lettres des maires, syndics et jurés, adressées tant à Me Jacquinet qu'à celui qui prit l'affaire en mains après lui, Me Driant, également procureur à Nancy.

L'arrêt définitif de la cour, confirmé par décret du roi le 3 Mars 1786, fut identique dans ses conclusions à celui du tribunal de Remiremont.

La communauté fit mettre en adjudication le projet de démolition de la rabaissée de Paxion, le 9 Mars 1786, et un reçu de J.-B. Chipot, charpentier à Gérardmer, se montant à 15 livres 10 sols, constate la démolition de cette construction qui avait fait tant de bruit.

A titre de conclusion, il nous a paru intéressant de relever les principales dépenses supportées par la commune dans ce long procès :

1º Voyages et consultations à Remiremont, Nancy, etc. 212 fr.
2º Honoraires aux avocats, huissiers, procureurs, notaires 373
3º Enquête et contre-enquête 162
4º Confection de la carte (plan ci-contre) 211
5º Frais d'écriture et de placets 77

Total . . . . 1.035 fr.

PRINCIPALE RUE DE GÉRARDMER 1892

Nous donnons, ci-dessous, d'après le plan au 1/2000e dressé, pour le centre de Gérardmer, par M. Félix Martin, maire, la même superficie de terrain que celle figurée dans le plan de 1782, soit cent dix ans plus tôt. L'échelle du plan est ramenée à la première, soit environ 1/684.

Grand' Rue de Gérardmer — Hôtel de Ville — Rue de l'Hôtel de ville

1782

FAC-SIMILE d'une « Carte topographique » dressée, en Août 1782, par le sieur Stevenel, géomètre, lors du procès intenté au sieur Gabriel Paxion pour construction d'un « halier » sur le terrain communal. (Archives communales antérieures à 1789. F. F. VIII.)

RENVOY. — a) Premier état du halier suivant l'indication des maires, sindics et élus, dont il ne reste aucun vestige. Les quatre piquets, marqués par le plan, ont été plantés par les indicateurs. — b) Second état du dit halier dont il en reste deux bouts de poteaux coupés près de terre et emplacement de deux autres, ponctués comme il se voit dans la figure entre les lignes ponctuées rouge. — c) État actuel du dit halier, construit en charpente, surmonté par des montants et sablières, lequel est revêtu en planches, avec deux portes sur la rue, une opposée à celle à deux vantaux et un escalier, lequel halier a de hauteur 16 pieds 4 pouces, depuis le sol jusqu'au dessus de la panne faîtière.

Nota. — Toutes les dimensions sont mesures du Roy.

ECHELLE DE LA CARTE

Toises de France.

Toises de Lorraine

Occident — Midi — Orient — Septentrion

Terrain Communal — Route ou Grand Chemin

Quand on voit ce chiffre vraiment considérable pour la partie gagnante, on comprend que ce n'est pas d'aujourd'hui que les procès sont ruineux.

Le tableau de ce peintre représentant deux plaideurs qui sortent du tribunal l'un sans vêtements, l'autre avec une seule chemise, était un tableau d'actualité, même au siècle dernier.

Chapitre II. — CHAUMES

On désignait autrefois sous le nom de chaumes les vastes pâturages situés au sommet des monts qui séparent les Vosges de l'Alsace ; les chaumes ou *monts chauves* (en latin *calvi montes*), auraient, au dire de plusieurs historiens, donné leur nom à un des grands *pagi* de la période gallo-romaine, le *Calvomontensis pagus* (Chaumontois), lequel s'étendait depuis les montagnes des environs de Gérardmer jusqu'au confluent de la Meurthe et de la Moselle, à deux lieues environ au-dessous de Nancy. On a vainement cherché à établir quel avait été le chef-lieu de ce vaste territoire ; il n'y a eu jusqu'à présent, à cet égard, que des hypothèses plus ou moins fondées, plus ou moins admissibles.

Dans la suite des temps, la dénomination primitivement réservée aux montagnes et aux pâturages qui les couvrent, fut donnée aux métairies ou chalets qu'on y éleva. On en compte cinq sur le territoire de Gérardmer : Balveurche ou Balvurche, le Chitelet ou Haut-Chitelet, Fachepremont, Grouvelin et Saint-Jacques.

Le premier écrivain qui en parle est Thiérry Alix, président de la Chambre des Comptes, dans son *Dénombrement du duché de Lorraine,* rédigé en 1594, dont un chapitre : « Discours sommaire des haultes chaulmes, noms et gistes d'icelles. »

Les chaulmes, dit-il (ainsy appelées de toute ancienneté), sont fort haultes montagnes dans le mont des Vosges, qui bornent et font séparation du duché de Lorraine d'avec les comtez de Bourgogne et de Fevrette, des Vaulx d'Aires, de Sainct-Emery, de Moustier (Munster), d'Orbey et de la plaine d'Aulsais (Alsace), ez sommetz desquelles sont de fort beaux gazons et riches pâturages qui ne manquent en fontaines, les plus belles et abondantes qui se puissent désirer. Elles ont esté tenues et possédées, à tiltre d'admodiation et de précaire, l'espace de deux cent soixante-dix ans, sans aulcune discontinuation ny interruption, par les habitants de Moustier ou val Sainct-Grégoire, jusques à l'an 1571, qu'elles ont esté tirées de leurs mains et laissées pour 25 ans aux habitants de Gérardmer, la Bresse et aultres subjects de son Altesse, qui y tiennent et nourissent grand nombre de bestail rouge, dont ils font grands et nottables proffictz, et en reconnaissent Son Altesse, de plus du décuple par chacun an que ne faisaient les estrangers.....

Suit l'énumération des chaumes des prévôtés de Saint-Dié, de Bruyères et d'Arches ; ces deux dernières n'en contenaient pas moins de 23, ayant un plus ou moins grand nombre de gîstes ([1]), parmi lesquelles cinq que l'on peut reconnaître sous leurs anciennes dénominations, comme étant celles qui existent encore sur le ban de Gérardmer : Bellefirst (Balveurche), Schliechtli (Chitelet), Vespremont (Fachepremont), Groulin *alias* Gravel (Grouvelin), Sainct-Jacques *alias* Jorbsperg (Saint-Jacques).

Elles sont représentées à peu près avec ces mêmes noms sur une vue perspective coloriée, grossièrement faite, mais fort curieuse, et qui peut bien être contemporaine du dénombrement. On y voit figurés notamment : Gérardmer et son lac ; celui de Longemer avec la chapelle et l'ermitage

---

(1) Constructions destinées à abriter les bestiaux, « chacune giste est de quarante bestes rouges » (ALIX).

de Saint-Barthélémy, le lac de Retournemer et, à la partie supérieure, le Hohneck ou Hault de Chaulmes, avec la Vologne qui en descend sous forme d'un ruban d'azur (¹).

On ne connaît pas les actes primordiaux en vertu desquels les pâturages des chaumes avaient été amodiés aux habitants de Munster ; le plus ancien titre que l'on possède est un accord fait entre eux et ceux de Giralmeix, le 22 avril 1495, touchant le pâturage et le passage de leurs bêtes en certains endroits de leurs territoires respectifs. Les parties contractantes attachaient, paraît-il, beaucoup d'importance à cet accord, puisqu'il fut passé « par et en présence » de Thomas de Pfaffenhoffen, sénéchal de Lorraine, et Evrard d'Haraucourt, bailli de Nancy, conseillers du duc René II (²).

Des lettres patentes du duc Antoine, dès le 16 Avril 1526 et 1ᵉʳ Juin 1543, portant prolongation de l'amodiation du pâturage des chaumes aux habitants de Munster, nous apprennent qu'elle leur était faite moyennant une redevance annuelle de 100 florins d'or du Rhin.

Le 24 Juin 1564 (³), par un acte passé avec la communauté de Moustier (Munster) le duc Charles cède à cette ville en « gaige » (gage) le grand pâturage appelé les Hautes-Chaumes avec leurs dépendances, sans aucun cens ni redevances, jusqu'au remboursement d'une somme de 2.500 écus soleil (d'or) valant 10.000 francs de Lorraine, prêtée au duc par les maire, bourgeois, conseil et communauté entière de la ville de Moustier.

Les habitants de Gérardmer, La Bresse, Le Valtin, ayant constamment des difficultés avec ceux de Munster au sujet du pâturage des hautes chaumes, le duc accorda aux premiers le droit de rachat des chaumes en versant les

(1) Trésor des Chartres. Layette Chaumes, n° 1. D'après H. LEPAGE.
(2) D'après H. LÉPAGE.
(3) Archives communales D. D. II.

10.000 francs qu'il devait à la communauté de Munster et en réservant pour lui la faculté de rachat pour la même somme (1) (Octobre 1571).

Par suite d'une transaction de 1579, les Dames de Remiremont cédèrent et abandonnèrent au duc de Lorraine et à ses successeurs leurs droits sur les différentes chaumes amodiées jusqu'alors par les habitants de Munster, moyennant une rente annuelle et perpétuelle de 400 francs, plus la moitié des fromages qui se font en un jour sur les dites chaumes vers la saint Jean-Baptiste (2).

Le 16 Mai 1580 (3), le duc de Lorraine Charles III admodia aux habitants de Gérardmer le pâturage des Hautes-Chaumes pour l'espace de vingt-cinq années moyennant un loyer annuel de 2.400 francs. En outre ils avaient « volontairement quitté au duc la somme de 10.000 francs pour laquelle ils tenaient les dites Chaumes à titre de gaigière (gageure). »

Ces chaumes comprenaient :

1° Pour la prévôté d'Arches :

Vespermun (Fachepremont); *Joserperg*, alias *Saint-Jacques*; *Groulin (Gouvelin)*; *Fischern*, alias *Champy*; *Brambach*; *Achliechté (Chitelet)*; *Schmalgurtel (Schmargoutte)*; *Breiztsossern*; *Firstum*; *Rotenbach (Rotabac)*; *Altemberg*; *Pétershutt*; *Wintheraw*, alias *Grand-Ventron*; *Wintherster*; *Forgoutte (Forgotte)*; *Feyling*, alias *Drumont*; *ez Neuweldet*, alias *ès Nœufs-Bois*.

2° Pour la prévôté de Bruyères :

Fouyer, alias *Sechirmsberg*; *Gauritz*, alias *Leuversgoutte*; *Bycberriedt (Belbriette)*, et *Bellfirst (Balveurche)*.

(1) Archives communales D. D. II.

(2) Cette transaction n'empêcha les Dames de se croire lésées. En 1596 le duc Charles III reconnut : « qu'il y avait eu des empiétements sur les droits. » Il leur accorda 100 francs de plus de redevance et décida que les chaumes seraient abornées et leur étendue limitée au pied des côtés de leurs montagnes et cent pas plus avant sur le plain à deux pieds l'un mesure du pays. Archives communales D. D. II.

(3) Archives communales D. D. II.

3° Pour la prévôté de Saint-Dié :

Sourichamp (Serichamp).

Le 23 Août de la même année [1] (1580), les habitants de Gérardmer cédèrent à ceux de La Bresse « leurs bons voisins et bons amys » les chaumes de moitié : « Fischern » *alias* Champy; Brambach, Altenberg, Pétershutth, Vinterhan *alias* Grand Ventron et Winthersé « avec leurs répandises, appartenances et dependances » moyennant le loyer annuel de 600 francs, plus la moitié des fromages qui se font en un jour et la somme de 2.500 francs une fois payée, faisant le quart de 10.000 francs prêtés au duc de Lorraine [2].

Par lettres patentes du 3 Mars 1603, Charles III amodia de nouveau le grand pâturage des Chaumes aux habitants de Gérardmer et la Bresse pour ving-cinq années, à commencer à la Saint-Georges 1605, moyennant une redevance annuelle de 2.500 francs payable à la Saint-Martin d'hiver, plus 6.000 francs pour une fois à titre de droit d'entrée [3].

Le 15 Avril de la même année survint un accord entre les habitants de Munster et ceux de Woll et Gérardmer. Ce traité [4], entièrement inédit, est un parchemin de 58 centim. sur 35, écrit en ancien *hoh deutsch*. Les 37 lignes qu'il renferme ne forment qu'une seule phrase très embrouillée, très difficile à traduire. Nous donnons entièrement l'analyse de ce document qui jette un jour nouveau sur ce point de l'histoire des chaumes pour Gérardmer [5].

(1) Archives communales D. D. II. Ils sous-louèrent aussi aux religieux de Pairis (val d'Orbey).

(2) et (3) Archives communales D. D. II.

(4) Archives communales. Pièce non classée.

(5) Nous devons la traduction de ce parchemin à l'obligeance et aux connaissances spéciales de notre collègue et ami M. Eschenbrenner, Professeur d'Allemand à l'École primaire supérieure de Gérardmer; qu'il reçoive ici l'expression de nos sincères remercîments. L. G.

Lettres réversales pour les Communes de Woll (1) et Gérardmer.

Nous, maire et conseiller de la ville du Saint-Empire, Munster, dans la vallée de Saint-Grégoire, reconnaissons publiquement par la présente et faisons savoir à tous par cet écrit (lettre) ce qui suit : Nos ancêtres et nous, avons reçu en location de la très honorée maison de Lorraine le pâturage appelé Haute-Chaume, ainsi que les versants et montagnes y attenant, et cela de temps immémorial et pendant des centaines d'années, par bail de 20 en 20 années, pour une redevance annuelle, le tout du sérénissime prince et seigneur Charles, duc de Calabre, de Lorraine, Bar et Gueldre, marquis de Pont-à-Mousson, comte de la province de Vaudémont, de Blankenbourg, de Zutphen, notre digne seigneur, de la 64e année (1564), jusqu'à la 71e (1571). Ensuite nos honorables et chers voisins de Gérardmer et consorts nous ont loué pour y faire pâturer notre bétail de la dite (15) 71e année jusqu'à la (15) 80e, et de la dite (15) 80e année jusqu'à l'année 1604 inclusivement, quelques montagnes : Schlictel (Chitelet), Schmalgurtel (Schmalgurt), Breitsosser (Breitzûzen), Furstniss (Ferchmûss), Rothenbach, Forgott (2), Feyline (Drumont) et Neuwelden (Neuf-Bois). Comme la dite ville libre (de Munster) a loué tout le pâturage appartenant aux principautés d'Arche, de Burcers et de Saint-Didold, le 3 Mars 1603, les 2 communes de Voll et Gérardmer ont gracieusement loué les susdites montagnes pour une période de

---

(1) *Woll* est bien La Bresse ou plutôt un écart de La Bresse. Au XIVe siècle, les Alsaciens appelaient le village Woll, sans doute de Vologne, en Alsacien *Voln*. Il est probable que Woll devait être l'agglomèration primitive de La Bresse. Il était situé dans la vallée des Feignes-sous-Vologne, en bas du Chemin-des-Marchands (par le lac Machais et le Rothenbac). Il ne faut pas oublier l'importance des étymologies alsaciennes dans la région de Gérardmer, — La Bresse, — Le Valtin (voir l'article *Chaumes*).

De 1300 à 1571, les Alsaciens occupèrent tous les pâturages des Hautes-Chaumes et allèrent assez loin vers le versant lorrain. En 1474, 1484, 1486, 1509, 1524, on trouve des actes établissant les droits seigneuriaux des Hadstatt sur *Wolle und Gerhartsée* (Gérardmer). (Note que nous devons à l'obligeance de M. le docteur Fournier, si compétent en matière d'histoire vosgienne). L. G.

(2) Ou Forgotte, Forgeotte. Il ne s'agit pas ici de la section de Gérardmer (centre) qui porte le même nom, mais d'une chaume située entre Bussang et Ventron. (Consulter, pour plus amples détails, l'excellent ouvrage *Topographie ancienne du Département des Vosges*, du Dr FOURNIER, ouvrage cité.)

*25 ans à la ville libre de Munster contre paiement d'un intérêt annuel
de 2.800 francs, monnaie de Lorraine, payable le jour de la Saint-
Martin, et elles ont consenti aussi à nous céder à bail avec les dites
montagnes les sommets qu'ils ne veulent pas conserver ou dont ils ne
veulent pas se servir.*

*A la date d'aujourd'hui, les 2 communes de Woll et Gérardmer se
sont engagées, elles avec nous et nous avec elles, à nous laisser occuper, utiliser, à notre plus grand profit, avec tout notre bétail, comme
détenteurs d'après convention les pâturages des 8 montagnes ci-dessus
indiquées, savoir : Schlichtel, Schmalgurtel (etc.), ainsi que les endroits que nous pourrions défricher et approprier après désignation
et entente. Le tout pour 25 années successives qui doivent commencer
le jour de la Saint-Georges de la prochaine année 1605. Il est cependant entendu que les habitants de Woll et Gérardmer ont le droit de
faire pâturer sur une des 3 montagnes Schlichtel, Firstnin et Rotten-
bach, chaque année alternativement, ou chaque année sur la même
montagne, 40 pièces de bêtes à cornes ou autre bétail, droit qu'ils se
réservent dans leur lettre d'investiture. Par contre nous nous engageons à verser annuellement à la Saint-Remy, le 1er Octobre ou au
plus tard 8 jours après, pour toute la concession, en mains sûres, à
nos propres frais et risques, au maire et délégués de Voll et de Gérardmer, 1.400 francs en monnaie de Lorraine, ainsi que 5 francs
de frais, de plus nous leur livrerons honnêtement, selon le vieil
usage, les fromages d'un jour. Pour droit d'entrée nous nous engageons à payer à ceux (les habitants) de Woll et de Gérardmer,
3.000 francs en monnaie de Lorraine, la première moitié immédiatement, la seconde, 8 jours avant la Saint-Georges de l'année préci-
tée 1605. Le tout a fait l'objet d'un contrat ou bail de location rédigé
ici et muni du sceau du château de Brucers portant la date du mardi
15 Avril 1603.*

*Ce à quoi nous nous sommes engagés et ce que nous avons promis
pour nous, nos descendants et notre commune bourgeoisie urbaine
et suburbaine, nous le reconnaissons par la présente, et sur notre
honneur, en bonne foi et conscience, nous occuperons et utiliserons,
avec notre bétail, les 8 montagnes sus-désignées : Schlichtel, Schmalgurtel, etc., de même que celles qui après entente ultérieure auront
été appropriées au pâturage par nous et les nôtres, comme il est
indiqué dans le contrat.*

*Pour cela, nous payerons, à titre d'entrée, 3.000 francs, ainsi
qu'il est indiqué, à savoir immédiatement la première moitié, et l'au-*

tre à la Saint-Georges de la prochaine année 1605 ; puis 1.400 francs d'intérêt annuel le 1ᵉʳ jour d'Octobre ou au plus tard huit jours après, sans compter les fromages annuels d'un jour. Le tout devra être livré honnêtement et à nos frais, risques et périls, entre les mains des délégués de Gérardmer. De plus, nous nous engageons, en dehors de notre domaine, à ne casser, couper ou abattre aucun morceau de bois, à ne nous prêter à aucune complicité qui aurait pour but d'être préjudiciable aux propriétés de Gérardmer, mais au contraire, à les protéger et les préserver comme notre meilleur patrimoine, et à rendre ces pâturages, après les vingt-cinq ans écoulés, en bon état. En somme (nous promettons) de faire et de remplir tout ce à quoi nous oblige notre contrat de location. Nous avons ordonné à tous nos bourgeois et sujets (1) d'accomplir rigoureusement toutes nos obligations, et nos biens et ceux de nos descendants (de même pour Gérardmer), ne doivent être protégés et défendus par n'importe quelles libertés, grâce, droit, tribunaux ecclésiastiques ou laïques, lois d'État, de pays ou de cité, associations, sociétés, commandement, défense, dédommagement, coutumes, ni aide du pape, de l'empereur, du roi, de l'électeur, des princes, villes ou pays, contre les inventions qu'on pourrait imaginer contre ce contrat.

Nous rejetons entièrement et à bon droit toutes les exceptions et subterfuges ; toutes les ruses sont entièrement exclues de ce contrat. Comme vrai et meilleur témoignage de ceci, nous avons mis et attaché notre sceau secret de la ville pour engager chrétiennement nous, nos descendants et notre commune bourgeoisie. Donné et passé le mardi 15 Avril 1603, après la naissance de notre cher Seigneur et Sauveur J.-C.

Quelques années après, les habitants de Gérardmer et ceux de la Bresse se plaignirent à S. A. R., en qualité de fermiers des chaumes, des nouveaux acensements accordés « sur les répandizes d'y celles. » Le duc s'empressa de faire droit à leur réclamation (1614).

La location des chaumes de Belbriette, Balveurche, Grouvelin, Fachepremont et Saint-Jacques, eut lieu à Remiremont (1626), par un Commissaire de la Chambre des Comptes. Les habitants de Gérardmer se rendirent

---

(1) On voit que les bourgeois de Munster avaient des *sujets*. Les termes du contrat rappellent du reste l'organisation féodale (*investiture*, etc.)

locataires pour un canon annuel de 1.495 francs plus la somme de 3.495 francs une fois payée pour droits d'entrée. L'amodiation avait lieu pour 15 années ([1]).

L'année suivante, les chaumes furent abornées ([2]) et délimitées ainsi que le constatent divers procès-verbaux faits par Ph. de Bourgogne conseiller d'Etat.

Pendant les guerres du XVIIe siècle, les chaumes des prévôtés d'Arches, Bruyères, Saint-Dié, demeurèrent vagues, sans rapporter aucun profit, et remplies de broussailles, comme le constate une mention du compte de la recette d'Arches pour 1661.

Cependant elles furent remises en valeur sur la fin du siècle. Dès 1672, les habitants de Gérardmer, La Bresse, Le Valtin, rétrocédèrent à ceux de Munster, une partie des hautes chaumes pendant tout le temps qu'il plairait au duc de Lorraine, moyennant un cens annuel « de huit vingts dix (170) escus d'or et les fromages de la Saint-Jean-Baptiste. »

En 1680, le canon annuel des habitants de Gérardmer fut fixé à 12.000 francs par année pour 5 années et à 10.500 francs seulement pour la première (impôt des 6 deniers pour franc et dixième pot de vin).

Les locataires, ayant payé « en plus 620 escus blancs » pour les « frans vins, » réclamèrent contre les fermiers qui voulaient en outre leur faire payer 1.500 francs pour parfaire à 12.000 francs, les 10.500 francs de première année de location.

Ils prétendirent en outre qu'ils n'avaient pas joui des chaumes pendant les 3 mois réclamés en trop.

Il faut croire que les guerres de l'époque épuisaient le trésor ducal, car malgré la légitimité de la réclamation des habitants de Gérardmer, le duc les condamna à payer

(1) et (2) **Archives communales D. D. II.**

700 francs sans compter les frais et dépens de la procédure [1].

Dix-huit ans plus tard il fut question de réaffermer les chaumes; la Communauté ayant appris que 3 particuliers : (Gérard, Jn Michel de Gérardmer, Moris Moris du Val de Munster, Gérard Abel de la Bresse) avaient fait mise et étaient sur le point de sous-louer les domaines de Gérardmer avec les 5 chaumes, elle s'y opposa énergiquement et prit une délibération motivée à ce sujet (1698) [2].

Elle réitéra ses doléances deux ans plus tard (1700) et s'opposa à l'acensement de Belbriette par Valentin Valentin, doyen du ban [3].

Cette même année, d'après les ordres du duc Léopold, les chaumes furent visitées par Claude Vuillemin, contrôleur de gruerie, demeurant à Bruyères. Le procès-verbal de visite constate qu'il y avait 5 chaumes dépendant de Gérardmer : celles de Groulin (Grouvelin), Saint-Jacques, Feschepremont (Fachepremont), Bebriette (Belbriette) et Belfurt (Balveurche). Il constate en outre qu'il n'existait sur aucune d'elles des traces de haras ni d'anciens bâtiments, mais seulement une ou plusieurs baraques pour loger le bétail. Après avoir décrit la chaume de « Belfurt, » il ajoute : « Il y a une fontaine dite vulgairement la *Fontaine de Charlemagne,* autrement la *Fontaine de Son Altesse,* qui confine en cet endroit, la Lorraine et l'Alsace. » Cette fontaine est également figurée sur la carte des chaumes, mais à une grande distance de *Bellefirst;* elle y est appelée *Hertzogin brünn,* la *Fontaine de Son Altesse,* et forme un ruisseau qui descend au village de La Bresse [4].

[1] Archives communales D. D. II.
[2] Idem B. B. I.
[3] Idem.
[4] D'après Lepage.

Un état de 1729 (¹) fait connaître les redevances de deux des chaumes de Gérardmer; celle de Grouvelin était louée 450 francs par an (le propriétaire était le comte de Viermes); elle payait aux fermiers du domaine un impôt de 300 francs par an. La chaume de Belbriette n'était louée que 250 francs; mais elle payait aux fermiers 450 francs par an.

Vers le milieu du XVIIIᵉ siècle (1756), les officiers des maîtrises d'Epinal et de Saint-Dié prétendirent enlever aux troupeaux des chaumes le parcours sur les répandises, et aux locataires le droit de prendre du bois dans les rapailles, sous prétexte de les mettre en coupes réglées.

Les marcaires des chaumes s'empressèrent de soumettre le différend au roi Stanislas. Ce dernier — qui fut vraiment pour les habitants de Gérardmer le « bon roi » Stanislas — confirma, par une ordonnance de 1756, les anciens privilèges des fermiers des chaumes pour le pâturage de leurs troupeaux dans les répandises, et le droit de vaine pâture dans les bois de sapins. De plus, les marcaires pouvaient prendre « les bois et branches viciés, les vieux bois gisants, les chablis abandonnés, pour leur chauffage et la cuite de leurs fromages. »

Il leur était défendu « d'abattre aucun arbre vif, » et s'ils avaient besoin de bois d'œuvre, il leur en était délivré par les officiers de la Maîtrise, sur la présentation d'un devis de construction ou de réparation (²).

Le Conseil royal des finances et commerce prescrivit en outre l'abornement et la reconnaissance des chaumes.

Les chaumes continuèrent à être amodiées au profit du domaine, et entretenues à ses frais jusqu'à la Révolution. Elles furent alors vendues comme biens nationaux et devin-

(1) Archives communales D. D. II.
(2) Idem.

rent des propriétés particulières, que leurs possesseurs afferment ou exploitent eux-mêmes.

Les difficultés ne furent pas aplanies pour cela; les officiers municipaux de Gérardmer imposèrent au sieur Weber de Munster, propriétaire de la chaume du Sistelet (Chitelet) « cy-devant domaniale » un impôt foncier de 600 livres par année.

Le propriétaire de la chaume de Montabey, Marc Spenlé de Breitenbach (Alsace) fut imposé à 100 francs (foncier) plus à 100 autres francs pour droit de « vaine pâture, et abreuvoir; » cette dernière somme était versée au Bureau des pauvres.

Malheureusement pour la caisse municipale de Gérardmer, Spenlé n'était pas décidé à supporter sans réclamation une taxe foncière aussi élevée. Il fit demander à Remiremont un extrait de la matrice cadastrale concernant Gérardmer et comme la municipalité n'avait pas porté sur la matrice les impôts perçus sur les chaumes, elle fut sur le point d'être poursuivie; mais l'agent national de Remiremont, D. Paxion qui était originaire de Gérardmer, s'empressa de prévenir ses concitoyens, et, en les engageant à rembourser les sommes indûment perçues, il leur évita un procès onéreux.

A la même époque les habitants de la Bresse eurent des contestations avec les fermiers de Saint-Jacques au sujet d'un bois limitrophe. Le maire de la Bresse invita la municipalité de Gérardmer à se rendre à Grosse Pierre pour établir la démarcation.

Une contestation de ce genre arrivait en même temps aux édiles de Gérardmer : les citoyens Weber et Jaglé, propriétaires du Chitelet et de Montabey, se plaignaient que les « marquars » d'Alsace limitrophes au ban de Gérardmer se hasardaient à aller pâturer sur les répandises de leurs chaumes en se basant sur une amodiation qui leur aurait été faite par les habitants de Gérardmer, au mépris des conventions.

La municipalité de Gérardmer avisa au plus pressé. Elle envoya une députation à Munster afin de jeter les bases d'un arrangement relatif au parcours des répandises et paquis situés sur les confins des deux communes.

Un procès-verbal de 1795 relate les conditions dans lesquelles furent délimitées les chaumes sur les confins des deux communes. L'opération eut lieu sur le terrain en présence de :

1º Baumgarten et Ruland, officiers municipaux de Munster. — M. Frisch et M. Frisch, le jeune, experts.

2º A. Paxion et J.-B. Gérard, commissaires nommés par le Directoire du district de Bruyères.

Ces magistrats étaient les arbitres; sont comparus devant eux :

1º J. Michel, maire de Gérardmer. — J.-B. Fleurance. — J.-N. Gegout. — F. Etienne, officiers municipaux. — J. Saint-Dizier, procureur de la commune, et A. Viry, secrétaire-greffier.

2º J. Weber. — J. Spenlé. — J. Yacle, propriétaires voisins.

Une « pierre froide » marquée M (Munster). — G (Gérardmer). — B (La Bresse), indiquant la séparation des 3 bans, fut placée à la hauteur du Hirtzenbühl.

De là, en suivant la crête de la montagne et la fonte des neiges (1), on plaça des bornes numérotées de 1 à 10 (sauf la borne 7 qui était mal placée et fut supprimée).

Les arpenteurs-jurés trouvèrent en toises de 6 pieds, mesure de France, les dimensions suivantes :

Des bornes Nos 1 à 10 : 620 toises.

Le toisé, refait à nouveau avec extrêmement de soin, porte : 1.563 mètres (2).

(1) Pour reconnaître la ligne de faîte.

(2) Nous avons cité ces chiffres, car ils ont servi de base au tracé de la fron-

De plus une « pierre froide, » ainsi que toutes les autres, élevée hors de terre d'environ 3 pieds à peu près, à trois angles, marquée d'une croix de Lorraine d'un côté. du dessus, sur les autres côtés d'un I et d'un P, fut placée au lieu dit « Haut-Wasse, » pour faire la séparation des territoires de Munster, Le Valtin et Gérardmer.

C'est depuis la même époque (1797), que la police des « Hautes-Chaumes » et du « Bas-Chitelet » fut faite aux frais des propriétaires par un garde-champêtre de Munster, dont la nomination était soumise à l'agrément des municipalités de Gérardmer et Munster.

Depuis 1794, les propriétaires des chaumes Jean et André Spenlé, Thiébaut Schwartz, Marc Spenlé de Milbach, et Mathieu Braesch de Sulzeren, s'étaient engagés à payer à la commune de Gérardmer, au lieu de la taxe arbitraire que celle-ci leur imposait précédemment, la somme de 150 francs pour indemnité de la contribution foncière, somme fixée par le contrôleur d'Epinal.

Le différend des habitants de La Bresse avec les fermiers de Saint-Jacques existait toujours; en 1804, les premiers renouvelèrent la lettre qu'ils avaient adressée en 1793 à la municipalité de Gérardmer.

Après de longs pourparlers et bien des démarches qui n'aboutirent pas et furent l'objet de vives récriminations de la part des habitants de Munster (1), rendez-vous fut pris à la marcairie du Haut-Chitelet, le 18 Septembre 1707,

_____

tière allemande, depuis le Haut-Chitelet jusqu'aux Feignes-de-Charlemagne. — Un Français, un Vosgien surtout, ne se rappelle jamais sans un patriotique regret, que ces bornes sont remplacées par d'autres, sur lesquelles il n'y a plus que les deux initiales : F (France), et D (*Deutschland*).

(1) Le maire de Munster, Hartmann, ancêtre du créateur de la route de Munster à la Schlucht, reprocha vivement à la municipalité de Gérardmer d'avoir manqué au rendez-vous sur la chaume du Chitelet, tandis que ses concitoyens avaient affronté la pluie et le mauvais temps pour s'y trouver à l'heure fixée. Les habitants de La Bresse eurent à se plaindre pour des faits. analogues.

à 9 heures du matin, par les maires de La Bresse, Gérardmer, Munster. En leur présence on replaça, au lieu précédemment fixé, une borne triangulaire séparatrice des
trois communes (1).

Chapitre III. — FORÊTS

Comme Gérardmer était à l'origine un pays couvert de
forêts, les habitants se procuraient à leur guise le bois dont
ils avaient besoin, soit pour construire leurs demeures, soit
pour clore leurs paquis, soit pour étendre leurs pâturages,
soit enfin pour se chauffer.

Les premiers habitants qui élevèrent des granges dans
les éclaircies, furent amenés peu à peu à agrandir leur
domaine aux dépens de la forêt; la communauté s'appropria
de la sorte les portions de forêts qui enclavaient les granges
disséminées dans la montagne. Cette anticipation qui n'est
sanctionnée par aucun texte mais qui existait de « temps
immémorial » disent les plus anciens documents concernant
les forêts, a été sans aucun doute le droit du premier
occupant.

Ces forêts communales étaient désignées sous le nom de
« Bambois » ou de « Rapailles; » celles qui devinrent dans
la suite propriétés indivises entre S. A. R. et les Dames du
Chapitre prirent successivement le nom de « Hauts-Bois, »
« Forêts Domaniales, » « Forêts Royales. »

Dès 1576, les officiers de la gruerie d'Arches firent l'abornement des Bambois et leur séparation d'avec les Hauts-
Bois; cet abornement fut renouvelé en 1626 (2) par

(1) Tous les documents postérieurs à 1789 concernant les chaumes se trouvent
dans une liasse de papiers divers non classés.
(2) Archives communales D. D. 3.

*D. Coutret, maire de Gérardmer ; V. Viry ; D. Cugnin ; J. Mourel et
V.-J. Martin, commis audict lieu. En la prière et requeste des ju-
riez (jurés) et des habitans, ils se sont transportez sur les lieux où
sont les Bambois, pour les visiter et les mieux aborner qu'ils n'ont
esté précédemment, afin de les mieux garder que l'on n'a faict du
passé.*

Ces Bambois étaient situés à La Croisette, Xonrupt, au
Surceneux-de-la-Ville, à La Peute-Goutte, à l'Envers-de-
l'Estang, à La Creuse, à Chacou, aux Poncés, Derrière la
mer, au Béliard.

Le procès-verbal d'abornement se termine ainsi :

*Et pour ceulx qui ont des héritaiges qui sont enclavez dedans les
dictz bambois, qu'il se trouve estre grandement nécessaire d'y avoir
du bois pour la closture de leurs dictz héritaiges, il leur en sera
libvrer (livré) à leur frais par les hommes qui en auront la charge,
au meilleur mesnage (1) (de la meilleure manière) qu'il leur sera
possible, et ne sera permis aux destenteurs des susdictes pièces d'en
prendre autrement non plus que les autres sur peines (sous peine)
d'en encourir telle amende et interrest (dommages et intérêts), que
les autres.*

Le document que nous venons d'analyser est un des
plus anciens de la municipalité de Gérardmer ; il établit
d'une façon formelle l'existence des forêts communales.

Ces forêts furent abornées définitivement par le gruyer
d'Arches (1629), qui constate, en maints endroits, que
les rapailles « sont très belles. »

Semblables opérations de reconnaissance et d'abornement eurent lieu en 1703 par la municipalité et les
gruyers. Il fut, à ce propos, prescrit aux habitants de
Gérardmer d'établir une « tranchée et de marquer les
bois, de distance en distance, » pour faciliter la reconnaissance des bornes séparatives.

Trente-sept ans plus tard (1740), les habitants de Gé-

_____

(1) Mesnage ici a le sens de verbe ménager, faire des dépenses aussi petites
que possibles.

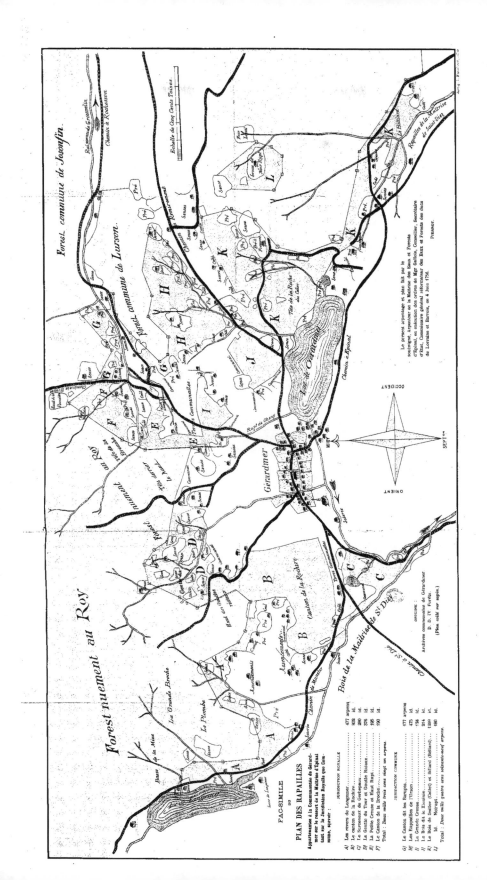

Forest. commune de Josonfin.

Forest. commune de Lurson.

Forest nuement au Roy

Forest nuement au Roy

Lac de Gérardmer

Gérardmer

Repailles de la Maîtrise de Saint-Diez

Echelle de Cinq Cents Toises

OCCIDENT

SEPT^{on}

ORIENT

Bois de la Maîtrise de St Diez

FAC-SIMILE
DU
PLAN DES RAPAILLES

Appartenans à la Communauté de Gérardmer sur le ressort de la Maîtrise d'Épinal tant sur la Jurisdiction Royalle que Communale, sçavoir :

JURISDICTION ROYALLE

A) Les revers de Longemer.................	477 arpens
B) Le canton de la Rochire.................	829 id.
C) Le Surceneux de Gerlespaux.............	290 id.
D) La Goutte du Tour et Goutte Rulaux......	376 id.
E) La Petite Creuse et Haut Rupt..........	195 id.
F) Le Canton de la Brodié.................	190 id.

Total : Deux mille trois cent vingt un arpens.

JURISDICTION COMMUNE

G) Le Canton dit les Rarupts..............	477 arpens
H) Les Rappailles de l'Urson..............	475 id.
I) La Grande Creuse....................	194 id.
J) Le Bois dit le Xicoton................	214 id.
K) Le Bois de Scallow (Callet) et Billard (Billard)..	3389 id.
L) Id. Noirrupt......................	193 id.

Total : Deux mille quatre cent cent soixante-neuf arpens.

Le présent arpentage et plan fait par le soulsigné, Arpenteur en la Maîtrise des Eaux et Forests d'Épinal, en exécution des ordres de Mgr Galloix, Conseiller, Secrétaire d'État, Commissaire général réformateur des Eaux et Forests des ducs de Lorraine et Barrois, en 4 Juin 1756.

PIERROT.

ORIGINE :
Archives communales de Gérardmer
D. D. IV. Forêts.
(Plan collé sur toile).

rardmer furent en contestation avec ceux de La Bresse, au sujet de la forêt située à proximité de la chaume de Grouvelin.

Les habitants de Gérardmer s'opposaient à l'usurpation que tentaient leurs voisins au sujet des droits d'usage et de vaine pâture sur la chaume susdite.

Chacune des parties adverses fournissait à l'appui de ses prétentions une série de documents qui remontaient au début de leurs localités respectives (1).

Pendant la fin du XVIIIe siècle, les forêts de Gérardmer furent arpentées à maintes reprises; citons les procès-verbaux d'abornement de 1755-56 (forêts nûment au roi et indivis (maîtrise d'Épinal) — de 1763 et 64 (aménagement) — de 1777-78-80 (forêt royale dite des nûment).

La plupart de ces documents ont été éparpillés au moment du procès de 1850-54. Il ne reste aux archives que le plan de l'abornement de 1756, le procès-verbal de 1778-80 (2), et le plan des Rapailles de la maîtrise de Saint-Diez que nous reproduisons ci-contre. (V. le plan).

Depuis la réunion de la Lorraine à la France, après la mort de Stanislas Leckzinski (1766), les forêts de Gérardmer appartenant au duc de Lorraine, firent retour à la couronne et devinrent royales. Biens nationaux dès 1792, ces forêts furent déclarées biens de l'État.

Les forêts communales de Gérardmer furent de nouveau arpentées et délimitées d'avec les forêts royales (29 Mai 1823 — 20 Mai 1830); et en 1836, la forêt de *Neyemont* et de *Lenvergoutte* fut également délimitée.

Depuis la fin du XVIIIe siècle, les habitants de Gérardmer exerçaient leurs droïts d'usage dans la forêt des

---

(1) La polémique prit une extension considérable; il est bien regrettable que les documents fassent défaut pour relater entièrement cette discussion entre les deux communes.

(2) Archives communales D. D. II.

Rapailles (Nord de Gérardmer, du Belliard à Neyemont),
sans l'intervention des officiers de gruerie.

Ils usèrent des forêts à leur guise, et de 1831 à 1854,
ils firent de nombreuses ventes de bois ; malheureusement ils omirent de verser au Trésor le *tiers denier* stipulé par les titres : c'est ce qui causa leur perte.

Dès 1850, l'État, par le domaine, intenta une instance
en revendication de la forêt des Rapailles. Le procès dura
jusqu'en 1854 et fut perdu par la commune (arrêt de la
Cour de Nancy du 24 Novembre 1854 — confirmé par la
Cour de Cassation le 5 Décembre 1855).

L'État, en devenant propriétaire, s'engageait à supporter
les droits d'usage concédés à la commune de Gérardmer,
et pour l'affranchir des charges dont elle était grevée,
il ordonna, dès 1862, un projet de cantonnement qui
fut accepté en 1865. Le procès-verbal d'aménagement, fait
en 1868 par MM. Lecomte, sous-inspecteur des forêts, et
Gilbert, garde général-adjoint, est un travail d'une haute
valeur et une source précièuse de renseignements ([1]).

Depuis cette époque, les forêts communales de Gérardmer furent réduites à une superficie de 948 hectares 35 ares,
se décomposant en deux parties : l'une (massif principal),
est située au Nord du village ; elle comprend 894 hectares
67 ares ; l'autre, située au Sud, est formée de diverses
parcelles dont la superficie s'élève à 53 hectares 68 ares.

En 1789, d'après la statistique de la propriété, les forêts communales avaient une superficie de 6.000 jours,
soit 1.200 hectares, non compris la forêt des Rapailles.
Les forêts domaniales (nationales à l'époque), occupaient
20.000 jours, soit 4.000 hectares.

Actuellement la superficie des forêts de l'État s'élève
à 4.674 hectares en nombres ronds.

---

[1] Nous lui avons emprunté les notions historiques qui concernent le procès
de 1850-54.

ADMINISTRATION DES FORÊTS. — POLICE DES FORÊTS

Pour faciliter l'intelligence des questions forestières, nous allons expliquer sommairement en quoi consistait autrefois l'administration des forêts.

Les forêts de Gérardmer dépendaient des *grueries* de Bruyères et d'Arches.

Les *grueries* étaient des sortes de Chambres des Comptes en nombre égal à celui des prévôtés. Les officiers de gruerie s'appelaient *des gruyers,* du mot allemand *gruen* ou *groen* (vert), à cause de la couleur adoptée, depuis un temps fort reculé, pour le costume des agents.

Les gruyers veillaient à la garde des bois compris dans leurs circonscriptions et en tiraient tout le profit possible pour le domaine. Ils étaient en outre des officiers comptables, chargés des recettes et dépenses concernant les forêts.

Cette charge, instituée dès 1464, était importante, car les gruyers avaient sous leurs ordres des lieutenants chargés de faire la délivrance des coupes des bois, les acensements, les abornements et délimitations des forêts, et de percevoir les revenus du domaine.

En 1698, le duc Léopold supprima les grueries et attribua aux *prévôts* les fonctions de gruyers; trois ans plus tard (1701), il y eut pour le domaine ducal 5 commissaires généraux, et Gérardmer dépendit du commissariat d'Épinal.

Les commissaires généraux supprimés en 1727, furent remplacés par les *grands gruyers, maîtres et réformateurs des Eaux et Forêts de Lorraine,* dont les offices étaient héréditaires.

Stanislas, en 1747, établit 15 *maîtrises des Eaux et Fo-*

rêts, dont les offices furent ceux des grueries qu'il supprima.

Enfin dès 1756, il y eut un *grand maître enquêteur et
général réformateur des Eaux et Forêts du domaine.* Les
forêts de Gérardmer furent placées sous les maîtrises
d'Épinal et de Saint-Dié.

La police des forêts était faite par les gardes forestiers
communaux dans les Rapailles, et par le forestier royal,
dans les forêts domaniales.

Dès 1569, les habitants de Gérardmer avaient été as-
treints à nommer des forestiers pour la garde de leurs
bois, ils présentaient ces forestiers aux gruyers d'Arches
et de Bruyères *pour en prendre le serment.* Les amendes imposées aux délinquants appartenaient au duc pour
les 2/3.

La création des deux forestiers coûtait à la communauté *deux escus et deux fromages par an* [1].

Les comptes des commis et des syndics relatent, à
diverses époques, l'acquittement de cette taxe qui fut
promptement portée à un taux notablement plus élevé;
elle fut de 31 francs 6 gros en 1710 (prix de 8 fromages) [2], de 70 francs en 1713—1731, de 50 francs 9 gros
en 1735, « sans compter les fromages, » pour le seul forestier, sur la gruerie d'Arches; la taxe tomba à 7 livres
15 sols en 1781 [3].

Dès le début, il n'y avait qu'un forestier communal
(1705) [4]; il y en eut 2 dès 1709 [5] — 3, dès 1784; en
1792, il y avait 9 gardes nationaux [6], et à partir de

[1] Archives communales D. D. III. Supplique au comte de Carlinford (1698).
[2] Archives communales C. C. V.
[3] Idem, C. C. VI.
[4] J. Pierrot.
[5] Remy (gruerie d'Arches). — Pierrat (gruerie de Bruyères).
[6] Haxaire, tissier à La Haie-Griselle. — Pierrel, marcaire à Liézey (maîtrise
de Saint-Dié). — Gegout et Didier, marcaires à Creuse-Goutte (maîtrise d'Épinal), et Viry, marcaire aux Bas-Rupts (1791). — D'après les registres de délibérations postérieures à 1789.

l'an X, 7 forestiers communaux, payés à 30 francs l'un par année. Pendant la Révolution, ces agents cumulèrent leurs fonctions avec celles de gardes-champêtres; en raison de la difficulté qu'ils avaient de s'acquitter de leur mission, ces fonctionnaires touchaient des appointements que ne dédaignerait pas plus d'un préposé; en l'an III, Haxaire, garde-forestier national, toucha, pour une année de traitement, 1.320 livres 18 sous 8 deniers, et Viry, pour l'an IV, reçut 520 livres 17 sous 8 deniers.

Indépendamment de ces forestiers, il y avait un garde-chasse spécial auquel la commune devait une redevance annuelle en nature (sous forme de fromage).

Dès le commencement du XVIIIᵉ siècle, la commune de Gérardmer avait son marteau particulier qui servait aux forestiers pour la délivrance des bois. Un article de dépense inscrit au compte des commis (1711), rapporte :

Le déboursé d'un louys d'or à Mʳ Doyette, substitut de la prévosté d'Arches, de 6 livres au sieur de Leymont, greffier, de 5 livres 16 sols à Gérosme Julien, forestier à Vagnez, pour honoraires d'estre venus enfermer le marteau de la communauté (1).

Depuis l'institution des maîtrises, les officiers royaux s'étaient emparés des marteaux de la communauté et les avaient mis sous clefs. La commune réclama ses marteaux (1790) et demanda qu'il en fût délivré un à chacun des 9 gardes nationaux; la requête fut accueillie favorablement.

La proximité des forêts aurait rendu les délits fréquents si les habitants de Gérardmer n'avaient eu toutes les facilités d'obtenir du bois quand il leur en fallait. Pour une période de 25 années (1758-1783), il n'y eut que 51 délinquants, ce qui représente une moyenne annuelle de 2 délinquants.

(1) Archives communales C. C. V.

L'amende et les dommages-intérêts s'élevèrent à
2.378 francs, ce qui donne par délinquant de 46 à 47 francs,
somme importante pour l'époque.

Droits d'Usage-Affouages

Dans une requête de 1567, adressée au duc de Lorraine, les habitants de Gérardmer rappellent :

Que de *temps immémorial* ils ont eu dans les bois de S. A. la
liberté de couper et prendre des bois pour leurs usages et deffruits,
tant pour bâtiment, chauffage que cloison des héritages, et qu'ils
tiennent ou reprennent de vous ou de vos officiers par acensement.

Ils demandaient la confirmation de leurs droits.

Le duc de Lorraine répondit favorablement; il enjoignit
aux gruyers d'Arches et de Bruyères de délivrer « aux
habitants et manans de Giramer » les bois qui leur étaient
nécessaires, à prendre « par dessignals ez montaignes et
lieux proches de leurs grainges, » en y employant en
premier lieu le bois mort et qui ne porte profit, et assurant le surplus « aux lieux et bois des grueries moins
dommageables (1). »

Deux ans plus tard, le duc Charles permit aux habitants des bans de Gérardmer et Vagney de prendre dans
leurs forêts tout le bois qui leur est nécessaire; il leur
permit de faire des fouillies (essarts) dans les forêts, d'y
faire pâturer leur bétail, à la réserve de certains cantons
mis en ban, pour lesquels il fallait payer au duc une redevance de 4 gros pour chaque pied de bois de sapin de
4 bûches et au-dessus, de 4 gros pour un sommier de
3 pieds et au-dessus, de 3 gros pour un sommier de 20
pieds, et de 2 gros pour les pennes, les chevrons. Les

(1) Archives communales D. D. III.

amendes perçues pour délits forestiers revenaient pour les 2/3 au duc, l'autre tiers à la communauté (¹).

Dans le milieu du XVIIᵉ siècle, les habitants de Gérardmer furent troublés dans leurs anciennes coutumes par le gruyer de Bruyères. Ils se plaignirent à S. A. R. et à la Chambre des Comptes et obtinrent le maintien de leurs droits d'usage (1664).

Peu d'années après (1668), pendant les guerres qui désolèrent la Lorraine, les habitants de Gérardmer furent obligés de s'expatrier et « d'aller chercher à gagner leur pauvre vie ; » pendant leur absence, les bois communaux s'étant remplis de bois et de rapailles, ils demandèrent l'autorisation d'essarter et couper ces rapailles. L'autorisation leur fut accordée (1668) (²).

En 1686, nouvelle confirmation des droits d'usage. Les habitants de Gérardmer (ainsi que ceux des bans de Vagney, Moulin, Tendon) avaient le droit de prendre dans les bambois dépendant de la communauté, tout le bois qui leur était nécessaire; il était défendu de les troubler dans leur possession, sous peine de « 500 livres d'amende, dépens, dommages et intérêts (³). »

Cette ordonnance n'empêcha pas les habitants de Gérardmer d'être inquiétés par le procureur du roi ; aussi fallut-il, pour les maintenir dans leurs droits, une ordonnance d'Antoine de Bault, maître particulier de la maîtrise des Eaux et Forêts d'Épinal (1689) (⁴).

Les habitants de Gérardmer avaient donc le droit d'affouage dans les forêts royales, sous la seule redevance de payer 9 francs à l'officier de gruerie qui faisait la marque des bois, et 6 francs à son greffier (arrêt du Conseil d'État de 1691, signé à Versailles).

La Chambre du Conseil des Eaux et Forêts de Lorraine porta à 2 francs « par usager » (par affouagiste), la taxe de

(1, 2, 3 et 4) Archives communales D. D. III.

l'affouage. Le montant de cette redevance se partageait par moitié entre S. A. R. et le Chapitre de Remiremont (1703) (1).

Les pauvres ne payaient pas le droit d'affouage et les veuves n'en acquittaient que la moitié.

Les affouagistes devaient en outre payer 8 gros par ménage pour vacations, marque, etc., dont 3 gros aux forestiers, le reste aux officiers des Eaux et Forêts. L'affouage, qui était indépendant de la délivrance de bois dans les Bambois, allait jusqu'à *12 cordes de bois*, mesure du pays.

La taxe fut perçue jusqu'en 1789; elle ne fut pas versée depuis cette époque jusqu'au 27 prairial, an VII. L'administration forestière voulut alors faire payer les arriérés et rétablir la taxe, ce qui rencontra une vive opposition et de pressantes réclamations de la part des habitants.

L'arrêt de 1703, dont la teneur était si favorable aux habitants de Gérardmer, ne fut pas exécuté sans bien des tiraillements.

L'anné suivante, Lassaux, procureur de S. A. R. à la gruerie de Bruyères, infligea aux habitants de Gérardmer deux procès-verbaux : l'un de 40 francs d'amende, pareille somme de dommages-intérêts et dépens (17 francs 4 gros 8 deniers); l'autre :

De 25 francs, pareille somme de dommages-intérêts et dépens, parce que les représentants de la communauté n'avaient pas voulu désigner les particuliers qui usaient de bois coupés sans marque (2).

La communauté interjeta appel de cette condamnation devant la Chambre des Communautés à Nancy; ce fut en vain; les habitants de Gérardmer se virent contraints à payer l'amende et les frais du procès; de plus, le même procureur de Bruyères les condamna à une nouvelle amende de 2 francs et aux frais du procès (17 francs 8 gros 8 deniers).

Dès lors les relations furent tendues entre les habi-

(1 et 2) Archives communales D. D. III.

tants de Gérardmer et les officiers de la gruerie de Bruyères (¹). Ces derniers faisaient des procès et infligeaient
des amendes « très grosses, pour de petits bois rabougris
de la grosseur de lattes, ou pour des traîneaux pris en
haut de la côte pour descendre plus facilement avec chariot dans le village. » Le garde-marteau, André, ne faisait
la marque des affouages que quand bon lui semblait; aussi
les habitants durent-ils se pourvoir auprès de Humbert de
Girecourt, commissaire général, réformateur des Eaux et
Forêts, à Épinal, qui leur donna gain de cause. Il ordonna
aux officiers de la gruerie de Bruyères de marquer, dans la
huitaine, les affouages des habitants de Gérardmer (1704) (²).

Le sieur André, on le conçoit aisément, fut vexé de
cette décison, et quand les maire et jurés lui en donnèrent une copie, « il la cassa en plusieurs pièces, apparem-
ment par un mépris formel. » Toutefois, il se rendit à la
montagne avec les autres officiers de la gruerie; mais
malgré les prières de ces derniers, jointes à celles des
habitants de la montagne, présents en grand nombre, il
ne voulut pas marquer de bois de chauffage.

Devant ce mauvais vouloir manifeste, les habitants de
Gérardmer se refusèrent à payer le droit d'usage. Ils pro-
posèrent, dans leur procès-verbal du 27 Octobre 1704, de
demander au sieur André des dommages-intérêts pour
leurs journées perdues en Juillet-Octobre, et pour leur
manque de bois à la veille de l'hiver.

Ils s'adressèrent de nouveau à la Chambre des Comptes
qui, par son arrêt du 22 Décembre 1704, maintint les habitants dans leur droit d'affouage et leur accorda 15 cordes de
bois par ménage, au lieu de 12, avec le bois nécessaire pour
clore leurs héritages et édifier leurs bâtiments, « quand il
s'agit d'une maison entière. » Dans ce dernier cas la charge

(1) A rapprocher ce passage avec celui qui concerne la fête patronale à la
chapelle de Longemer.
(2) Archives communales D. D. III.

à payer était de 6 gros pour chaque pièce principale, 2 gros pour les petites pièces comme chevrons, etc.

La délivrance de bois pour bâtiments avait aussi lieu en cas d'incendie ou de réparations pour agrandissements ; mais elle n'était faite que sur un devis de charpentier indiquant le volume de bois nécessaire, à charge par le destinataire de justifier que l'emploi du bois délivré était bien réservé à la construction (1).

Le duc Léopold, mis au courant de la juste réclamation des habitants de Gérardmer confirma l'arrêt de la Chambre des Comptes, et ordonna la citation à la Cour du sieur André ; il ordonna également, peu après, la mise en réserve du ¼ des forêts (1708), afin d'en assurer le repeuplement et la régénération.

Stanislas, pour arrêter des abus qui s'étaient introduits dans l'administration des forêts, prit un arrêté de réformation adressé au grand maître de la maîtrise d'Epinal. L'arrêté, en date du 10 Mars 1764, dit qu'il sera délivré dans plusieurs forêts de la montagne :

Le bois nécessaire au chauffage et aux réparations dans la forme ainsi qu'il s'est pratiqué jusqu'à ce jour, aux habitants de Gérardmer au nombre d'environ 800, à 40 de La Bresse et à 20 de Cornimont ; dans la forêt de Gérardmer il sera délivré du bois de chauffage et de réparation aux mêmes habitants de Gérardmer et à environ 20 de La Bresse.

Les forêts furent abornées et fossoyées, ¼ mis en réserve, le droit de vaine pâture dans les parties réservées était retiré aux usagers ; il était de plus défendu aux officiers des maîtrises chargés de visiter les bois, de délivrer aux habitants « aucun bois pour la construction et la réparation que sur la production des devis en bonne forme, et aucun pour les couvertures de bâtiments, sauf

(1) Cet usage se maintint jusqu'en 1854.

aux habitants à se pourvoir de chaume ou paille ([1]). »

La suppression du droit de vaine pâture dans les forêts était désastreuse pour les habitants de Gérardmer; la situation déplorable qui leur était faite par l'arrêté du 10 Mars est dépeinte dans les doléances qu'ils adressèrent à la Chambre des Comptes en demandant que cet arrêt ne fût pas exécuté.

Ils montraient que leur pays, couvert de rocs, est stérile; qu'ils n'ont d'autre ressource que l'élevage et la vente du bétail, et que le cantonnement des portions réservées aux forêts diminue l'étendue de leur pàturage; que n'ayant ni paille, ni chaume, ni branches pour couvrir leurs cabanes, ils sont bien heureux de pouvoir obtenir des bardeaux dans leurs forêts communales. Jusqu'alors leur pauvreté même et la difficulté de leur existence leur avaient fait accorder des privilèges de la part des ducs de Lorraine, c'est ce qui les engageait à s'adresser au Roi avec confiance, dans l'espoir que le décret serait rapporté.

Mais Louis XV, gendre de Stanislas défunt, était un prince indigne qui ne songeait qu'aux plaisirs et spéculait honteusement sur le peuple. Il n'entendit pas la plainte de ces pauvres montagnards vosgiens qui habitaient un pays si déshérité par la nature. Il ordonna que l'arrêt de 1764 fût exécuté « selon sa forme et sa teneur ([2]). » Il permit seulement aux habitants de Gérardmer d'obtenir « la délivrance des bois nécessaires pour couvrir leurs maisons, » et maintint le droit de vaine pàture « dans les répandises de leur ban. »

L'administration forestière ayant ordonné en 1780 une coupe extraordinaire sur 2.309 arpents (environ 461 hectares), l'assemblée municipale s'y opposa énergiquement.

Le texte de la délibération ([3]) qu'elle prit à ce sujet, est

(1 et 2) Archives communales D. D. III.
(3) Archives communales B. B. III.

si intéressant que nous n'avons pu résister au désir de le citer au moins partiellement, car il montre, sous une forme polie, l'énergie toute vosgienne avec laquelle les montagnards savaient au besoin défendre leurs intérêts.

L'Assemblée municipale..... estime qu'il est de l'intérêt de la communauté de s'opposer à cette vente, parce que les habitants de la dite communauté ont le droit incontestable d'avoir dans les forêts dont s'agit les bois nécessaires, soit pour chauffage, maronnage, bâtiments, fontaines, clôtures d'héritages et autres ; ils ont également ment le droit d'y envoyer leurs bestiaux pour pâturer.

Après avoir rappelé les titres qui confirment leurs droits d'usage, l'Assemblée ajoute :

Il n'y a aucun doute que la communauté ne soit fondée à s'élever contre une vente aussi désastreuse. Les réclamations sont d'autant plus puissantes que cette vente paraît être faite contre le réglement des Eaux et Forêts : par ce réglement il ne doit se faire aucune coupe ny ventes extraordinaires sans les ordres express du souverain. Or il ne paraît pas qu'un arrêt du Conseil ait autorisé la vente considérable dont s'agit. Elle a donc été faite contre la loi, elle est donc nulle.

Ce moyen de nullité acquerra la plus grande force s'il est prouvé que l'intérêt public soit sacrifié ; or, nous posons en fait que nos forêts, depuis l'établissement des scieries, sont tellement dégradées que Messieurs les Officiers de la Maîtrise peuvent à peine délivrer les bois de soumission qu'on leur demande, et que déjà ils ont été obligés de supprimer des scieries.

Si cette vente avait lieu, que deviendraient donc les habitants de Gérardmer. Cette communauté composée de plus de 5.000 âmes (1), n'a aucune espèce de ressources que dans le bétail et dans le commerce, soit en vaisselle de bois, soit en sabots. Ne pouvant plus suivre leur commerce, forcés de vendre leur bétail, et notamment ceux qui ont affermé les Chaumes de Bebriette, Balveurche, le Haut et Bas-Chitelet, qui ont droit de parcours dans les forêts dont s'agit, ils seraient donc dans la dure nécessité de même qu'un

(1) **La statistique de 1789 n'accuse que 4.062 âmes.**

grand nombre d'habitants, de quitter le sol ingrat qui les a vus naître, pour aller traîner une vie languissante sur un sol étranger (¹).

Si ces moyens d'opposition ne suffisaient pas, nous pourrions ajouter que les intérêts mêmes du roi se trouveraient singulièrement lézés. La communauté de Gérardmer paye annuellement 24.593 livres 5 sols au cours du royaume ; il est évident qu'un grand nombre de particuliers étant obligés de faire des émigrations, cette même communauté ne pourrait plus satisfaire à ses charges annuelles.

Tous ces différents motifs, et beaucoup d'autres que nous ne rapportons pas ici, sont d'une trop haute importance pour ne pas être approfondis. Nous sommes donc bien fondés à croire que le Bureau du District voudra bien les appuyer de tout son zèle et de tout son crédit près de la Commission intermédiaire (2).

Indépendamment des délivrances de bois pour affouages et bâtiments, l'administration forestière délivrait facilement des arbres sur pied pour les travaux communaux.

Ainsi en 1730, lors de la construction de l'église, la communauté obtint la délivrance de 500 pieds de bois sur la gruerie de Bruyères, 300 sur celle d'Arches, 250 sur celle de Saint-Dié, tant de sapin que de hêtre.

A la même occasion, S. A. R. accorda 1.050 pieds de bois qui furent répartis par portions égales sur les trois grueries ci-dessus, le plus à portée de Gérardmer (³).

Le relevé des délivrances de bois pour affouages et bâtiments donne, pour la période 1780-1790, une moyenne annuelle de 4 arbres par affouagiste.

ESSARTS

Les habitants de Gérardmer avaient, dès l'origine, la plus grande latitude pour couper les arbres et broussailles

(1) Cette idée, qui est exprimée d'une façon toute poétique, montre l'attachement des habitants de Gérardmer à leurs montagnes.

(2) Ont signé : Colin, président de l'assemblée municipale; Lasausse, greffier; Paxion, syndic; N. Viry, Garnier, J.-B. Viry, Chipot, Simon, Grossire, députés.

(3) Archives communales D. D. V.

dans les terrains vagues : c'était ce qu'on appelait *essarter*. Les terrains ainsi préparés étaient mis en état de culture et entourés de petits murs de pierres ou enclos de jeunes arbres : c'étaient les *essarts*. Ce mot essarts, comme nous l'avons vu précédemment se retrouve dans un grand nombre de noms de lieux du pays ; ainsi Xard-Pierrat, Xettes, Xetté.

Dans la suite, le nombre de ces terrains clos ayant augmenté considérablement, le pâturage des bestiaux en fut gêné ; la commune interdit l'établissement de nouveaux essarts sans soumission préalable à la salle communale et elle fit enregistrer ceux qui existaient [1].

En 1780, il y avait 725 individus possédant 1.218 essarts reconnus, pour lesquels ils avaient soumissionné.

Il y eut plusieurs fois des réclamations de la communauté contre ceux qui établissaient de ces essarts ; ainsi en 1785 les nommés Gaspard et Tisserant s'avisèrent de construire de nouveau un essart au milieu « d'un coteau où le bétail passe et repasse. » L'année suivante, un nommé C. Pierrat se rendit coupable du même méfait; en 1788, ce fut un cultivateur de Xonrupt, qui s'avisa « de labourer et fermer un essart sur le terrain communal, en un lieu visiblement préjudiciable et absolument nuisible au passage et parcours des bestiaux du canton. »

Ces particuliers durent ouvrir les propriétés qu'ils avaient anticipées, et laisser le parcours libre au bétail.

---

[1] Délibération prise par les maire, syndic et jurés en 1767. Les témoins essartés s'appelaient aussi *fouilles* ou *fouillies*.

TROISIÈME PARTIE

ADMINISTRATION LOCALE

Chapitre Ier. — ADMINISTRATION MUNICIPALE

Jusqu'à la fin du XVIIIe siècle, la communauté de Gérardmer fut administrée par un *maire,* assisté d'un *conseil,* analogue au Conseil municipal.

Ce Conseil était composé d'un nombre de membres variant de 6 à 13. Les conseillers portaient le nom de *jurés* ou d'*élus;* ils étaient choisis parmi les notables de la communauté et renouvelés tous les ans, par l'assemblée des principaux habitants qui se réunissait, à la sortie de la grand'messe du dimanche, devant la « maison commune, » l'hôtel de ville de l'époque (1).

Le Conseil de la communauté désignait un greffier (2) pour tenir registre de ses décisions. Ce registre s'appelait « Registre des Résolutions faictes par les sieurs maire, gens de justice et jurez de la communauté de Gérard-

---

(1) En 1732, les jurés étaient T. Martin. — J.-B. Martin. — N. Martin. — Viry. — Denyot. — Michel. — Gégoult. — Gley. — Claudel. — Coultret. — Gérard. — Pierrot. — Bresson.

(2) L'usage a conservé de nos jours le nom de *greffier* aux secrétaires de mairie. La charge de greffier et de tabellion communal fut héréditaire dans les familles Claudel. — Gérard. — Paxion.

mer. » Les *Registres des Résolutions* sont conservés aux archives communales depuis 1693.

Un agent financier était adjoint à la municipalité ; dès le commencement du XVIIIe siècle il s'appelait le *comptable ;* en 1738 il fut remplacé par le *syndic,* fonctionnaire analogue aux receveurs municipaux actuels.

Enfin le Conseil de la communauté comprenait en outre une sorte d'huissier, l'*échevin* municipal.

L'assemblée de la communauté s'occupait de toutes les questions qui intéressaient la bonne administration du pays, et on peut ajouter qu'elle s'en occupait avec beaucoup d'intelligence.

C'était elle qui nommait tous les fonctionnaires municipaux, nombreux comme on va le voir.

Il y avait les *commis* ou *collecteurs d'impôts,* chargés de lever les impôts ; les employés de la *capitation,* qui levaient l'impôt par tête ; les *asseyeurs,* qui asseyaient, répartissaient les impôts ; les *jurés,* qui partageaient avec le maire les droits de police et d'administration générale ; les *chaptolliés* ou *fabriciens,* qui tenaient les comptes de la fabrique.

Elle désignait également les fonctionnaires subalternes comme les *forestiers,* les *pastrouilleurs,* les *visiteurs de taverne,* chargés de la police des cabarets, les *bangars* ou *gardes-champêtres (banvouâs* dans le patois du pays) ; les *porteurs de pain bény* et ceux qui étaient chargés *d'empêcher le scandale pendant la messe paroissiale.*

C'était l'assemblée communale tout entière qui désignait ces fonctionnaires. La formalité à laquelle donnait lieu leur nomination, se bornait à inscrire, annuellement, sur le registre des délibérations de l'assemblée, la mention suivante : *Liste de ceux qui sont choisy pour porter la charge de commis, de bangar,* etc.

Généralement, en raison même de l'étendue de la communauté, la liste portait une douzaine de noms pour chaque fonction (14 pour les bangars).

Elle se terminait par cette formule : *Tous les particuliers ci-dessus qui ne remplissent pas bien leur charge, sont condamnés à une amende de 5 francs.*

L'assemblée communale nommait aussi, avec l'agrément du curé, le MAITRE D'ÉCOLE. (Voir *Instruction*).

Nous examinerons plus loin, en détail, les attributions des principaux de ces fonctionnaires municipaux.

L'assemblée municipale s'occupait de l'administration des biens communaux; nous avons vu (*Acensements*) avec quel soin jaloux elle surveillait ses terrains et l'énergie avec laquelle elle défendait ses droits; c'était elle qui affermait les propriétés communales (moulins, scieries), établissait les bannies, répartissait les affouages, fixait les limites de la vaine pâture.

Elle s'occupait activement de l'entretien et de la réparation des chemins, des ponts et de la police intérieure. Les étrangers qui voulaient usurper le droit de bourgeoisie à Gérardmer, étaient, nous l'avons dit, fort malmenés.

Enfin c'était l'administration communale qui présentait aux ducs les suppliques intéressant les habitants; ces requêtes, à formule stéréotypée, commençaient presque toujours ainsi : *A S. A. R. le duc de Lorraine, supplient (ou remontrent) très humblement les habitants et manants de Gérardmer.* Invariablement dans ces requêtes, — demandant, pour la plupart, une réduction d'impôt ou une exonération de taxe, — les pétitionnaires rappelaient la stérilité de leur pays, *sans ressources en dehors du pâturage, de l'élevage du bétail et de la fabrication des fromages;* si bien que les ducs de Lorraine, persuadés de la prétendue misère des habitants de Gérardmer, leur accordèrent beaucoup de franchises et de faveurs.

Dans les grandes circonstances, quand il s'agissait d'un

évènement qui intéressait toute la communauté, les habitants se réunissaient en grand nombre à la *maison commune* et prenaient, à l'unanimité, une résolution que signaient les membres présents..... quand ils pouvaient signer.

La résolution de 1713, qui porte 226 signatures, croix et marques, est une énergique protestation contre les usurpations de terres acensées (1).

Celle de 1718, relative aux préparatifs à faire pour ériger une nouvelle église, porte 155 signatures et croix (2).

FONCTIONNAIRES MUNICIPAUX

1o *Maire.* Le maire était choisi parmi les « hommes les plus anciennement mariés de la commune et *sans reproche.* » La charge de maire était annuelle; on nommait le maire « au plaid annal » qui était tenu à Vagney par les représentants du duc et de l'abbaye de Remiremont. Le maire sortant faisait une sorte de rapport sur sa gestion, et son successeur prêtait serment entre les mains du prévôt d'Arches et du lieutenant de l'église Saint-Pierre de Remiremont.

Le maire exerçait gratuitement ses fonctions; seulement toutes les fois qu'il faisait un voyage pour la communauté ou passait ses journées à surveiller, soit des travaux communaux, soit l'acensement des terres, soit la délivrance des affouages, il lui était payé une somme variant de 2 francs à 3 francs par jour.

La charge de maire fut toujours considérée comme un grand honneur, à tel point qu'en 1696, un sieur Claude

(1) Archives communales D. D. I.
(2) Id. D. D. XII.

Bexon prétendit « escamoter l'office de maire perpétuel ([1]). »

Dès 1720, on rencontre dans les registres l'expression
de maire « moderne, » elle signifie « maire actuel, » par
opposition à « maire ancien. »

Voici comment se faisait l'installation du maire moderne ([2]).

*Par devant nous Léopold, Barron De Lamarre, conseiller du
roi, lieutenant général civil et criminel au bailliage royal de Remiremont, officier du roi.*

*... J.-B. Noël, avocat en la cour, officier de l'insigne église et
Chapitre Saint-Pierre de Remiremont, et M^o Andreu, partie publique (pour le roi et le Chapitre).*

*... Sont comparus les habitants et sujets communs de la paroisse
de Gérardmer par N. Pierrat, leur maire sortant, lequel nous a
présenté J.-L. Viry pour porter la charge de maire au dit Gérardmer; Viry a volontairement accepté cette charge, en a pretté le serment entre nos mains au cas requis et a promis de bien et fidelle-
ment en faire les devoirs...*

*... Nous avons ordonné au dit Joseph Viry, maire moderne de
Gérardmer, de remettre au greffe du siège, dans la quinzaine, un
rôle contenant les noms et dénombrement des sujets de la communauté, de même qu'un rôle des nouveaux entrans et cabaretiers.*

*Le maire sortant nous a présenté le registre des rapports de jus-
tice faits à Gérardmer pendant le courant de l'année dernière, pour
être les amandes par nous échacquées (acceptées pour un chiffre de).*

*... Le registre contenant les rapports avec l'échacque (2^l 6^s 8^d.),
a été remis au maire moderne pour faire lever les amendes qu'il a
payées à l'instant. Le maire sortant nous a présenté, pour greffier
de la communauté, A. Gegout, qui a volontairement accepté cette
charge et en a prêté le serment entre nos mains...*

Maires de Gérardmer (1626-1816).

Toutes les fois que nous avons eu occasion de le faire,

(1) Archives communales B. B. II. Il fut poursuivi de ce chef.
(2) B. B. II. Acte du 26 Septembre 1774.

nous avons relevé, dans les archives, les noms des maires de Gérardmer; nous donnons ci-après les noms des familles auxquelles appartenaient ces fonctionnaires, avec les dates de leur magistrature (1626-1816).

Bédel (1797). — Chipot (1681-1725-59-66-90). — Claude (1716-24). — Coultret (1626-1704-1757-1771). — Coanus (1737). — Costet (1729). — Crouvezier (1732). — Cuny (1761-1800). — Défranoux (1698-1731-45). — Daniel (1713). — Didier (1769-80-85-86). — Dieudonné (1664). — Estienne (1693-1783). — Ferry (1676). — Fleurance (1781). — Garnier (1792 à 95). — Gegoulx (1723-47-58-98-72-89). — Georgel (1753-1816). — Gérôme (1726). — Gley (1673-74-79-82-88-89-1709). — Grossire (1678-1705-60-78). — Guerre (1692). — Haxaire (1770). — Le Comte (1695-1715). — Le Roy (1719-30-44-46-49-51). — Marchal (1777). — Martin (1706-42-52-65-73-1892). — Maurice (1683-90). — Michel (1717-91). — Morel (1685-1748-68-75). — Mougel (1665). — Pierrat (1680-84-96-1736-55-56-62-82). — Paxion (1700-1-2-3-22). — Perrin (1711-50). — Pierrel (1763). — Remy (1754-1779). — Simon (1677). — Thomas (1740-84). — Valentin (1764). — Viry (1619-94-1708-10-12-18-20-21-23-34-35-38-39-41-43-67-74-76-87-96-99-1801 à 1815). — Villaume (1714-28).

La famille qui a fourni le plus de maires a été incontestablement celle des Viry (pendant 65 années); viennent ensuite les familles :

Pierrat. — Gley. — Gegoulx (XVIIe siècle). — Chipot. — Le Roy. — Martin. — Morel (XVIIIe siècle).

2o *Comptables*. Les fonctions des syndics, comme celles des maires, ne duraient qu'une année.

Le syndic recevait l'argent dû à la communauté pour les revenus de ses biens, de ses moulins ; il encaissait les impôts perçus par les collecteurs, les amendes, les dommages-intérêts. C'est lui qui réglait les principales dépenses incombant à la communauté : voyages des membres de la municipalité, des prévôts, des envoyés du Chapitre, des employés du domaine, frais d'assignation, de conduite des militaires, etc.

Les comptes des syndics étaient inscrits sur des registres spéciaux, et, au mois de Décembre de chaque année, ils étaient soumis à l'approbation des maires et jurés de la communauté, qui les signaient après lecture. Pour certaines gestions il y avait deux comptes rendus, l'un en Décembre, l'autre en Juin ou Juillet.

Les comptes rendus des comptables n'existent aux archives que pendant les années 1710-1714 (¹) ; ceux des syndics se retrouvent de 1742 à 1779 (²). Ils sont généralement tenus avec beaucoup de soin et de propreté.

A partir de 1778, ils furent présentés pour réception au subdélégué de l'Intendance de Lorraine et Barrois, à Remiremont, et dès lors, scrupuleusement examinés, article par article ; le subdélégué, Deslon, ajouta au bas du compte de 1778 cette note peu favorable :

Attendu les abus que nous avons remarqués tant au présent compte qu'à celui de N. Paxion, ordonnons qu'à l'avenir les sindics ne rapporteront point en dépense leurs frais de bouche lorsqu'ils seront employés au service de la communauté, mais qu'ils se feront allouer une somme certaine par jour dans les cas où leur ministère ne devra point agir gratis.

Ordonnons pareillement qu'ils rapporteront des quittances de tous les déboursés qu'ils feront, sous peine leurs comptes être rejettés pour les articles qui ne seront point justifiés ; leur faisons défense de procéder à l'avenir à aucune adjudication dont les cas ne seront point prévus, sans y être préalablement autorisés par Mgr l'Intendant.

Sauf cette observation, il n'y a pas d'exemple de comptes des syndics qui aient donné lieu à des réclamations sous le rapport de l'intégrité et de l'honnêteté.

Signalons néanmoins un différend survenu au début du XVIIIᵉ siècle, entre Gérard Michel, comptable, et les habitants de Gérardmer. — Le sieur Paxion, tabellion à

(1) **Archives communales F. F. I.**
(2) Id. C. C. II.

Gérardmer, coupable de malversation au sujet de l'acensement de 300 jours de terre, faisait poursuivre Gérard Michel dont le compte n'était pas accepté. Il obtint même un arrêt de la Cour (1716), qui condamna Gérard Michel « à rendre compte de toutes les sommes qu'il a touchées des particuliers qui ont soubassensé ou acquestés les terres et héritages qui ont esté ascensés par la Chambre à la Communauté de Gérardmer aux dépens. »

Mais l'imposture de Paxion fut démasquée et à son tour il fut poursuivi par les maire, jurés et habitants de Gérardmer (1717). L'affaire fit grand bruit et eut un retentissement dans toute l'étendue de la Communauté (¹).

A partir de la Révolution, le syndic s'appela *percepteur*; la levée des impôts fut mise en adjudication (²).

Voici, à titre de *comparaison*, les budgets de 1788 et de 1888.

BUDGET DE 1788

Recettes :

1º Location du lac (jamais elle n'avait dépassé 18ˡ)	35ˡ
2º Des moulins (Lac, 2 à Forgotte, Cuves, Ensalechamp).	1323ˡ 8ˢ
3º D'une portion de scierie à Xonrupt	13ˡ
4º D'une maison avec prey (emplacement de l'ancienne scierie). . , ...	124ˡ
Total.	1495ˡ 8ˢ

Dépenses :

1º Redevances annuelles au roi et au Chapitre. (Banalités. — Pâturage dans les forêts royales et communales, pacquis).	123ˡ 12ˢ
A reporter	123ˡ 12ˢ

(1) Arch. Cˡᵉˢ F. F. I. Le budget s'élevait à environ 500 francs.
(2) La levée des impôts pour 1791 fut concédée à 1 denier ½ par livre d'impôt; plus 2 livres sur le tout. Le percepteur fut J.-B. Gaudier.

Report	123ˡ 12ˢ
2º Cens du lac : 2 pintes de truitelles.	1ˡ 14ˢ
3º Abonnement pour les biens communaux. . . .	162ˡ 17ˢ
4º Droit de conduit.	18ˡ
5º Frais de tirage de la milice et de la visite. .	120ˡ 18ˢ
6º Inspection des routes (M. Stevenel, conducteur).	100ˡ 15ˢ
7º Création de 8 forestiers : (5, maîtrise d'Épinal, 3, maîtrise de Saint-Diez).	16ˡ 14ˢ
8º Création de 2 maires	15ˡ 2ˢ 6ᵈ.
9º Visite des cheminées et des chevaux de la paroisse.	62ˡ
10º Messes dites à l'intention de la paroisse . . .	15ˡ
11º Vacations aux maire, jurés qui assistent les officiers des maîtrises pour la délivrance des bois. .	36ˡ
12º Frais de voyage au syndic.	51ˡ 10ˢ
Total	704ˡ 12ˢ 6ᵈ.

BUDGET DE 1888 (1).

Recettes :

1º Impositions diverses (immobilière, patentes, chevaux et voitures, permis de chasse, amendes).	2.709 11
2º Produit des biens communaux (location de terrains pour blanchissage, scierie de Forgotte, chasse, lac, caves de l'Hôtel de Ville, etc.).	4.504 50
3º Produit de la forêt communale	19.148 15
4º Produit des taxes et autres droits	5.708 05
5º Créances provenant d'achat de rentes sur l'État et de concessions de terrains communaux	6.314 89
6º Produit des centimes additionnels affectés à certaines dépenses	16.930 83
7º Produit de diverses subventions et remboursements	45.554 95
8º Produit des prestations en nature sur les chemins.	1.342 50
Total	102.212 98

(1) Situation financière de la commune de Gérardmer, 1888, par M. Félix Martin, maire.

Dépenses :

1º Agents salariés (secrétaire de mairie, garde-champ-
pêtre, membres de l'enseignement primaire, canton-
niers, etc. 42.803 28

2º Contributions des propriétés communales 5.144 62

3º Frais de bureau, impressions à la charge de la
commune 1.382 92

4º Dépenses d'entretien concernant les bâtiments
communaux, les fontaines et les promenades 7.492 19

5º Dépenses de l'éclairage public et des bâtiments
communaux. 3.806 83

6º Entretien des chemins de grande communica-
tion . . . . 6.801 »»

7º Entretien des ponts et chemins 1.417 72

8º Pompiers et entretien des pompes 873 07

9º Dépenses pour les indigents 6.815 69

10º Chauffage des écoles et bâtiments communaux . . 1.246 17

11º Dépenses relatives à l'instruction . . . . 1.345 »»

12º Cultes. 76 69

13º Remploi de capitaux provenant de la vente de terrains communaux. . . . . 17.685 »»

14º Travaux forestiers . . . . 722 »»

15º Fêtes publiques. 643 48

16º Travaux communaux. 3.289 75

17º Dépenses diverses 671 21

Total. 102.216 62

3º *Échevin.* L'échevin était une sorte d'huissier. C'était
lui qui faisait les significations de la communauté aux
particuliers ou qui transmettait à la municipalité les com-
mandements envoyés par le prévôt d'Arches ou le Chapitre
de Remiremont.

. Chaque fois qu'il y avait une réclamation d'un particulier à la communauté sur laquelle statuait l'autorité
supérieure, ou un procès entre la communauté et un
particulier, les décisions d'une partie étaient communiquées à l'autre par la voie de l'échevin.

L'échevin venait s'installer tous les dimanches à la sortie de la grand'messe, sur le haut d'une échelle. De là il informait les habitants des décisions de l'Assemblée communale ; il lisait le rôle des imposés, la cote part d'impositions attribuée à chacun d'eux par les asseyeurs, annonçait les enchères ou adjudications, et les défenses de la communauté touchant le bien public ; ce mode de publication, qui s'est conservé de nos jours, était rempli par le garde-champêtre communal. Il est bon d'ajouter que la plupart des publications intéressant la communauté, étaient faites au prône de l'église par le prêtre en chef. C'était, pour un pays disséminé comme Gérardmer et où les habitants assistaient en nombre aux offices divins, un excellent moyen de publication.

4º *Gérardmer pendant la Révolution.* A la fin du siècle dernier, l'administration de la communauté prit une extension remarquable. Elle fut confiée à l'*Assemblée municipale,* présidée par l'abbé J.-George Colin, prêtre et vicaire en chef, qui avait en outre le titre de commissaire.

L'Assemblée comprenait en plus le maire, le syndic, le greffier, 6 députés élus et 13 jurés ; les députés étaient nommés par tous les habitants réunis à l'Assemblée communale, à l'issue de la grand'messe (1788).

C'était le président-commissaire qui convoquait les électeurs au prône de la messe paroissiale, pour élire les représentants du tiers à l'Assemblée nationale. A notre vif regret, nous n'avons pu trouver de trace des cahiers de doléance des habitants de Gérardmer ; ces documents seraient très curieux à consulter si on en juge d'après l'intérêt qu'offrent les registres de délibérations de l'Assemblée municipale.

Deux ans plus tard l'Assemblée municipale fut renouvelée ; les séances d'élection eurent lieu à l'église, sous la présidence de l'abbé J.-George Colin (7, 8, 11 Février 1790).

Les fonctionnaires élus — au scrutin secret — furent : le maire, le greffier, le procureur, 8 députés (qui prirent le nom d'officiers municipaux dès le mois de Juillet de la même année), et 18 notables.

Voici les noms de ces fonctionnaires :

Président : J.-G. Colin, prêtre-vicaire en chef.
Maire : Nicolas Chipot, rentier.
Procureur : Antoine-Benoît Claudel.
Greffier : Nicolas Lasausse, marchand.
Députés (8) : N. et G. Grossire. — P. Viry. — D. Martin. — J. Pierrat, marcaires. — C. Simon, aubergiste. — A. Gegout, cordonnier. — J. Michel, marchand.
Notables (18) : J.-B. Morel, marchand. — N. Pierrel, tissier. — B. Viry. — H. Haxaire. — J. Tisserant. — N. Martin. — J. Remy. — J. Pierrat. — N.-J. Thomas. — D. Pierrat et J. Parmentelat, marcaires. — J.-B. Doridant. — S. Parmentelat et G. Jacquat, cossons. — J. Thomas, meunier. — J.-B. Fleurance, boucher. — J.-B. Masson, chirurgien. — N. Perrin, vieillard.

Quand l'Assemblée constituante créa, par son décret du 4 Mars 1790, la division de la France en départements, Gérardmer fut compris dans le département des Vosges et forma avec Granges un des cantons du district de Bruyères.

Le district était administré par un Conseil général, un procureur-syndic et un Directoire. Joseph Garnier, de Gérardmer, représenta la commune à ce Conseil général.

L'année suivante, l'assemblée municipale procéda à la division de la commune de Gérardmer en 13 sections, telles que nous les avons énumérées au début de cet ouvrage.

Elle envoya pour la représenter au Conseil général du département, le procureur de la commune, Claudel.

Le collège électoral du canton de Gérardmer chargé de nommer les représentants du département à la Convention nationale (Août 1792) fut composé, outre Claudel sus-désigné, administrateur du département, du prêtre-vicaire en chef, du juge de paix, de son assesseur et de son greffier.

Les fonctionnaires subalternes, dont nous avons précédemment rappelé les qualités, furent augmentés en nombre; ainsi il y eut 27 gardes-champêtres, et le secrétaire de la mairie eut un employé sous ses ordres. De nouveaux fonctionnaires furent institués successivement; aussi l'administration municipale de l'an VII comprenait-elle :

Cinq membres. — 1 commissaire du Directoire exécutif de Bruyères, délégué près d'elle, qui remplissait en même temps la charge de notaire public (Valentin). — 1 secrétaire de mairie et son employé. — 1 concierge-appariteur (Jacques). — 1 receveur du canton (Viry). — 1 commissaire de police (Gérard). — 1 juge de paix et son greffier (Lasausse. — Jacquot). — 1 huissier (Stouvenel). — 4 assesseurs du juge de paix. — 5 gendarmes nationaux et 8 forestiers (dont 4 nationaux) (¹).

L'assemblée municipale prit le nom de CONSEIL MUNICIPAL dès l'an IX. A cette époque elle était composée de :

N. Cuny, président. — Gegout, secrétaire, et de 18 membres : C. La Ruelle. — E. Gegout. — N. Coutret. — N. Martin. — J. Bédel. — C. Viry. — D. Villaume. — Demangeat. — Ant. Pierrel. — N. Didier. — J.-B. Garnier. — J. Georgel. — S. Thomas. — N. Martin. — N. Jacquot. — T. Michel. — V. Florence. — J.-B. Gravier.

Bien que nous nous soyons surtout proposé de raconter l'histoire de Gérardmer avant la Révolution, nous ne pouvons résister au désir de retracer les grands évènements qui se sont produits à Gérardmer pendant cette époque mémorable.

On n'eut pas à y déplorer les scènes de violence qui désolèrent la France pendant la Terreur, tandis que les armées de la République se couvraient d'une gloire impérissable.

Deux personnages des plus remarquables, le maire J.-B.

(1) Archives communales postérieures à 1789. Registre des délibérations.

Garnier, le prêtre-vicaire en chef, l'abbé J.-G. Colin, contribuèrent pour une large part au maintien du calme dans les esprits.

J.-B. Garnier (¹) fut maire pendant la période si agitée de 1792 à 1795. C'était un homme intelligent et énergique. A force de fermeté il parvint à maintenir l'ordre, ce qui était difficile pour une commune aussi étendue que celle de Gérardmer ; grâce à une activité toujours en éveil, il put faire face aux charges aussi multiples que nouvelles qui pesaient sur la municipalité ; en montrant toujours la plus entière soumission aux lois, il prévint bien des mesures qui auraient pu porter préjudice au pays.

L'abbé J.-G. Colin était un prêtre de valeur, animé d'un patriotisme éclairé, très dévoué à sa paroisse ; son tact et sa prudence évitèrent bien des conflits ; il ne prononça que des paroles de paix, de conciliation ; au milieu des circonstances les plus difficiles, il sut toujours obtenir le respect et la reconnaissance de ses paroissiens.

Les registres des délibérations de l'assemblée municipale, à partir de 1789, sont très bien conservés. Ils ont été tenus avec un grand soin ; le texte est rédigé en bon français et avec beaucoup de sens ; il témoigne de connaissances avancées chez ceux qui composaient l'assemblée.

Ces registres furent visités à plusieurs reprises par les membres du district de Bruyères. Il suffit de les parcourir quelques instants pour s'apercevoir que les habitants de Gérardmer avaient accepté avec enthousiasme les principes de la Révolution. Pouvait-il en être autrement chez ces montagnards qui défendaient avec un soin si jaloux leurs franchises locales ?

Ils répondirent en foule à l'appel de la patrie en danger (voir *Armée*), et protestèrent énergiquement contre les

---

(1) Bisaïeul maternel de M. F. Martin, maire actuel, — et grand-oncle de défunt J.-B. Garnier-Thiébaut.

passe-droits et les spoliations dont ils se croyaient l'objet.

En réclamant l'érection de Gérardmer en cure, les habitants disent :

C'est par un abus trop longtemps toléré, par l'oubli odieux de tous les principes de justice, de charité et de politique, que nos évêques de Cour se sont refusés à cette érection. (Délibération du 25 Octobre 1792).

Le bureau de l'enregistrement qui existait à Gérardmer depuis l'établissement du « contrôle, » ayant été transféré à Granges, la municipalité se plaignit énergiquement, mais sans résultat effectif.

Les officiers municipaux en fonctions devant porter une écharpe, l'assemblée municipale décida l'achat de cet insigne (Juin 1792); plus tard même (an IX, 25 Pluviôse), elle mit à la disposition du maire une somme de 36 francs pour *l'achat de décorations qui leur sont utiles pour maintenir le bon ordre et la tranquillité publique* (1).

L'éveil des idées libérales fut accompagné de fêtes destinées à marquer la satisfaction de la municipalité et des habitants. Ces fêtes *républicaines* furent célébrées avec une pompe et un entrain remarquables. La date en varie suivant les époques; celle de l'an IV, eut lieu le 11 Pluviôse; l'administration municipale décida que les fidèles et tous les fonctionnaires seraient avertis à son de cloche et de caisse.

Le procès-verbal de la fête de l'an V dit :

Si la fondation de la République doit être célébrée avec toute la pompe et l'éclat que mérite un jour qui nous rappelle une époque si chère à tous les bons français, l'administration pense que, dans les circonstances (présentes) et vu que la commune est obérée, on doit *la célébrer avec la simplicité qui convient à des républicains* et ne pas dépenser en frais fastueux des sommes nécessaires aux dépens de la commune.

(1) (Nous n'avons pu découvrir la nature de ces insignes).

La fête sera annoncée le 5ᵉ jour complémentaire, à la chute du jour, par deux coups de canon.

Le 1ᵉʳ Vendémiaire à midy, il sera tiré 5 autres coups de canon. A cette heure, toutes les autorités constituées se rendront d'après invitation à la salle des séances de l'administration, le Président prononcera un discours analogue (approprié) à la circonstance. Tous les citoyens y seront invités et engagés à célébrer la fête, chacun de son côté par des banquets de famille et d'amitié.

L'Administration espère du civisme de ses administrés qu'ils rendront cette fête solennelle par leur présence et leur joie, dans ce moment surtout où la République vient d'échapper au plus grand danger.

La fête de l'an VII eut lieu avec le même cérémonial, mais une variante en plus : « L'après midy il y eut un *bal public* en la salle de l'école jusqu'à la nuit. » L'administration invita :

« Tous les citoyens à célébrer avec autant de joie que de solennité ce jour anniversaire, qui est celui de la destruction totale de la monarchie en France et l'établissement du gouvernement populaire, sous lequel tous les Français doivent jouir de la liberté et de l'égalité politique. »

La même année, d'autres fêtes républicaines furent l'occasion de grandes manifestations. Pour celle du 29 Nivôse an VII, l'assemblée municipale décida que :

« Tous les fonctionnaires publics du canton seront convoqués;... l'arbre de la liberté de cette commune, rompu par un coup de vent, sera remplacé par un bel arbre qui existe devant la maison commune;... et sera consacré le jour de la fête nationale; il sera entouré d'une haye, et tous les citoyens seront tenus de respecter le dit arbre, comme l'enseigne de la liberté. »

Le lendemain, tous les fonctionnaires étaient réunis au grand complet à la maison commune (ils étaient près de 30); le cortège se rendit :

« *Au temple décadaire de la commune; là l'orgue, qui est toute la musique de la commune, a entonné l'hymne à la patrie (la Marseil-*

laise), *laquelle a été chantée par les assistans et le peuple assemblé. Le président a prononcé un discours analogue (approprié) à la circonstance.*

Le commissaire du Directoire exécutif a prêté le serment prescrit par les lois en ces termes : « Je jure haine à la royauté et à l'anar-« chie, je jure attachement et fidélité à la République et à la cons-« titution de l'an III. » Les fonctionnaires publics présents ont répété : « Nous le jurons. » Ensuite l'orgue a exécuté le Chant du Départ. *Le commissaire a continué par la lecture de l'*Invocation à l'Être suprême *et de l'*Imprécation contre les parjures.

Après quoi, l'orgue a exécuté l'hymne Ça ira. *Le cortège est sorti du temple et s'est rendu autour de l'arbre désigné pour celui de Liberté de la commune de Gérardmer ; le discours de consécration du dit arbre, prononcé par le président, a été suivi d'une salve d'artillerie qui a terminé la cérémonie. Tous les fonctionnaires présents sont rentrés dans la salle de l'administration municipale pour dresser le procès-verbal, qu'ils ont signé* (1).

L'administration municipale ne fut pas toujours en fête ; elle eut à traverser des moments critiques. Le blé fut rare de la fin de l'année 1792 à celle de l'année suivante ; les vivres montèrent à un prix élevé ; la délibération du 16 Septembre 1792 dit :

Le prix du bled augmente progressivement, ce qui désole les habitants et nous fait craindre un soulèvement presque général.

De nombreuses délibérations, prises souvent plusieurs jours de suite, témoignent de l'activité de la municipalité pour se procurer des vivres ; elle se réunit même à 10 heures du soir (Juin 1793),

Car un commencement de trouble était à craindre, ce qui eût été regrettable dans une commune qui avait fourni à la République un si grand nombre de défenseurs.

Quatre mois plus tard, la détresse était extrême :

Le pain, écrit le Conseil d'administration, cet objet de la première importance, nous manque ; nous sommes à la veille d'éprouver les

---

(1) Des fêtes analogues eurent lieu l'an VII (30 Ventôse) et l'an VIII (14 Juillet).

dernières horreurs de la famine. Partout on n'entend qu'un cri : Du
pain ! du pain !

La municipalité fut forcée, pour apaiser une sédition
naissante,

De mettre en lieu de sûreté tous les draps, toilles et autres objets
que les citoyens commissaires du district avaient choisi dans les bou-
tiques pour l'habillement des derniers volontaires.

Le mouvement tumultueux ne fut apaisé qu'après la
promesse faite au peuple que tous ces objets

Ne sortiroient de la paroisse que lorsqu'on auroit livré du bled à
la municipalité pour une somme égale au prix de toutes ces diffé-
rentes marchandises.

Fort heureusement cette situation critique prit fin avec
l'année 1793.

Au milieu de toutes ces péripéties, la municipalité avait
à répondre aux appels pressants de la patrie en danger ;
elle se montra toujours très dévouée au pays, et ses soldats
ne furent, comme nous le verrons plus loin, ni les moins
braves ni les moins audacieux.

L'administration municipale tenait ses séances à la
maison commune ; dans les grandes assemblées elle se
réunissait à l'église (temple de l'Être suprême depuis sa
fermeture au culte). A partir de l'an IV (29 Prairial), le
presbytère, vendu comme propriété nationale et acheté
par J. Michel, marcaire, fut loué par le maire. On y
installa la salle du Conseil, les bureaux de police et la
Justice de Paix, la chambre de détention, le logement du
secrétaire et de son concierge.

Après la restauration du culte, le logement des prêtres
fut installé au presbytère ; c'est en 1806 qu'eut lieu le
transfert dans la maison d'école, rehaussée d'un étage à
cet effet, des services de la Mairie (sauf la salle des délibérations).

Sous l'inspiration et à l'exemple de J.-G. Colin, vicaire
en chef, les prêtres de Gérardmer, ses vicaires (Ch. Roch
et F. Colin), surent, dès les premiers jours de la Révolution, éviter les conflits en prêtant le serment de civisme
prescrit par la Constituante. Un dimanche de Janvier 1791,
à la grand'messe, ils s'avancèrent devant le balustre (la
balustrade) du chœur, et prononcèrent les paroles suivantes :

Nous jurons de veiller avec soin sur les fidèles de cette paroisse,
d'être fidèles à la nation, à la loi, au roy, et de maintenir de tout
notre pouvoir la constitution décrétée par l'Assemblée nationale et
acceptée par le roy (1).

Le maire leur répondit par un compliment fait au nom
de toute la commune,

Qu'on remerciait l'Être suprême d'avoir des pasteurs aussi dévoués
pour leur ministère que pour la chose publique.

Dès les premiers mois de l'année 1793, plusieurs prêtres
étrangers à la commune vinrent fixer leur résidence à
Gérardmer, ce qui prouve d'une façon péremptoire que
les esprits n'y étaient pas surexcités; citons J.-B. Leroy,
chartreux; A. Le Roy, ancien curé de Mandray; N. Viry,
capucin; Mathieu, de Jussarupt; Thiriet, de Deycimont;
Blaison, de Saint-Amé, etc.

Le citoyen Keringer, vice-président du district de Bruyères, ayant répandu des propos calomnieux sur la conduite
« du citoyen J.-G. Colin, » le Conseil général de la commune de Gérardmer s'assembla en toute hâte, car il ne

---

(1) Quelques jours avant (21 Janvier), ils avaient signé au registre des délibérations une déclaration ainsi formulée : « Conformément au décret de l'Assemblée nationale du 27 Novembre, qui exige de tous les fonctionnaires publics
la prestation du serment civique, voulant donner l'exemple de la soumission
aux lois, nous prêterons, dimanche prochain, à l'issue de la messe paroissiale,
en présence du Conseil général de la commune et des fidèles, le serment voulu
par le dit décret, étant dans la ferme persuasion que l'Assemblée nationale n'a
voulu et n'a touché en rien aux principes de la religion catholique, apostolique
et romaine, dans laquelle nous voulons vivre et mourir. »

voulait pas laisser planer des soupçons aussi injurieux sur la tête de ce digne prêtre. A l'unanimité de ses membres présents, il décida :

Que le dit citoyen Colin, loin d'avoir excité dans aucun tems le trouble dans notre commune, y a au contraire maintenu le calme et la tranquillité de tout son pouvoir, que par sa conduite irréprochable il a toujours joui de la confiance de toute la paroisse, que toujours il nous a exhorté à la paix et à l'union. Considérant qu'il nous a toujours donné l'exemple de la soumission la plus entière aux lois et à toutes les autorités constituées. Considérant enfin que sa conduite publique et privée, soit comme pasteur, soit comme citoyen, est exempte de blâme et de tout reproche. Il a été arrêté spontanément et d'une voix unanime que copie de la présente délibération seroit envoyée sur le champ au département par un membre du Conseil général de la commune pour l'inviter à écrire au citoyen Keringer de se rétracter publiquement ou d'administrer des preuves de son assertion, et que pareille copie serait délivrée au citoyen Colin comme une marque de reconnaissance pour les services importants qu'il a rendus et qu'il rend tous les jours à la paroisse, et pour lui servir en cas de besoin.

Peu de temps après, le Conseil général arrêta :

D'une voix unanime que le citoyen J.-George Colin, prêtre-vicaire en chef de cette commune, seroit invité à faire la lecture des documents officiels, les jours de décade, ainsi et de la manière qu'il a fait jusqu'à présent et à la satisfaction de tous les citoyens de la commune.

Cependant l'abbé Colin jugea que l'exercice du culte catholique devenait difficile à Gérardmer ; il donna sa démission de vicaire en chef, dont il exerçait les fonctions depuis près de 14 ans, en disant :

Que dans toute occasion il s'empresseroit de donner des preuves de son attachement à la patrie et en particulier à ses concitoyens de Gérardmer.

Aussitôt, le Conseil général de la commune lui vota une adresse de remerciements des plus chaleureuse, et l'invita :

A rester à Gérardmer en qualité de notable et à vouloir bien continuer de lire les lois comme il l'a fait jusqu'à présent.

L'arrêté du représentant du peuple Michaut (an III), obligea néanmoins l'abbé Colin à quitter le pays; il y revint l'année suivante (¹). Après sa mort, plusieurs prêtres vosgiens exercèrent leur ministère à Gérardmer jusqu'au Concordat, époque de l'institution de la cure, (1802).

L'abbé Potier, qui en fut le premier titulaire, prêta, entre les mains du préfet d'Epinal le serment qui suit :

Je jure et promets à Dieu, sur les saints Évangiles, de garder fidélité et obéissance au gouvernement établi par la constitution de la République française. Je promets aussi de n'avoir aucune intelligence, de n'assister à aucun conseil, de n'entretenir aucune ligue, soit au dedans, soit au dehors, qui soit contraire à la tranquillité publique, et si, dans ma paroisse ou ailleurs, j'apprends qu'il se trame quelque chose au préjudice de l'État, je le ferai savoir au gouvernement (²). (20 Pluviôse an XI.)

Chapitre II. — FINANCES

Catégories d'Impots. — Leur Répartition

On peut ramener à 4 catégories les impôts que payaient jadis les habitants de Gérardmer :

1ʳᵉ Catégorie. — Les impôts en argent perçus par les fonctionnaires municipaux au profit du domaine et du Chapitre de Remiremont, savoir : la subvention (³), les

(1) Il y était encore en l'an V, puisqu'il prêta, avec les autres prêtres résidant à Gérardmer, (Fleurance, Viry, A. Le Roy, J.-B. Le Roy), le serment que voici : « Je jure haine à la royauté et à l'anarchie ; attachement et fidélité à la constitution de l'an III. »

(2) La cure fut élevée à la 1ʳᵉ classe en 1836. Les titulaires qui l'occupèrent, dont nous devons les noms à M. le curé de Gérardmer, furent les abbés Henry, (1814-1856); Richard, (1856-66); depuis 1866, M. l'abbé Guyot, chanoine honoraire, docteur en théologie et en droit canon.

(3) La subvention remplaçait les aides établis dès 1489. Les vingtièmes, au nombre de 2, dataient de Louis XV.

vingtièmes, l'abonnement; les impôts pour ponts et chaussées, pour entretien des miliciens, etc.

2e Catégorie. — Les impôts en argent perçus par les fermiers du domaine sur le sel, les octrois, les tabacs, etc.

3e Catégorie. — Les impôts en nature : la milice, la
dîme, la corvée.

4e Catégorie. — Les impôts divers perçus par les collecteurs pour les besoins de la communauté, consistant
en droit d'embanie, d'affouage, d'entretien de troupes, etc.

Pour répartir l'impôt de la subvention, les maires, syndics et jurés de la Communauté dressaient un rôle comprenant les imposables de la localité. Les asseyeurs
répartissaient l'impôt qui était levé par les commis ou
collecteurs.

Les fonctions d'asseyeurs étaient assez analogues à celles
des répartiteurs actuels. Ils étaient élus au nombre de 13,
un par section, pour une durée d'une année (¹). Ils tenaient
généralement 2 sessions par année, l'une en Juin, l'autre
en Décembre. A la suite des noms de chacun des contribuables, ils indiquaient le montant de la contribution, puis
signaient le rôle après avoir certifié son exactitude.

Voici quel était le mode de répartition de la subvention,
en prenant pour exemple le compte de l'année 1789 :

1o Propriétés des biens fonds taxés à peu près au ⅓ de
la somme d'imposition pour leur vingtième.

2o Habitants de la localité : 12 sols par maison et 12 sols
par vache.

3o Administration des bois : 6 deniers par livre du
montant; et 4o Répartition sur le pied certain de 100 livres.

Cette répartition sur le pied certain consistait à imposer
les habitants d'une somme variable de 1 à 4 ou 6 sols
par 100 livres de revenu présumé de chaque habitant.

---

(1) Leurs noms existent aux archives, dans les comptes de 1721 à 1790; ce sont,
à part deux ou trois exceptions, ceux des familles actuelles.

La taxe par 100 livres était d'autant plus élevée que le revenu devenait plus considérable.

La subvention, avant 1789, comptait en outre pour les ponts et chaussées, la maréchaussée, les fourrages et rations (impositions de guerre), débits de ville, droits d'adjudication, etc. Elle se montait en tout à 10.085 livres.

Exonération. — Indépendamment des imposés ordinaires, les rôles de la subvention renfermaient deux catégories d'individus exonérés totalement ou en partie.

Ceux qui étaient entièrement déchargés étaient : les incendiés, les invalides, les employés de la ferme du roi, les pauvres mendiants entretenus par la commune, les miliciens.

On accordait une remise très forte aux enfants et pauvres orphelins manœuvres ne possédant aucun bien, aux *nouveaux bâtissans,* aux *nouveaux mariés,* aux *entrans,* aux *sortans* (¹).

Enfin il y avait à Gérardmer, avant 1789, un certain nombre de *privilégiés* (²).

(1) Les listes d'imposés de 1789 à 1790 donnent les totaux suivants :
Imposés ordinaires et enfants tenant biens et ménages : 6.378. — Imposés avec réduction : 617 ; savoir, enfants et orphelins manœuvres n'ayant pas de biens : 8. — Nouveaux bâtissants : 68. — Nouveaux entrants : 98. — Nouveaux mariés : 260. — Sortants : 49. — Francs pour avoir 10 enfants : 38. — Etrangers prenant corps de gagnage dans la communauté : 96. — Exempts d'impôts : 2.781, savoir, incendiés : 3. — Invalides : 84. — Employés de la ferme du roi : 60. — Mendiants entretenus par la communauté : 2 626. — Miliciens : 8.

(2) Le rôle des impositions de 1790 énumère ainsi « les personnes cy-devant privilégiées, » qui depuis la Révolution sont tombées sous la règle commune :

J.-G. Colin, vicaire en chef; A. Le Roy, prêtre, et Daubié, chanoine, pour leurs casuel et pension, imposés à	64ᴵ 10ˢ 2ᵈ
Le Chapitre de Remiremont, la Confrérie du Saint-Rosaire, celle des Morts, la Fabrique, pour leurs propriétés....................	14ᴵ
La communauté, pour ses biens et le bail des dîmes	44ᴵ 1ˢ 4ᵈ
Pour les chaumes de Belbriette, Balveurche, Saint-Jacques et la scierie de Retournemer	189ᴵ 13ˢ 3ᵈ
Pour exploitation de bois à deux particuliers..................	6ᴵ 7ˢ
Le sieur Lhuillier, curé de Corcieux, pour la propriété des dîmes levées à Gérardmer...	26ᴵ 8ˢ

1ro Catégorie : *Subvention*.

Jusqu'à la fin du XVIIe siècle, la subvention se payait en plusieurs payements échelonnés, d'habitude par trimestre. A partir de 1705, il n'y eut plus régulièrement que deux versements : celui de Novembre qu'on appelait *quartier d'hiver,* et celui de Juin qui était le *quartier d'été.*

Voici, par période de 20 années, le montant de la subvention et le nombre des imposés qui la supportaient.

ANNÉES	IMPOSÉS	IMPOSITION	ANNÉES	IMPOSÉS	INPOSITION
1657	296	4.821[1]	1740	553	9.400[1]
1678	279	8.964	1760	572	12.400
1699	450	7.847	1780	623	11.750
1720	452	6.622	1790	668	12.085

Les moyennes annuelles fournies par les tableaux annuels (1657-1790) sont les suivantes :

	XVIIe SIÈCLE	XVIIIe SIÈCLE
Nombre des imposés.	340	492
Montant de la subvention.	8.943[1]	9.607[1]
Taux par tête d'imposé	27[1]	19[1] ¼

Les impôts qui frappaient la communauté étaient perçus par les *commis* ou *collecteurs d'impôts*. Ces fonctionnaires municipaux étaient élus par l'assemblée communale tout entière. Ils devaient obtenir la pluralité des suffrages pour pouvoir être élus, et aussitôt ils prêtaient au maire le serment « d'occuper volontairement la charge de commis, » et promettaient de « s'en bien et fidèlement acquitter et d'en rendre compte toutes les fois qu'ils en seraient requis. » A Gérardmer il y en avait deux.

Leurs fonctions étaient entièrement gratuites ; ils ne recevaient une indemnité que pour les dépenses qu'ils faisaient au service de la commune. Généralement ils portaient eux-mêmes à Épinal ou à Remiremont le montant des impositions, et ils en recevaient décharge du receveur des finances (¹).

Nous avons relevé dans les comptes des commis plusieurs articles de recettes et de dépenses qui nous ont paru de véritables *traits de mœurs ;* citons seulement parmi les recettes une somme de 40 francs (1693-1709), pour location de *baraques* sur le marché, qui démontre que la place du marché était, à l'époque, occupée par de misérables habitations.

Les comptes de dépenses sont plus topiques encore ; ils s'ouvrent invariablement par le prix du repas qui accompagnait, chaque année, la reddition des comptes ; les jurés, commis, gens de justice, avec le maire, marquaient par un bon dîner leur satisfaction d'avoir mené à bien les affaires de la communauté ; le repas devait être copieux car il coûtait de 35 à 60 francs, somme ronde pour l'époque.

Un autre article de dépense qui revient fréquemment, c'est l'envoi de pièces de gibier au duc ou à ses officiers, ainsi qu'aux *Dames* du Chapitre (²).

D'autres fois la communauté faisait présent de beurre

---

(1) En 1789 les commis étaient Jacquot et Claude. Leur compte s'élève à 19.036 francs (recettes) et 15.387 francs (dépenses).

(2) Nous citons en suivant l'ordre chronologique les principales dépenses faites à ce sujet :

1 fr. 9 g. pour une poule de bois (gelinotte), donnée à M. Rondel. — 8 fr. pour un faisan. — 20 fr. pour deux gelinottes et 18 fr. 11 gr. pour deux poules de bois et un lièvre envoyés à S. A. R. — 11 fr. 6 gr. pour un chevreuil envoyé à Mᵐᵉ de Vissan, à Plombières. — 4 fr. 8 gr. pour une poule de bois et une gelinotte envoyées à S. A. R. — 24 fr. 6 gr. pour deux chevreuils envoyés à S. A. R. — 3 fr. 6 gr. pour transport d'un chevreuil à Vagney. — 8 fr. 6 gr. pour grives et autre gibier donnés au receveur du Chapitre. — 12 fr. pour un faisan envoyé au marquis de Bassompierre, à Plombières. — 9 fr. 4 gr. pour deux perdrix envoyées à M. le Chancelier Saint-Georges, à Plombières. — 10 fr. 6 gr. pour une gelinotte envoyée au comte de Curel, également à Plombières. — 56 fr. payés à un homme de La Bresse, pour deux coqs de bruyère envoyés à S. A. R.

ou de fromages aux officiers de gruerie ou du Chapitre ([1]).

Les articles de dépense ci-dessous sont relatifs à la police de Gérardmer :

7 fr. 6 gr. pour la dépense que firent les archers de Bruyères en poursuivant des voleurs. — 7 francs donnés à la maréchaussée pour « boire un coup en passant. » — 39 fr. 4 gr. pour dépenses faites par 19 hommes qui, avec les archers d'Épinal, chassaient « les brigands, gueux et gens sans aveu qui commettaient du désordre dans la paroisse. » — 254 fr. 9 gr. pour logement, nourriture, frais de bouche, à 3 reprises différentes, des archers, des sous-officiers de la gruerie d'Arches et du prévôt, venus pour chasser, faire la police, marquer le bois.

Les forêts de Gérardmer renfermaient alors beaucoup de fauves, car on trouve souvent des articles de dépense analogues à celui-ci : 28 fr. 10 gr. 2 d. pour dépenses occasionnées par les chasseurs allant au *traque au loup*. — 22 francs pour poudre et plomb fournis aux habitants pour la *chasse au loup*.

Les membres de l'assemblée communale étaient pieux, comme le prouvent les dépenses qui suivent :

26 fr. « au curé qui a esté en plusieurs endroicts de la paroisse faire la bénédiction des maisons et des bestiaulx, et 28 fr. pour les marguilliers qui l'ont accompagné. » — 15 fr. 13 gr. pour trois messes dites à l'intention de la communauté. — 6 fr. pour deux messes dites en l'honneur de l'heureux avènement de S. A. R. (le jour de la saint François). — 225 fr. 16 gr. pour une croix de mission (1735). — 13 l. 15 s. pour quatre messes dites annuellement à l'intention de la communauté, savoir deux aux SS. Barthélemy et Gérard; une au succès des asseyeurs d'impôt et une pour attirer les bénédictions de Dieu sur les biens de la terre.

Enfin voici quelques dépenses qui concernent l'administration municipale :

(1) 14 fr. 10 gr. pour fromages envoyés aux contrôleur et officiers de Remiremont. — 15 fr. 2 gr. pour 2 fromages et 15 livres de beurre donnés au receveur du Chapitre. — 6 fr. 6 gr. pour 2 fromages donnés à ce même fonction-

14 fr. pour la cuisson du pain des pauvres. — 53 fr. à un laver-
nier qui a logé et nourri l'abbé de Moyenmoutier, son neveu, ses
valets, venus à Gérardmer au sujet des pauvres. — 9 fr. pour l'achat
de la pinte et de la chopine à sel du magazineur à sel du lieu. —
4 fr. pour la garde annuelle de la mine et du vand (van) de la
communauté. — 3 l. pour « celui qui a raccommodé le tambour
communal. » — 3 l. 17 s. pour papier timbré et encre payés au
maître d'Escolle. — 3 fr. 6 gr. à Michel, qui a frappé le tambour
communal sur la place pendant un an. — 6 l. 10 s. à Simon Viry,
ancien maire, pour dépenses faites par les hommes envoyés de la
part de la communauté à Jarménil, au-devant de S. A. R. Madame
Régente. — 10 l. pour 4 jours employés à visiter les cheminées,
lanternes, halliers à foin et mesures de la commune.

ABONNEMENT OU IMPOT FONCIER

Les collecteurs percevaient aussi l'*abonnement* ou impôt
foncier, payable en deux *quartiers* ou semestres.

Le rôle de cet impôt pour 1758 s'élève à 6.814 l. 4 s.
6 d., dont 2.811 l. 6 s. par quartiers, plus 4 sous par livre
sur le premier quartier; il comprend 524 articles; l'impôt
était payable « entre les mains et sur les quittances des
collecteurs, ou autres préposés, à la remise de 4 sous
par livre. »

Si les contribuables ne satisfaisaient pas au payement
de leurs cotes dans les délais fixés, les collecteurs pouvaient, par voie de contrainte, faire « saisie de meubles,
effets et même de fruits pendants par racines; » les frais
de procédure « étant à la charge des redevables, privilégiés ou non et par préférence à tous créanciers, douaires
et autres dettes privilégiées ou hypothécaires. »

Dès 1760, l'impôt foncier s'appela *abonnement,* et con-
sista en une taxe unique qui remplaçait les vingtièmes
et les sous par livre. Le rôle de cette année comprend

naire, car il a « attendu la subvention. » — 46 fr. 8 gr. pour les 40 livres de
beurre dues au domaine.

465 articles. L'impôt total s'élevait à 3.609 l. 8 s. 9 d. pour une valeur foncière estimée à 54.116 fr. 10 s., soit un impôt moyen de 6 livres 5 sous par 100 francs de revenu foncier, ou de 1 sou 4 deniers par livre de revenu.

La moyenne des impositions foncières de 1780 à 1789 inclusivement, donne pour 526 articles au rôle, une imposition de 4.635 livres sur 40.600 de revenu imposé, soit 2 sous 3 deniers par livre.

Le maire devait faire procéder à l'élection des collecteurs dans la huitaine qui suivait la réception des rôles d'abonnement, sous peine d'amende.

2° Catégorie : *Sel.* — *Tabac.* — *Octrois.*

Les impositions sur le sel, le tabac, les octrois, etc., étaient perçues par les agents de la ferme.

La présence de la brigade de la ferme est signalée à Gérardmer aux rôles de la subvention à partir de 1752 ; elle était composée d'un brigadier accompagné d'un nombre d'hommes qui variait de 3 à 13.

Sel. — Le sel, outre son usage indispensable dans l'alimentation humaine, fut de tout temps un objet de première nécessité à Gérardmer pour l'élevage du bétail et la fabrication du fromage.

Les habitants de Gérardmer adressèrent en 1595, au duc de Lorraine, une requête où nous lisons :

« Remontrent que, par cy-devant V. A. ayant égard à la grande peine et souffreté qu'ilz avaient à recouvrir du sel, à cause de la grande cherté d'iceluy et à la multitude de bestailz dont ilz avaient faict provision pour mectre au pasturaige de l'admodiation qu'ilz tiennent des chaulmes, leur aurait quicté pendant trois ans, sur le prix de la dicte admodiation, et par chacune année, la somme de 400 francs ; les dictes trois années sont expirées, et tant s'en fault qu'il y ait moyen qu'ilz puissent estre mieulx soulagez qu'ilz n'estaient auparavant, au contraire, ilz sont trop plus grand doubte d'avoir et recouvrir sel, et toutes autres choses avec grande et extrême cherté qu'ilz soullaient estre, voire le voiage plus dangereux à cause de la crainte qu'il y a d'estre rencontrez en chemins et prins (pris) de l'ennemi, soit d'Allemagne ou ailleurs, qui courent et ravagent ordinairement par voz pays, de manière qu'ilz sont aultant et plus en crainte de disette, principalement de touttes sortes de grains... (1). »

Le duc leur accorda une réduction d'impôts, il créa en outre un magasin à sel à Gérardmer, tant pour le ban du dit lieu que pour le village de La Bresse. Ce magasin fut affermé à trois individus, le prix auquel ils devraient vendre la pinte de sel fut fixé.

Les habitants de Gérardmer se plaignirent en 1664, à la Chambre des Comptes de Nancy, des privilèges accordés aux débitants de sel.

La Chambre accorda le privilège « pour celui qui habitera la maison Thomas Gley; » il jouissait des lettres de franchise accordées par S. A. en 1630, à charge par lui néanmoins « de payer sa cotte suivant ses forces et ses facultés, des deniers de l'octroy, des débits de ville et des blés bien reconnus de la communauté de Gérardmer (2). »

A plusieurs reprises, le magasinier à sel encourut des procès-verbaux; ainsi en 1735, le maire Simon Viry et trois jurés, sur la plainte de plusieurs membres de la communauté se rendirent chez le magasinier, Marguerite Michel. Ils constatèrent le mauvais état de ses mesures en plomb, « usées au milieu par les bords, en sorte qu'en faisant passer la trille, elle emportait une partie du sel; » ces mesures étaient « encrassées de l'épaisseur d'un bon doigt au fond (3). »

---

(1) 1593. Comptes du domaine d'Arches, d'après Lepage.
(2) Archives communales A. A. I.
(3) L'imposition du sel en 1778 était de 15.000 livres à Gérardmer.

En 1789, Gérardmer avait droit à 2.998 quintaux de sel, fournis par le directeur des salines, au prix de 6 livres le quintal pris à la saline.

La vente au détail et les frais de transport étaient mis en adjudication par l'assemblée municipale. Pendant la Révolution, la pénurie de sel ne fut pas moins sensible que celle de blé; ce qui provoqua de nombreuses demandes de concession supplémentaire.

L'adjudicataire avait 2 sous 6 deniers par livre pour payer le sel à la saline, fournir les sacs, le transport et la distribution à domicile; il revenait aux particuliers à 4 sous 9 deniers par livre; c'était un prix élevé; aussi l'impôt du sel fut-il toujours un des plus impopulaires.

Octrois. — L'état des droits domaniaux de 1729 établit ainsi le montant de la taxe perçue pour les octrois :

Pour chaque mesure de vin venant d'Alsace. . . . . . »» fr. 2 gr.
Le droit est amodié à 20 livres, soit . . . . 46 » 8 »
Droit de jaugeage, amodié à 31 livres . . . . 72 » 4 »

Nous rapportons à l'article *Tavernes* les droits perçus sur les débits de ville.

Le tabac n'était pas encore un objet de consommation importante; seul, le tabac nécessaire aux bestiaux entrait en compte pour une somme de 6.000 livres; aujourd'hui, d'après la statistique, près de 200.000 francs s'en vont en fumée sous forme de tabac et cigares !

3e Catégorie : *Milice*. — *Dîme*. — *Corvées*.

Milice. — De bonne heure les habitants de Gérardmer sentirent la nécessité de défendre leurs troupeaux contre les animaux sauvages des hautes montagnes.

En 1607 ils demandèrent au prince Charles III qu'il leur fût permis de chasser :

Sans payer aucune redevance à la recette d'Arches, conformément à la permission qui leur avait été accordée de tout temps par les ducs de Lorraine, à la condition d'attacher au portail de leur église les têtes des animaux tués à la chasse (1).

Le duc les confirma dans les privilèges dont ils avaient joui jusqu'alors.

En 1615, Henri II reçut une requête d'un autre genre, à laquelle il répondit par un décret qui mérite d'être reproduit textuellement :

Henry, etc... Nos chers et bien aimés subjets les manans et habitans de Gérardmer nous ont très humblement remontré que plusieurs d'entre eulx, de leur naturel, sont enclins aux armes, et principalement à tirer de l'arquebuse, de sorte que, portés tant de leurs inclinations que du désir de faire exercer leur jeunesse à tous honnestes exercices et particulièrement à celuy des dictes armes pour les rendre capables de pouvoir, en cas de nécessité, rendre leurs humbles debvoirs au prince et à leur patrie, ilz auraient dez longtemps, aux jours des festes et dimanches, tiré à une butte jusques au nombre de dix-huit ou vingt, et y aurait moïen d'en accroistre le nombre et en faire une compagnie, si nostre bon plaisir estait leur accorder quelque somme de deniers pour subvenir à l'achapt de quelque prix ; de quoy ilz nous supplioient très humblement..... sçavoir faisons..... que nous pour le désir qu'avons de donner à nos subjets occasion de quicter toutes desbauches et se rendre aguerris pour l'occasion s'offrante, pourvoir à la sûreté, conservation, déffence et tuition de nos pays, leur avons, de nostre grâce spécialle, donné, accordé et octroié la somme de quarante francs par chacun an, payable par nostre recepveur d'Arches à chacun jour de Saint-Martin d'yver, auquel mandons..... que doresnavant et par chacun an, il paye..... aux maistres et compagnons tireurs à la dicte butte de Girardmer la dicte somme..... (Nancy, 4 Septembre 1615) (2).

L'habitude de porter des armes à feu ayant amené des accidents, le maréchal de Créqui, gouverneur des duchés de Lorraine et Barrois, par une ordonnance de 1676, dé-

(1) Archives communales A. A. I.
(2) Id.

fendit de porter les armes à feu et ordonna à ceux qui en avaient de les déposer chez le magistrat du lieu (1).

Dès le commencement du XVIe siècle, chaque ville ou village devait fournir, par 10 conduits (feux), 1 homme d'armes et l'armer à son compte de mousquets ou piques et corselets.

Les soldats devaient se trouver, à leurs frais et dépens, l'après-midi d'un dimanche, d'une quinzaine à l'autre, depuis Pâques jusqu'à la Saint-Remy, aux villes désignées.

C'est ainsi que furent créées les compagnies d'arquebusiers et d'arbalétriers. Les jeunes gens âgés de 20 ans qui n'étaient pas infirmes et qui tombaient au sort, devaient le service militaire pour 6 années.

Au bout de son congé, tout soldat recevait de par une ordonnance du roi, un certificat de congé absolu, approuvé par le lieutenant-général chargé de l'inspection du régiment dans lequel il était enrôlé. Ce certificat devait être présenté au greffe du lieu de sa résidence à l'effet d'y être enregistré gratuitement. Cette formalité remplie, le soldat recevait du greffier un certificat attestant qu'il avait fait son temps de service militaire et lui permettant de se retirer où bon lui semblerait, sans qu'il puisse être inquiété, à charge néanmoins de présenter au greffe de sa résidence, le certificat ci-dessus; de 1772 à 1791, il vint se fixer à Gérardmer 55 militaires libérés.

Tout jeune homme tombé au sort pouvait se faire remplacer par un autre individu moyennant salaire (2). Une ordonnance de 1761 établit à Gérardmer un syndic préposé aux recrues et chargé d'engager les jeunes soldats. Ce syndic dressait chaque année un rôle des miliciables;

---

(1) Archives communales E. F. I et II.

(2) En 1638, la commune traita avec François Laforêt, charpentier à Remiremont, qui s'engageait à servir pendant une année dans la milice de Lorraine, en place de Joseph Valentin, de Gérardmer, tombé au sort, pour 32 écus tournois de 3 livres. (Archives communales E. E. II).

pour l'année 1766, la levée comprenait 131 hommes de 18 à 37 ans.

L'équipement et les frais de conduite des miliciens étaient des charges onéreuses pour la commune, qui supportait en outre le logement des dragons pendant le quartier d'hiver (¹).

La répartition des logements et réquisitions militaires pesa lourdement sur la commune. Dans une déclaration de 1700 où elle énumère ses dettes se montant à 12.220 livres, elle dit :

..... Lesquelles sommes empruntées ont esté employées pour satisfaire aux grosses charges, impositions, fourrages et quartier d'hyver dont la communaulté estait oppressée pendant les malheurs des guerres dernières; d'ailleurs, pour se tirer du même malheur, et à cause de la grande cherté des vivres qui a régné dans le pays, les habitants ont fait quatre fois autant de debtes en particulier et vendu le thiers de leurs biens-fonds à des étrangers,... ils sont, pour la plupart, fort pauvres et réduits à la dernière extrémité; sans le secours et la charité très grande de S. A. R., ils seraient morts de faim (²).

De 1658 à 1768 (³), la commune de Gérardmer dépensa, tant en argent qu'en nature, près de 100.000 francs pour réquisitions militaires, fournitures de fourrages, de bestiaux, transports de blés, garnisaires, etc.

Les fournitures de fourrages furent particulièrement onéreuses, car la récolte en fourrages à Gérardmer, suffisait à peine à la nourriture des bestiaux; la commune était obligée d'aller au loin faire des marchés, avec les

---

(1) Un dragon monté recevait 3 fr. 6 gr. par jour; 2 francs s'il était à pied. Pendant l'hiver de 1681, les troupes du roi étaient logées en Lorraine et Barrois. Chaque soldat avait droit, par jour : « à une livre ¼ de pain, ¼ livre de viande de bœuf, veau, mouton ou pourceau, au choix des habitants, et une pinte de vin, mesure de Paris. Chaque cavalier touchait, par cheval, une ration de 3 pintes d'avoine dont 64 font le resal (mesure de Nancy), 15 livres de foin et 5 de paille. (Archives communales E. E. II).

(2) Archives communales C. C. IV.

(3) Id. E. E. II.

cultivateurs de la plaine, pour satisfaire aux réquisitions. La foire de Bruyères était le rendez-vous habituel de ces sortes de transactions; citons, entre autres, l'arrangement fait pour la fourniture de l'année 1743 avec Gabriel Phulpin, cultivateur de Padoux ([1]). Cette fourniture se montait à la somme importante de 14.565 francs ([2]).

Les contribuables qui ne payaient pas leurs impôts recevaient des garnisaires. Ils devaient les loger, les nourrir ainsi que leurs chevaux, et leur donner 21 gros par jour.

A ces charges déjà si lourdes, s'ajoutait la fourniture de jeunes gens chargés de travailler aux fortifications et aux travaux d'art militaire. On les désignait sous le nom de *pionniers*.

En 1672, il y eut 21 pionniers envoyés pour relever ceux qui travaillaient aux fortifications de Belfort; la même année, 9 autres furent envoyés à Nancy; en 1689, il y en avait 41 de commandés pour les mois de Mai et Juin; en 1744, 71 furent commandés pour le siège de Belfort. La commune les fit remplacer à ses frais et dépens : de ce chef 2.500 francs.

Notre grand fabuliste a dit en parlant du bûcheron :

> ..... *Les soldats, les impôts,*
> *Le créancier et la corvée,*
> *Lui font d'un malheureux la peinture achevée.*

Il n'avait que trop raison, et l'examen qui précède prouve combien le paysan de Gérardmer fut éprouvé par la gent soldatesque.

(1) M. P. Phulpin, de Girecourt-sur-Durbion — beau-père de l'auteur — est un descendant de Gabriel Phulpin. L. G.

(2) L'examen du détail des fournitures militaires donne les renseignements qui suivent sur les prix des denrées et les conditions de l'existence : logement et nourriture d'un cavalier et son cheval: 3 fr. 3 gros; id. d'un fantassin : 27 gros (1680); pour ferrer un cheval : 7 gros ½ ; pour 6 journées de particulier : 7 fr. 6 gros; pour le souper de 11 hommes : 10 francs; pour 8 jours à un garde de Mgr le prince : 336 francs (1675); une bride fut payée 4 francs; 3 livres de pain blanc : 9 gros.

Il ne faut pas confondre les miliciens de l'ancien régime avec les soldats de la Révolution. Ces derniers n'étaient plus des mercenaires à gages, mais les fils de la patrie, qui se levaient en masse pour défendre le sol de la République, envahi par les alliés. Le généreux souffle de patriotisme qui provoqua l'élan enthousiaste de 1792, eut son écho dans les montagnes des Vosges, et les habitants de Gérardmer firent preuve d'un ardent patriotisme. Au premier départ des volontaires de 1792, Gérardmer fournit un contingent de 104 hommes, dont les ¾ au moins ne sont jamais rentrés.

Voici les noms des officiers, nés à Gérardmer, qui faisaient partie des bataillons de volontaires des Vosges en 1792 [1] :

Lieutenant-colonel (6e bataillon), Didier Étienne (né en 1738), commandant en second la garde nationale de Gérardmer en 1790, lieutenant-colonel en 1792.

Lieutenant (compagnie des grenadiers), Blaize Jacques (né en 1758); capitaine le 1er Nivôse, an II.

Sous-lieutenant (1re compagnie), Didier (né en 1768); sous-lieutenant le 1er Nivôse, an II.

Lieutenant (3e compagnie), Gegout Jean-Antoine (né en 1763), détaché à l'artillerie de Vendée.

Sous-lieutenant (3e compagnie), Gegout J.-B. (né en 1764).

Capitaine (3e compagnie), Garnier Gérard (né en 1761).

Capitaine (14e bataillon), Michel Antoine (né en 1770, mort en l'an IV) [2].

Peu de temps après le départ des premiers volontaires,

---

(1) Félix BOUVIER. *Les Vosges pendant la Révolution.*

(2) A cette liste d'officiers nous devons ajouter les noms des militaires qui sont devenus capitaines, savoir : Sous le premier empire : Barthélemy Gérôme. — Maurice Gérard. — Claude Georgel. — Nicolas Perrin et J.-B. Jacquot;

Sous le second empire : Antoine Viry, médecin major de 1re classe. — J.-B. Marion, chef de bataillon, tué en 1870. — Antoine Morand, et plus près de nous, Antoine Gley, officier comptable, commandeur de la Légion d'honneur. — J.-B. Morand, capitaine retraité, officier de la Légion d'honneur, et les frères Michel, capitaines.

« le général Custine réclamait 2.467 hommes au département des Vosges, pour compléter l'effectif des bataillons. »

La commune de Gérardmer, en réponse aux réclamations, avait déjà offert 3 hommes à chacun desquels elle donnait 130 francs pour l'équipement. (13 Décembre 1792).

Le décret du 29 Septembre 1791 de l'Assemblée nationale ayant décidé l'organisation de la garde nationale, la commune de Gérardmer établit un bataillon de cette milice. La municipalité vota une somme de 25 francs à N. Jacquot, commandant en chef de la légion du district de Bruyères, chargé de former les registres de la nouvelle formation de la garde nationale de Gérardmer (Juin 92) ; elle vota également un assignat de 5 livres à chacun des 24 nouveaux officiers de la garde nationale, qui devaient se rendre à Bruyères pour choisir le commandant général des légions du district (Mai 92).

L'année suivante, des piques (190) furent distribuées à la garde nationale de Gérardmer, et remises aux capitaines des compagnies.

Le bataillon complet de Gérardmer se montait à 600 hommes ; les cadres en furent renouvelés le 12 Mai 1793, à l'église de Gérardmer, « sur le midy, » en présence de la municipalité et de Nicolas Jacquot, chef de légion du district ; les chefs furent élus à la pluralité des suffrages.

Le 16 Août 1793, sur le rapport de Barrère, la Convention voyant la patrie attaquée de toutes parts, décréta le principe de la levée en masse :

Le peuple français déclare par l'organe de ses représentants qu'il va se lever tout entier pour la défense de son indépendance, de sa liberté, de sa constitution, et pour délivrer son territoire de la présence des despotes et de leurs satellites.

Le département des Vosges, tout en faisant remarquer

qu'il était épuisé, se mit immédiatement en devoir de fournir son contingent.

Nous regrettons d'avoir à signaler qu'à Gérardmer Krantz et Jacques, désignés comme commissaires, rencontrèrent une grande résistance. Ils furent insultés et menacés; la masse des citoyens était bonne, mais elle était égarée par des agitateurs malveillants. Les jeunes garçons de Gérardmer avaient émis la prétention de faire concourir les hommes mariés à la formation des bataillons, ce qui était contraire à la loi, d'autant plus que Gérardmer comptait 120 garçons et qu'il ne fallait que 19 volontaires pour le canton.

Le Directoire, en applaudissant au patriotisme et à la noble énergie que les garçons du district de Bruyères, bien différents de ceux de Gérardmer, avaient manifestés en se soumettant à la réquisition, les cita comme exemple; puis il fit placarder une proclamation dans laquelle on lisait :

Le Comité est surpris de voir qu'il n'y a pas un garçon à Gérardmer sur lequel la voix de la patrie est assez pressante pour le déterminer à marcher à son secours.

La proclamation se terminait par ces mots :

On se rappelle avec attendrissement les preuves multipliées de patriotisme que la commune de Gérardmer a montrées dans les précédentes levées, et on aime à se persuader qu'on n'aura pas à gémir sur un moment d'erreur.

Les jeunes gens de Gérardmer se rendirent à cet appel si pressant et continuèrent à soutenir la réputation de bravoure de leurs compatriotes.

Ce moment d'hésitation n'a rien de trop surprenant quand on examine le faix énorme des charges militaires supportées à cette époque par la communauté. Les réquisitions de chevaux et voitures avec conducteurs (surtout

pour le parc de Landau), les rations de fourrage, de
paille, d'avoine, les corvées pour la fabrication du sal-
pêtre, l'emprunt forcé dont le taux fut exorbitant, pesaient lourdement sur les habitants de Gérardmer; néanmoins grâce à l'énergie, à l'activité et au patriotisme de
la municipalité, la commune put satisfaire à ses charges
et bien mériter de la patrie.

Dîme. — On appelait « dîme, » aux siècles derniers,
le prélèvement que l'Eglise ou les seigneurs faisaient sur
les récoltes et qui en étaient généralement le *dixième.*

Voici en quoi consistait la dîme à Gérardmer, au commencement du XVIIIe siècle :

Il appartient au curé la totalité des menues dixmes, n'y en ayant
aucunes grosses ; laquelle menue dixme consiste en chanvre masle
et femelle sans chenevet, de même que le lin et quelques autres
menus grains ; et laquelle dixme se paye au douzième à la maison.
L'on paye aussi la dixme des chevreaux.

Il y a en outre ces quelques autres redebvances qui sont deues
au curé, savoir : pour chaque panier de ruche de mouches à miel,
six deniers ; pour chaque veau, six deniers. Chaque habitant donne
en outre une bille de bois au curé ou à son vicaire, pour leur chauffage, ce qui se fait de gré à gré (1).

La communauté devait de plus « entretenir la maison
presbytériale, hors les menues réfections (2). » Elle « était
aussi chargée des réparations, comme aussy de fournir les
ornements et toutes autres nécessitez de l'église, même le
pain et le vin pour la messe. »

Les fabricants de fromage de Gérardmer avaient la
coutume de se rendre, le 25 Avril, à Champdray, dont
l'église était dédiée à saint Marc. Ils offraient à ce saint
des provisions de toute espèce : des fromages, du beurre,
des œufs, quelquefois même des veaux et des chevreaux.

(1) Extrait du *Temporel des Paroisses.*
(2) Lettres patentes de Mgr l'Evêque de Toul, des 3 Septembre 1571 et 14 Juillet 1612.

Le trésorier de l'église se tenait devant le portail, acceptait ces dons et les revendait aux enchères au profit de la paroisse (1).

Un état de 1717, établi par ordre de S. A. R., dit qu'à Gérardmer « la dîme consiste en chanvre et lin, et quelque quarante-cinq écus, qui font en monnaie de Lorraine 315 francs.

« Il n'y croît (audit Gérardmer), aucun grain. »

Corvée. — L'entretien des chemins et des ponts de la localité ne dispensait pas les habitants de l'impôt de la *corvée.* On désignait sous ce nom une taille en nature, en vertu de laquelle l'intendant de Lorraine pouvait à volonté ordonner aux contribuables de se rendre sur les routes pour y travailler soit seuls, soit avec des attelages qu'ils devaient fournir.

Cet impôt qui datait de 1603, « était dû chaque année au moins pendant huit jours, sous peine d'une amende de 200 francs et de tous dommages-intérêts. »

L'impôt de la corvée souleva à plusieurs reprises les protestations des habitants de Gérardmer, notamment en 1779, lors de la construction d'une route à Bussang. Les avocats se refusaient à faire la corvée. La municipalité demanda avis aux conseillers du roi; il fut décidé que :

Les avocats seront exemptés du travail personnel, mais paieront une redevance en argent proportionnelle à leur cote au rôle des ponts et chaussées. Il en sera de même des commis à la perception des droits de ferme du roi, des forestiers royaux, des gardes-chasse et des buralistes.

Étaient également exemptés de la corvée pendant le XVIIIe siècle : les *malades,* sans qu'on pût les remplacer par leurs femmes, leurs enfants, et leur imposer, à la guérison, de nouvelles journées de travail; les *septuagénaires*

(1) A. DIGOT, t. III, p. 409.

et les *mendiants* désignés en corps de communauté. Le syndic était dispensé de la corvée ainsi que ses bêtes de trait, mais il devait commander les corvéables en personne. Enfin dès 1789, les membres de l'assemblée municipale furent exempts de la corvée.

Les habitants de Gérardmer devaient les corvées pour les routes royales et les chemins communaux; ce qui les obligeait parfois à se rendre à plus de vingt lieues de distance; c'est ainsi que de 1690 à 1774, ils firent plus de 20 grandes corvées à Remiremont, Bussang, Saint-Maurice, Rambervillers, Épinal, Bains, Xertigny, Orbey, au Bonhomme, etc.

Malgré l'éloignement de ces localités, les corvéables devaient s'y trouver à *cinq* heures du matin (sous peine de 50 francs d'amende), ce qui les obligeait souvent à voyager toute la nuit; quand la saison était avancée, l'heure du rendez-vous était reculée à 7 heures du matin; c'est ainsi que le syndic dut amener tous les corvéables à *Xertigny*, à 7 heures, le 24 Octobre 1767, pour y exécuter 870 toises de chaussée.

En principe, les corvées ordinaires étaient fixées au 10 Mai et au 10 Octobre de chaque année. Les corvéables devaient l'obéissance passive au syndic qui commandait les travaux; ils ne pouvaient s'absenter sans être punis d'une amende de 50 francs, s'ils refusaient d'obéir au syndic dans le cours des travaux, l'amende allait à 100 francs; « elle était accompagnée d'emprisonnement la première fois, et, à la récidive, d'une peine exemplaire. »

Non seulement les corvéables travaillaient gratuitement, mais ils pourvoyaient eux-mêmes à leur nourriture et fournissaient leurs outils. Dans de semblables conditions, on comprend que les corvées à distance étaient des plus pénibles; en 1724-25, pour la construction d'un pont à Bussang, les habitants de Gérardmer durent transporter à dos d'homme leurs brouettes et outils, par des chemins détrempés. Ces détails justifient l'impopularité de l'impôt de la corvée.

Les corvées étaient souvent multipliées par des ouragans qui détruisaient les ponts et coupaient les chemins; quelques-uns sont restés tristement célèbres, celui du 12 Mars 1761 emporta les toits des maisons et renversa les arbres dans les forêts, principalement à la droite des Bas-Rupts et derrière Longemer, où l'on établit une scierie pour en opérer le déblaiement ([1]).

Le débordement du 25 au 26 Juillet 1770, appelé *Déluge de la Saint-Jacques* ou de la *Sainte-Anne*, causa de grands dégâts dans les collines de Liézey, Selley et Béliard :

Où quantité de maisons, moulins et autres usuines (usines) furent emportés par le torrent des eaux, les terres des preys emportées, le lit des ruisseaux changés de leurs places, une quantité innombrable de bois des forêts voisines déracinés et entraînés dans les preys et jardins, de même que des rochers, pierres, terres et sables poussés par le torrent des eaux dans les preys des dites collines ([2]).

Ce désastre engagea la communauté à demander de « ne satisfaire à aucun denier; » l'intendant accueillit cette demande.

L'inondation du 25-26 Octobre 1778 connue sous le nom de *Déluge de la Saint-Crépin,* ne fut pas moins désastreuse, car elle fut précédée de 5 journées de pluies continuelles. Les routes furent coupées en maints endroits, et il y eut 6 ponts emportés par la violence des eaux, dont le pont de Vologne. Sur leur instance, les habitants de Gérardmer obtinrent l'exemption de travailler aux chaussées royales pendant l'année suivante, afin de pouvoir réparer leurs chemins communaux; les frais de construction s'élevèrent à 15.000 francs de 1697 à 1786.

(1) J.-B. JACQUOT, p. 12.
(2) Archives communales D. D. X.

Impôts divers.

Voici, sous ce titre, quelques impositions qui figurent dans les comptes communaux (¹) :

NATURE DE L'IMPOT	MONTANT
	FR.
Charges de la communauté (1675)	2.582
Rentes et redevances de la communauté (1685-1700), en moyenne	2,500
Bois d'affouage (1694).	2.011
Don gratuit à S. A. R. (1698).	2.044
Frais de mainmorte (1700).	1.700
Réparation aux murailles des villes, des États de S. A. R. (1705)	3.480
Dettes de la communauté (1710).	350
Pour les blés de S. A. R. (1721-26), en moyenne	420

(1) Pour terminer, nous donnons la liste des *redevances royales* de la commune de Gérardmer, en 1788, d'après L. Bexon.

Rentes seigneuriales dites pour *lance non ferrée*, pintes de truite, barils de beurre et 1 gros 2 blancs par conduit, rachetées par transaction.	18ˡ 15ˢ
Cens de bois communaux.	3ˡ 14ˢ 6ᵈ
Vaine pâture.	21ˡ 8ˢ 6ᵈ
Rachat de banalités, fours et moulins.	34ˡ 5ˢ »
Cens fixes.	519ˡ » »
Rachat de mainmorte.	146ˡ » »
Droits d'affouage, forêts royales (4 francs barrois par habitant)	1.200ˡ » »
Amodiations des chaumes et vaine pâture du domaine.	2.000ˡ » »
Taille romaine pour le Chapitre de Remiremont.	3ˡ 16ˢ »
Subvention.	6.000ˡ » »
Ponts et chaussées.	5.000ˡ » »
Vingtièmes	4.700ˡ » »
Le sel.	15.000ˡ » »
Le tabac nécessaire aux bestiaux.	6.000ˡ » »

Chapitre III. — JUSTICE

Justice civile. — On lit dans le *Temporel des Paroisses* de 1704 :

La seigneurie de Gérardmer appartient à S. A. Royale et aux dames abbesses, chanoinesses et Chapitre de Remiremont, chacun par moitié et par indivis; à laquelle seigneurie il y a haulte justice qui s'exerce conformément à l'arrêt du Conseil du 18 Septembre 1702.

Avant 1702, le maire de Gérardmer, assisté des jurés, avait le droit de juridiction. Il jugeait les causes en première instance.

Par une demande (1) adressée en 1660 au prévôt d'Arches et au lieutenant de l'église Saint-Pierre de Remiremont, pour que ces officiers « veuillent bien rendre la justice le samedi, de 10 heures du matin au soleil couchant, » les habitants de Gérardmer attestent qu'ils devaient se rendre à Remiremont pour y être jugés, et à cause de la distance (27 k.), ils étaient souvent obligés de coucher dans cette ville, surtout pendant l'hiver, ce qui leur occasionnait de grands frais. L'autorisation qu'ils sollicitaient fut accordée.

L'ordonnance de 1702 enleva au maire le droit de rendre justice; aussi la communauté de Gérardmer réclama-t-elle énergiquement par sa déclaration de 1717 (2), le droit de rétablir la justice locale, en exposant que :

Dans ces conditions s'il survenait des assignations données par l'échevin, le greffier et le maire arrangeraient les différends à l'amiable, tandis que dans l'état actuel, les plaignants devaient se rendre à Remiremont où le prévôt d'Arches avait élu domicile.

(1) Archives communales F. F. IV.
(2) Id.

Ce dernier et son substitut avaient conclu à l'inutilité du rétablissement de cette justice locale.

Le duc Léopold ordonna que le Chapitre de Remiremont fût consulté sur cette question, et les commissaires du conseil donnèrent permission à la communauté de Gérardmer d'assigner le dit Chapitre (1720); mais l'histoire ne nous apprend pas quelle suite fut donnée à cette action; il est fort probable que la communauté en fut pour ses frais, car on voit que les actes de procédure subséquents sont datés de Remiremont.

L'année d'après, S. A. R. nomma à Gérardmer un *sergent* qui devait prêter serment devant le prévôt d'Arches. Il était chargé d'exécuter les ordres judiciaires, de porter les assignations, de notifier les décisions des jugements rendus par les cours de justice (1).

A la fin du XVIIIe siècle (1773), les maire, syndic, jurés et habitants de Gérardmer demandèrent qu'il leur fût permis d'avoir *un huissier,* disant que dans le cas de décès de chef de famille, les huissiers de la prévôté d'Arches demeurant à Remiremont :

Faisaient plusieurs voyages à Gérardmer et consommaient en frais l'héritage souvent minime; ils agissaient en âmes vénales et non d'après l'ordonnance de 1707 qui enjoint, en pareil cas, de travailler plus par honneur que par vil intérêt.

La suite donnée à cette demande n'est pas indiquée; il est peu probable qu'elle ait été favorable aux demandeurs, car ce n'est qu'après la Révolution qu'il y eut un huissier proprement dit à Gérardmer.

Justice criminelle. — La coutume suivie à cette époque était celle de Lorraine. C'était une coutume souvent peu intelligente. Au XVIe siècle, on appliquait encore la question aux prévenus et on poursuivait les sorciers.

(1) **Archives communales F. F. IV,**

Les historiens ainsi que les archives de l'époque ont conservé nombre de faits, se rapportant aux iniques procédures intentées à de prétendus sorciers. Il y eut surtout un grand nombre de poursuites et même d'exécutions pour *crime de vénéfice et sortilège,* dans l'arrondissement de Saint-Dié (¹). Les montagnes de Gérardmer recélaient en quantité des carrefours et des plateaux hantés par les esprits de ténèbres, et jusqu'à nos jours il y a eu des habitants pour croire sincèrement aux *jeteurs de sorts,* aux *sabbats,* au *sotré,* aux *fées* et aux vulgaires *sorciers.*

En l'année 1618, ces croyances étaient générales, et les comptes de la prévôté d'Arches, pour cette année, font mention d'une somme de 130 francs,

Qui fut délivrée à la plus grande partie des habitants de Gérardmer assignés à ce d'estre ouys aux informations faites contre Odille, femme de Nicolas Perrin, Demenge son fils, Claudatte, vefve de Lambert, Demenge, Pierrat du dit lieu, qu'avaient esté accusés de sortilège et vénéfice par Marion, vefve d'Arnoult Coletat, prévenue et convaincue de même crime par sa propre confession, en laquelle elle aurait persévéré pendant la maladie qui la print en prison et jusques à sa mort (²).

Voici ce qui arriva, en 1629, à une pauvre femme de Gérardmer, que l'on ne put cependant convaincre de sorcellerie. Le mémoire que nous citons, emprunté à H. Lepage, fait connaître les formalités qui avaient lieu à l'occasion de ces affreuses procédures, trop souvent terminées par des exécutions (³).

Le sieur Procureur général au bailliage des Vosges, ayant donné ses requises pour informer contre une nommée Mougeatte Chippot,

(1) Le lecteur consultera avec plaisir sur ce sujet l'étude de M. le docteur A. FOURNIER : *Épidémie de sorcellerie.*

(2) H. Lepage.

(3) En quinze ans, on condamna à mort, sous Charles III, 900 personnes pour crime de sorcellerie. (MARCHAL, *Hist. de Lunéville*).

de Géramer, accusée de sortilège, les officiers se transportaient au dit lieu pour en informer et y séjournaient trois jours, auquel lieu ils dépensaient quarante-huit francs neuf gros, tant pendant l'information, audition de bouche de la prévenue, que recollement et confrontation des témoins, ci . . . . XIVIIJ fr. IX gr.

L'information faite fut envoyée à Nancy, le port VIIJ » »

Le droit des sieurs échevins. . . . . IIIJ » »

Les dicts sieurs échevins ayant été d'avis de faire donner la question à la prévenue, le prévôt (d'Arches) envoya quérir le maistre (des hautes œuvres), pour le messager. . . . . IIIJ » »

Pour le droit du maistre d'avoir donné la question. . . . . V » »

Pour ses trois journées . . . . VIII » »

Pour le chirurgien qui y fut employé . . . . IIIJ » »

Pour les frais faits le jour de la question. . . V » VIII

Pour l'avoir razée (1). . . . . V » »

La question donnée, le procès fut de rechef envoyé à Nancy, pour le port. . . . . VIIJ » »

Le droit des sieurs échevins. . . . . IIIJ » »

Pour quarante-cinq journées qu'elle a esté en prison. VJ » VI

La dite Mougeatte fut renvoyée, comme appert de la sentence ci-produite, et ainsi les dépenses tombent sur Son Altesse.

Police communale. — La police de la localité était faite, comme elle l'est encore actuellement, par le maire assisté des jurés. Il y avait en outre des fonctionnaires spéciaux chargés de veiller au bon ordre. C'étaient :

1º Les bangars ou gardes-champêtres ;

2º Les pastrouilleurs ;

3º Les employés de la maréchaussée ;

4º Les gardes de cabaret ;

5º Les gardes-chasse ;

6º Les fonctionnaires du domaine.

(1) On rasait les prévenus de sorcellerie sur tout le corps, pour voir s'ils n'avaient pas de marques diáboliques.

Les procès-verbaux dressés par ces fonctionnaires faisaient l'objet de rapports spéciaux, consignés sur les registres déposés au greffe de la communauté. Le greffier rédigeait ces rapports et les signait avec le verbalisant. Les registres étaient cotés et parafés par l'administration supérieure et présentés chaque année, comme nous l'avons dit, aux officiers du Chapitre, à la tenue du plaid de Vagney.

Les amendes imposées se répartissaient de la manière suivante :

Au greffier, pour salaire et papier, de 30 sous à 2 livres; au fermier du domaine et au receveur du Chapitre, chacun 1/3 des amendes; aux bangars, l'autre 1/3. Le compte annuel se montait d'ordinaire à 20 livres.

Généralement le maire et les jurés étaient respectés; cependant ils durent, à différentes reprises, sévir contre les particuliers.

En 1718, un garçon boucher de Gérardmer qui avait proféré des menaces et injures contre les maire et jurés de la communauté, fut condamné à se rétracter en paroles et par écrit.

Il en fut de même du sieur Gérard Claudon, qui dut déclarer devant témoins que « les maire et jurés sont gens de bien et d'honneur, » et payer 10 francs de dommages-intérêts, 5 fr. 7 gr. 8 deniers comme amende et les dépens.

Jh Vincent-Viry, qui avait répandu des propos calomnieux sur le compte des autorités municipales, se vit assigner par la communauté pour être condamné à payer 100 francs d'amende; il s'empressa de transiger en offrant de payer 25 francs aux chatolliers, 7 francs au bureau des pauvres et à faire réparation. Sa transaction fut acceptée (1).

(1) Archives communales F. F. III (1725).

Nous avons relevé deux procès-verbaux concernant le culte : l'un dressé par ordre du curé contre un habitant de La Bresse qui *avait manqué* (de respect) *au dit curé* (1783); l'autre, par ordre d'un garde d'église contre un garçon de Gérardmer, « qui avait ri et causé à la tribune de l'église pendant la messe (1787) (¹). »

Les procès-verbaux faits par les bangars se rapportent principalement à l'infraction aux bannies, aux anticipations de pâturage.

Comme la litière pour le bétail était rare à cause du manque de paille, la communauté de Gérardmer avait mis en *bannie* plusieurs produits végétaux pour être employés à cet usage. Par suite de cette disposition, il était défendu de couper des joncs, de la fougère avant une époque déterminée.

Une délibération de l'assemblée générale des maire, syndic, jurés de la communauté (1763), indique la liste des choses mises en bannie; ce sont :

La *fougère,* jusqu'à la Saint-Laurent; les grains de genièvre, jusqu'à la Saint-Remy; les *joncs, sayattes* et autres plantes de cette nature, jusqu'à la Saint-Remy; la *fiante* dessus les pâquis, en défense toute l'année, ainsi que les bêtes des étrangers; toutes bêtes à la prairie du *Champ* jusqu'au jour de l'embannie ordinaire.

Les bangars surveillaient spécialement l'exécution des bannies; un arrêté municipal de 1775 (²), relatif aux bannies dit :

Les maire, syndic, jurés, etc., font défense à tous particuliers et habitants de Gérardmer de ne ramasser ni enlever sur les pâquis communaux aucune fiente des troupeaux, de même que de faucher, couper ou ramasser les fougères, autrement dit fâlure *et graines de genièvre percrues sur les terres communales, avant le*

(1) Archives communales F. F. X.
(2) Id. B. B. II.

10 Août de chaque année, de même aussi de ne faucher dans les feignes avant le 1er Octobre de chaque année, de même que de ne faucher aucune mousse sur les pacquis secs, en aucune saison, de ne laisser aller aucun bestiaux dans la prairie du dit lieu, de même que dans tous les autres prés situés sur le finage du dit lieu, depuis le 25 Mars jusqu'au 1er Novembre de chaque année, le tout à peine de 5 francs d'amende contre chaque contrevenant.

Cette amende n'effrayait sans doute pas les délinquants, car il y eut à ce sujet de nombreux procès, et dans une délibération de 1788, l'assemblée municipale demanda :

A Mgr l'Intendant l'autorisation de permettre aux officiers de la communauté de condamner à une amende légère et proportionnée au cas, applicable un tiers au dénonciateur, *et les deux autres tiers au bureau des pauvres de la paroisse, tous ceux qui se trouvaient à recueillir et ramasser quelques-unes des choses mises en bannie jusqu'au temps marqué par la délibération de la dite communauté.*

Il faut relever, dans la demande qui précède, cette sorte d'invitation à la dénonciation par l'appât d'un gain léger, qui choque aujourd'hui nos sentiments de loyauté et de franchise.

Les bannies n'existent plus à Gérardmer; elles ont persisté cependant dans le département des Vosges pour les localités où il y a des troupeaux de vaches pâturant dans les propriétés particulières, et dans les pays vignobles.

Il y eut 70 procès pour infractions aux bannies, de 1754 à 1783.

En moyenne ces procès étaient taxés à 5 francs d'amende. On comprend la rigueur de la communauté à cause de l'intérêt qu'elle attachait à la prospérité de ses pâturages, sa principale ressource, comme elle ne cesse de le répéter en toute circonstance.

Ceux qui cueillaient des graines de genièvre, coupaient des sayattes ou ramassaient de la mousse, étaient également passibles de procès; il y eut de ces chefs, 21 procès de 1769 à 1775.

Les plus curieux de tous ces procès-verbaux furent ceux dressés par les gardes de cabarets et les pastrouilleurs, car ils donnent bien une idée des mœurs de l'époque. (Voir article *Cabarets*).

Pendant la Révolution, les injures envers les membres de la municipalité furent peu nombreuses; elles étaient punies très sévèrement; ainsi Jacquot, cabaretier, qui avait insulté le procureur communal et prétendu que cet officier municipal « avait reçu 3 louis d'or pour ne pas emprisonner une femme de La Bresse, coupable du vol d'une paire de bas sur le marché, » fut condamné :

1o A se rétracter; — 2o à faire 2 jours de prison; — 3o à payer 31 livres; — 4o à payer les frais d'emprisonnement et de garde (1790).

Viry et Crouvezier, qui avaient frappé le sergent, étant ivres, furent condamnés à Remiremont, à chacun un mois de prison et 25 francs d'amende (¹).

La police fut faite en partie par la garde nationale dès son organisation; mais il se produisit bientôt des conflits entre les gardes nationaux et les particuliers, car les premiers étaient « souvent enyvrés » quand ils faisaient leur ronde, et ils inquiétaient des citoyens paisibles à tort et à travers. Le conseil général de la communauté, qui reçut de nombreuses plaintes à ce sujet, arrêta ce qui suit :

Il est défendu aux particuliers étant de service, de boire à quelle heure que ce soit dans un cabaret, sous peine de 48 heures de prison.

Il est défendu de boire au corps de garde au delà d'un demi-setié de vin ou pour 2 sous d'eau-de-vie pour 24 heures de service (même peine que ci-dessus). — (29 Juin 1791) (²).

---

(1) Archives communales. Papiers non classés.
(2) Id. Registres des délibérations de l'assemblée municipale postérieurs à 1789.

La garde nationale organisait bien des rondes dans le centre de Gérardmer; mais elle était impuissante à maintenir le bon ordre dans les lieux écartés de Gérardmer; aussi l'assemblée municipale s'empressa-t-elle de solliciter avec instance l'obtention d'une brigade de gendarmes nationaux à pied (18 Avril 1792) [1].

La demande de la municipalité ne fut pas exaucée; elle la renouvela le 30 Nivôse an III (17 Janvier 1795), en présence « des attroupements d'individus. qui mendiaient « à main armée, s'introduisaient dans les maisons pour « réclamer des vivres; ils étaient plus d'une douzaine, « commandés par Michel, des Xettes. » L'assemblée communale ajoute en outre « que les gendarmes installés à « Gérardmer pourraient facilement correspondre avec ceux « qui sont établis dans les villes voisines. »

La brigade demandée avec tant de persistance ne fut installée que quatre ans plus tard (29 Nivôse an VII).

La municipalité prit toutes les mesures nécessaires pour assurer le bon ordre et la sécurité de ses administrés.

Par une délibération du 5 Messidor an II (24 Juin 1794), elle désigna, conformément à la loi du 22 Juillet 1791, les 3 officiers municipaux : J.-B. Gérard; Nas-Jh Viry et Ch.; Ant. Viry, pour former le tribunal de police municipale. Enfin elle organisa une garde et patrouille de nuit, composée de 4 hommes et un officier, pour veiller à empêcher les incendies (15 Nivôse an III).

Les questions relatives aux émigrés soulevèrent à Gérardmer plusieurs débats intéressants à relater.

Un charpentier du lieu, Nicolas Gley, avait un fils « qui avait fait ses études par charité » et qui était prêtre émigré. Le conseil de l'assemblée communale reconnaît :

Que non seulement Nicolas Gley n'a pas fait ou laissé émigrer

---

[1] L'année précédente, l'assemblée communale avait déjà décidé qu'elle bâtirait une maison au Rain pour y loger 4 gendarmes nationaux.

son fils, mais qu'il l'a au contraire engagé de la manière la plus
pressante à prêter son serment, et que jamais il ne lui a fourni
aucun moyen de subsister parmi nos ennemis (1793) (¹).

.Précédemment elle avait reconnu que :

N. Gley a un 2ᵐᵉ fils, qui vient de donner des preuves de son
patriotisme, et qui par là est entré dans les vues de son père en
s'inscrivant volontairement pour aller défendre la patrie sur les
frontières.

La municipalité accorde à N. Gley, en récompense de
son civisme, l'exemption de fournir l'habillement et la
solde de 2 hommes.

Au plus fort de la période révolutionnaire, alors que les
passions politiques et religieuses étaient exaltées (1793),
il se passa à Gérardmer quelques faits qui reflétèrent en
petit les évènements de l'époque.

Lalevée, maréchal à Xonrupt, roua de coups la veuve
Didier, de Forgotte, Agathe Pierrat et ses deux filles,
dévasta leur logement, en brisa les vitres, sous prétexte
que « les dites personnes sont *aristocrates.* »

Le maire intervint avec la garde municipale. Les bles-
sures de ces 3 personnes furent visitées par Gérard,
maître en chirurgie, qui conclut à une incapacité de travail de 15 jours.

Peu de temps après, Agathe Pierrat, qui décidément
n'était pas populaire, fut l'objet d'une nouvelle agression
de la part de 2 jeunes gens : l'un de 20 ans, l'autre de
15, Pierrat et Vincent-Viry; sous prétexte qu'il leur fallait
de l'argent pour acheter du pain, ces précoces gredins
extorquèrent, avec menaces et à main armée, un certain
nombre d'assignats à cette personne :

---

(1) Ce prêtre émigré devint un érudit célèbre, auquel on doit une histoire de
la Pologne en 10 volumes, possédée par la Bibliothèque nationale. Il fut secré-
taire-interprète du maréchal Davoust, et professa les langues toute sa vie.
(D'après l'abbé Jacquel).

Ils se sont fait passer pour déserteurs, dit Agathe Pierrat; ils ont demandé de l'argent pour 6 de leurs camarades dans la montagne. On leur a offert à chacun 10 sols qu'ils refusèrent. On leur offrit ensuite 3 assignats qu'ils acceptèrent après m'avoir fait dire que je les donnais de bon cœur et non de force. Les assignats ne leur plaisant pas, ils revinrent sur leurs pas et menacèrent de me tuer ainsi que mes filles, si je ne leur donnais de l'argent. L'un d'eux prit un paux-fer (1) pour me menacer.

A ce moment entrèrent Cuny et Gley, deux habitants de la section, qui reprochèrent leur attitude à Vincent-Viry et Pierrat; ces derniers craignant sans doute de justes représailles, après être allés à Quichonpré (Kichompré), rapportèrent une partie des assignats extorqués à la veuve Didier.

Dans la nuit du 31 Août au 1er Septembre, un 3e attentat fut commis chez cette même personne. Sébastien Haxaire, journalier chez Agathe Pierrat, fut :

Menacé d'un sabre nu par J. Pierrat, de Forgotte, et Pierrat, maréchal à Xonrupt, car il ne voulait pas leur indiquer la cachette des maîtresses du logis.

J. Pierrat, après avoir brisé la vaisselle, des pots en fonte, les vitres de la cuisine et du poêle, a démoli les coffres, les armoires, forcé les serrures; il a enlevé des meubles, les habits de femme, et les a brûlés avec l'horloge et les rideaux du lit. Il a également démoli et brisé un métier de tisserand.

Les nombreuses dépositions qui sont jointes au dossier, attestent du soin de la municipalité d'établir la vérité.

On comprend, qu'après de pareilles exactions, le séjour de Gérardmer n'avait rien d'attrayant pour Agathe Pierrat; aussi elle quitta le pays sur ces entrefaites, car on vendait à la maison commune des foins lui appartenant, et les meubles de Marguerite, sa fille majeure, « présumée émigrée » (4 Frimaire an II) (2).

(1) Barre de fer qui servait à tisonner.
(2) Archives communales. Papiers non classés.

Pour terminer les actes relatifs à la police générale ou locale, rappelons la condamnation, à Wissembourg, d'un nommé François Gille, marchand de fromages, originaire de Gérardmer. Ce commerçant peu honnête avait vendu du fromage au delà du maximum. Il avait déjà été condamné à 500 livres d'amende le 17 Prairial et à la confiscation; le même mois « il eut l'audace criminelle de vendre la livre de fromage à raison de 1 livre 5 gr. » Il avait ainsi méprisé les autorités constituées; aussi fut-il condamné à 2 années de détention, après une exposition sur la place publique de Wissembourg, où il était attaché sur un poteau; au-dessus de sa tête se trouvait un écriteau, portant en gros caractères, ses nom, profession, domicile, la cause de la condamnation, le jugement, le tout aux frais du condamné.

On voit, qu'à part quelques excès regrettables, l'esprit de la population de Gérardmer fut calme pendant la Révolution (¹); une preuve de plus à l'appui de cette manière de voir, c'est que peu de personnes quittèrent le pays; citons seulement A.-B. Claudel, qui partit pour Épinal (13 Floréal an II), et D. Paxion, qui alla résider à Libremont (Remiremont) en 1794; par contre, comme nous l'avons vu précédemment, un nombre assez considérable de prêtres vinrent s'établir à Gérardmer, de 1793 à 1795.

---

(1) Il faut ajouter aux excès commis celui que rapporte l'abbé Jacquel :

Pendant la Terreur, on conduisit au pied de l'arbre de la Liberté les 2 sœurs de Hubert Didier, pieux solitaire, connu sous le nom de *frère Humbert*, et on les y fustigea.

Elles se vengèrent noblement, en abandonnant par testament leur maison (ferme du Bergon) et leurs autres immeubles au bureau de bienfaisance de Gérardmer. (*Histoire de Gérardmer*, p. 64, ouvrage cité).

Chapitre IV. — L'INSTRUCTION

Personnel enseignant. — Maison d'École

Dès le commencement du XVIIIe siècle, il y eut à Gérardmer un instituteur — un maître d'école — comme on disait alors.

Divers articles de dépense de la communauté établissent ce fait d'une manière irréfutable; en 1703, « le greffier Gérard fit le bail du maître d'escolle (1); » en 1710, « il fut payé au maître d'escole et au marguillier, pour service dit au compte de la communauté, 3 francs (2). »

Le 1er instituteur dont les registres fassent mention, est le sieur Mallet, maître d'escolle en l'année 1708 (3). Il était seul pour toute la commune. Il résidait au centre et cumulait avec ses fonctions celles de chantre au lutrin.

C'était l'assemblée communale qui nommait le maître d'école, avec le consentement du curé, et toujours temporairement. Elle passait avec lui un bail, généralement de 3 années; la convention de 1726, consignée au registre des délibérations de la communauté (4), est ainsi conçue :

Nous, soussignés, maire et jurés de la communauté de Gérardmer, avons *continué*, du consentement du sieur Poirot, prêtre-vicaire en chef du dit lieu, maître Estienne Gaudier, pour régenter et servir la paroisse, comme il est porté dans le dernier bail, excepté néanmoins qu'il réfectionnera les vitres de la maison d'école quant aux petites réfections.

(1) Archives communales C. C. IV.
(2) Id. C. C. IV.
(3) Id. C. C. IV.
(4) Id. B. B. III. Estienne Gaudier était donc instituteur depuis 1723 au moins.

Le traité de 1731 portait « que le régent devait couvrir la maison une fois dans trois ans (¹). »

Estienne Gaudier fut remplacé par son fils J.-B. Gaudier, qui était instituteur en 1789 (²).

A cette époque, l'instituteur du centre était assisté d'un aide appelé *clerc*. Ce nom s'est perpétué, et souvent encore, dans les villages, le sous-maître (l'instituteur-adjoint) est appelé clerc.

L'année suivante, J.-B. Gaudier adressa une pétition (³) aux membres de l'assemblée municipale, en vue d'obtenir l'indemnité que la loi du 3 Brumaire an IV accordait aux instituteurs sans logement; il avait loué une salle pour installer ses élèves, car l'ancienne maison d'école était occupée. L'assemblée, « considérant que les élèves des deux sexes sont envoyés à l'école, surtout pendant l'hiver; qu'il faut pour les recevoir, une salle spacieuse comme dans la cy-devant maison d'école; considérant que le loyer de cette maison et du jardin attenant vaut 120 livres, accorde cette somme à l'instituteur. Elle lui sera payée chaque année à la fin de Ventôse. »

Ce fut cette même année qu'il y eut, pour la première fois, à Gérardmer, des maîtres d'école brevetés. La délibération du 11 Nivôse an IV (⁴), constate que l'assemblée communale a eu communication « du certificat d'admission délivré aux citoyens J.-B. Gaudier et Jʰ Fleurance, de cette commune, par le jury d'Instruction de Sᵗ-Diez; du procès-verbal de leur instruction, et de leur demande d'être présentés au district pour être instituteurs dans le canton. »

---

(1) Le bail lui-même n'existe plus.

(2) C'est l'aïeul de M. J.-B. Gaudier, marchand de bois. — En l'an III, il y avait aussi comme instituteur Nicolas Jacquot, un des commissaires chargé de la répartition des terrains.

(3) Archives communales postérieures à 1789. Registre des délibérations.

(4) Id.

Le canton de Gérardmer devait avoir deux écoles, et la municipalité, confiante « dans les talans, la probité, les mœurs et la morale républicaine des citoyens Gaudier et Fleurance, estima qu'il y avait lieu de les nommer aux places d'instituteurs des 2 écoles. »

Elle ne disposait que « de la salle de la cy-devant maison commune, et ne pouvait loger les enfants au cy-devant presbytère (1), ce qui aurait mis l'administration à la merci d'une cohue d'enfants; cependant comme elle voulait faire profiter de l'instruction les enfants des sections, elle décida qu'il y aurait une école au centre, et que l'autre roulerait dans les sections d'année en année. »

Le citoyen Gaudier obtint le logement occupé par son prédécesseur avec le jardin y attenant, et la salle de classe « qui sera disposée à l'effet de séparer les deux sexes. »

La nation devra payer à la commune, pour loyer, 190 livres, valeur de 1790 :

A charge par l'instituteur des réparations locatives; cette école sera destinée à recevoir les élèves du village et les autres qui s'y présenteront, à raison de sa proximité; l'autre sera établie alternativement par année, dans une section de la montagne, à l'endroit le plus à portée des sections environnantes, et où tous les élèves de ces sections qui s'y présenteront seront reçus, sans qu'on puisse exciper d'un arrondissement exact (2). Cette année, elle sera au centre des Bas-Rupts.

La dissémination de la population amena la création des maîtres d'école des sections. Ces maîtres — qui savaient à peine lire et écrire — donnaient l'instruction dans les sections pendant l'hiver seulement; on les désignait communément sous le nom de maîtres des *petites écoles;* en 1809, il y en avait 4 pour toute la commune.

En 1813, le nommé Michel, porteur d'un brevet d'insti-

---

(1) Le presbytère servait de maison commune, voir précédemment.
(2) D'une délimitation exacte des sections.

tuteur, délivré par le Recteur, fut agréé pour exercer provisoirement ses fonctions dans la commune de Gérardmer; il n'y demeura pas longtemps, car l'instituteur de Gérardmer (centre) fut J. Lasausse, dès le 1er Novembre de la même année.

Voici dans quelles conditions la municipalité renouvela l'engagement avec J. Lasausse, le 9 Avril 1814 :

..... *Considérant que l'instruction primaire ne devra plus être confiée qu'à un instituteur ou maître d'écolle ayant titre,*

Considérant que les mérites latents et la capacité du sieur J. Lasaússe, propriétaire en cette commune, l'ont appelé à remplir, depuis le 1er Novembre dernier, les importantes fonctions où par son zèle et son assiduité il s'est signalé, tant en justifiant l'opinion de ses commettants qu'en réunissant la confiance de ses élèves ainsi que celle de leurs pères et mères; arrête que le sieur Lasausse est nommé instituteur dès le 23 du présent mois. Il entrera en jouissance tant du logement destiné à son état, ainsi que des portions de jardin qui en sont l'accessoire, ainsi et de la même manière qu'en a joui feu J.-B. Gaudier, ancien maître d'école, à l'exception cependant des parties occupées et gérées par l'appariteur.

Dès le même jour, il devra en exercer les fonctions sous l'inspection réglée par la loi.

La rétribution à percevoir des élèves ainsi que le mode et l'époque de perception de ce salaire, seront déterminés par une délibération particulière qui fixera l'espace de tems, pendant lequel il sera tenu d'exercer ses fonctions (1).

Cependant comme le sieur Lasausse était parti pour l'armée et qu'il restait célibataire, la communauté lui retira — avec les plus grands ménagements — ses fonctions d'instituteur, pour les confier à Léger Claudel.

Une délibération du conseil municipal, datée du 16 Novembre 1815, dit :

..... Rien de plus important pour une bonne administration que de veiller à l'instruction de la jeunesse;..... que la jeunesse bien élevée donne généralement de bons citoyens.

(4) Archives communales postérieures à 1789. Registre des délibérations.

..... Considérant que le Sr Lasausse a rempli ses fonctions avec honneur, zèle et probité, que ses talents, sa moralité, sa conduite, l'ont recommandé à l'estime du conseil.....

S'il a été obligé de quitter momentanément son école, il en a été requis impérieusement; qu'aussitôt déclaré libre, il s'est empressé de se rendre à son poste et a repris son service à la satisfaction de tous jusqu'à ce jour.

Considérant que son état de célibataire trop prolongé ne peut convenir à un bon principe d'éducation des enfants, qui cherchent surtout à voir un père dans un maître, auquel ils doivent obéir, et qu'il (l'instituteur) ne peut se décider à s'établir (se marier) aussi promptement qu'il serait à désirer;

Considérant que s'il est pénible de penser qu'il ne peut plus tolérer un célibataire pour instituteur, il (le conseil) ne doit pas moins à la justice de témoigner au sieur Lasausse sa satisfaction pour les soins qu'il a pris dans l'exercice de l'état d'instituteur.....

..... Nomme le sieur Léger Claudel, buraliste des droits réunis, en place de Lasausse, dont il a déjà été le remplaçant pendant le départ de ce dernier pour l'armée.

Le 10 Janvier 1816, le conseil municipal prit une délibération par laquelle il nommait le sieur Lasausse, secrétaire de la commune, et le sieur Claudel, instituteur.

La nomination du sieur Claudel fut approuvée par l'administration préfectorale, à charge par lui de se pourvoir d'un diplôme devant le Recteur de l'Académie; les conditions du bail avec le sieur Claudel furent établies par une délibération du 19 de ce mois:

1° Il jouissait du logement ordinaire de l'instituteur et du jardin attenant, sauf la chambre située au-dessus de la salle d'école, occupée jusqu'au 23 Avril prochain, par le sieur Lasausse, secrétaire de la commune;

2° Il devait immédiatement entrer en fonctions, sous l'inspection réglée par les lois;

3° Il était engagé pour jusqu'à la saint Georges (23 Avril) 1817 seulement, sauf à continuer si le conseil le juge à propos.

La classe avait lieu de 9 heures du matin à 4 heures

du soir. Elle durait de la première quinzaine de Novembre à Pâques.

Le salaire du maître d'école était, par semaine et par élève, d'une bûche de bois et de 0 fr. 15 pour le centre. Dans les sections, les élèves devaient, outre la rétribution scolaire, une demi-livre de beurre ou une livre de fromage et un demi-boisseau de pommes de terre ; cette redevance se payait en nature ou en argent. La rétribution scolaire était de 0 fr. 15 par semaine, ou de 2 fr. à 2 fr. 40 pour l'hiver ; quelquefois aussi les sections traitaient à forfait pour une somme totale variant de 80 francs à 90 francs, suivant l'importance de la population scolaire de la section. La commune payait la rétribution pour les enfants indigents.

C'est à dessein que nous nous sommes servi plus haut de l'expression *salaire,* pour désigner les appointements du maître d'école ; il n'était pas encore élevé à la dignité de fonctionnaire (1) et restait un agent salarié de la commune, qui disposait de son sort comme elle l'entendait.

La remise des bûches de bois qui servaient au chauffage de l'école, était une opération qui ne manquait pas de pittoresque. Chaque lundi, les élèves faisaient leur entrée en classe, portant fièrement sur l'épaule le bout de bois obligatoire, dont les dimensions variant de la simple bûche au quartier complet, n'étaient pas toujours proportionnées à la richesse des parents, mais plutôt aux progrès des élèves.

A un signal de l'instituteur, les enfants se mettaient à la file indienne et venaient déposer leur bûche devant l'estrade ; les morceaux de bois étaient ensuite empilés et utilisés pour chauffer non seulement la salle de classe, mais encore les appartements du *maître.*

La situation des instituteurs fut améliorée en 1830 ; le

(1) Il ne le devint définitivement que par les lois de la troisième république.

conseil municipal établit la gratuité dans toutes ses écoles, devançant ainsi d'un demi-siècle, dans l'une de ses parties, le fameux article 7.

La rétribution à fournir aux instituteurs fut ainsi fixée : pour les écoles sections (Beilliard — Phény — Bas-Rupts — Rayée — Gouttridos — Xonrupt et Rayée — Haie-Griselle — Liézey), 125 francs par an, dont 25 francs pour le logement, et 100 francs pour le traitement fixe. Pour l'instituteur du centre, 500 francs; pour l'institutrice, 300 francs.

En outre, les instituteurs percevaient l'affouage personnel de 6 stères de bois, et 9 stères pour le chauffage de chaque école de section, 18 stères pour chaque école du centre.

En 1836, le traitement de l'instituteur du centre fut augmenté de 50 francs, en témoignage de satisfaction; la municipalité montrait par là qu'elle attachait un grand prix à l'instruction des enfants et qu'elle savait être reconnaissante envers ses instituteurs.

Dès que Gérardmer eut un maître d'école, il eut une maison pour le loger et une salle de classe pour recevoir les élèves. La maison d'école servait aussi de maison commune; elle renfermait une pièce distincte — la *chambre communale* — où se réunissait l'assemblée de la communauté.

Plusieurs articles de dépenses, tirés des comptes des syndics et des commis, attestent l'ancienneté de la maison d'école; en 1706, dépense de *palis* pour fermer le jardin de la maison d'escolle (¹); en 1710, dépense de 18 gros pour « avoir raccommodé les vitres à l'escole (²); » en 1713, dépense de 21 francs, « prix de 2 milliers d'escendes (essis) pour la toiture de la maison d'escolle (³); » en 1715, dépense de 7 francs « pour réfection du jardin

(1, 2, 3) Archives communales C. C. IV, V et D. D. XV.

de l'escolle ([1]); » en 1716, dépense « pour du papier et de l'encre payée au maitre d'escolle ([2]), » etc.

Vers le milieu du XVIIIe siècle, la maison d'école tombait en ruines; dès 1751, les habitants en demandèrent la reconstruction, disant « qu'elle était croulante, qu'il était nécessaire de la rétablir *à fondamentis;* cette nouvelle charge accablerait les suppliants s'il n'y était pourvu ([3]). » Ils demandaient au chancelier de faire « par leur syndic la vente et aliénation de tous les morceaux de leurs pâquis communaux, stériles à la bienséance des habitants, jusqu'à la quantité de 50 arpents, pour affecter le montant de la vente à l'extinction des 1.500 livres de dettes dont la communauté est encore chargée, et à la bàtisse de la maison d'école ([4]). »

Le chancelier répondit :

Qu'il ne pouvait permettre à la communauté d'aliéner ces terrains; mais il promit d'étudier quel autre parti plus avantageux il lui conviendrait de prendre à cette occasion. ([5]).

Il vint lui-mème à Gérardmer. Après avoir constaté le mauvais état de la maison d'école, il autorisa la commune à construire une nouvelle bàtisse, à la condition de « louer pendant neuf années des terrains pour le paiement de la construction ([6]). »

Le sieur Salmon, architecte à Remiremont, après avoir visité l'état actuel de la maison, sur l'ordre du chancelier, dressa procès-verbal de sa visite et établit un devis avec plans du projet de reconstruction.

Le devis des bois qu'il dressa à cet effet, s'élevait à 64 pieds ([7]).

École des filles. — La municipalité, en l'an XI, exprima

(1, 2, 3) Archives communales C. C. IV, V et D. D. XV.
(4, 5, 6) Archives communales D. D. XV.
(7) Les plans de la reconstruction sont aux archives départementales.

le vœu que les sexes fussent séparés à l'école du centre ; elle prétendait :

Que la régularité de l'enseignement, la décence et tout ce qui tient à la morale et aux principes religieux, font désirer, qu'il y ait au moins dans la commune deux salles d'instruction : l'une pour les garçons, l'autre pour les filles (1).

Ce vœu reçut satisfaction ; dès 1817, sœur Barbe Michel (2) fut installée à Gérardmer comme institutrice et sœur des pauvres ; l'année suivante, elle fut remplacée par Mlle Marie-Anne Gaudier (3), dont l'école fut très prospère et très estimée. Mlle Gaudier — appelée communément *la maîtresse* — fut la première institutrice laïque de Gérardmer et la première institutrice *brevetée* (4) ; elle exerça ses fonctions avec succès pendant 21 ans (1818-1839) ; elle ne faisait du reste que suivre les honorables traditions paternelles qui ont permis, pendant près de 120 ans (5), de compter un membre de la famille Gaudier comme instituteur à Gérardmer.

État de l'Instruction. — En Lorraine, la langue française ne fut employée dans les actes que vers l'année 1230. Un des premiers actes authentiques écrits en français est l'acte d'affranchissement de Morviller-sur-Seille, qui date de 1232.

Les documents les plus anciens écrits en français, déposés aux archives communales, sont de la 2e moitié du XVIe siècle. Le plus vieux en date est la lettre patente d'Antoine des Pérégrins, relatée précédemment, qui dispense

---

(1) La municipalité n'a pas fait ces réserves pour les écoles de sections, qui ont toujours été mixtes (sauf récemment celles de Xonrupt et de Kichompré).

(2) Providence de Portieux. — Les sœurs de la Providence succédèrent à la *maîtresse* (1839-188).

(3) Elle était fille de J.-B. Gaudier, instituteur en 1789. C'est à son neveu, M. J.-B. Gaudier, que nous devons ces renseignements. Nous l'en remercions sincèrement. L. G.

(4) Dès 1821.

(5) Estienne Gaudier était déjà instituteur en 1723.

les habitants de Gérardmer de porter leurs morts à *Ger-bepaulx* (1542).

Un des plus curieux parmi ces anciens documents est une ordonnance du prévôt d'Arches, Vaubert Desprès, donnée à Vagney le 18 Septembre 1586; cet officier, avisé que des vagabonds sans moyens d'existence ne cessaient d'intenter, sans motifs suffisants, des actions devant la justice de Gérardmer, ordonne au maire du dit lieu de ne recevoir à l'avenir en justice que des gens pouvant faire face aux frais et condamnations du procès en fournissant caution.

Nous donnons en note le texte de ce document qui complètera ce que nous avons dit dans le chapitre précédent au sujet de l'exercice de la justice à Gérardmer [1].

On comprend que pendant les XVIe et XVIIe siècles il y ait eu à Gérardmer peu de personnes pour savoir lire

---

[1] Le prévôt d'Arches ayant « receu advertissement qu'au lieu de Gérardmer y a plusieurs hommes comme vagabonds et autres, menant une prodigalité, tellement que, par telle fréquence et continuation, se treuvent constitués et réduicts en pauvreté et du tout despouillés de moyens, néanmoins et sans que telle dissolution les corrige nullement, ne délaissent à susciter disputes et actions sur bien petit et léger fondement, et pour ce en entrer en justice, sy que de ce n'en peut reyssir que une peine et travail pour les mayeurs et gens de la justice du dit Gérardmer, qui n'osent faillir leur administrer justice. » — Ce qui a pour résultat de priver les seigneurs de leur part d'amendes et de frustrer les parties gagnantes; — « pour à quoy proveoir et remédier... iceluy Sr Prévost a ordonné, et par ce présent acte ordonne à honneste homme Gérard Thomas dudit Gérardmer, cejourd'huy créé maieur (maire) audit lieu, que pendant le temps de son office il n'ait à recevoir aucune personne en justice, moins les oyr en contestation s'ils n'ont moyens pour s'acquitter... et... qu'au préalable ils aient à fournir promptement bonne et solvable caution...; — « ce que se fera et observera à l'advenir à peine de s'en prendre aux maieurs et les contraindre à payer pour ceux qu'ils recevront en justice sans moyen ou caution... — Donné à Vagney le 18 Septembre 1586, présents et témoins Valentin Viry, Demengeon Potin, Jean Perrin et Gérard Jean Gérard, tous dudit Gérardmer. » Nous avons trouvé ce document dans des papiers non classés. Nous en devons l'analyse au savant archiviste départemental M. Chevreux. En maintes circonstances nous avons eu recours aux connaissances spéciales et à l'obligeance de M. Chevreux; il a bien voulu, pour ce travail, nous aider de ses conseils compétents et relire notre manuscrit. Qu'il nous permette de lui adresser ici l'expression de nos plus vifs remercîments. L. G.

et écrire le français. A l'exception du curé, du maire, des jurés, du syndic, du tabellion communal, greffier de la communauté, il y avait peu de gens instruits.

Nous avons pu avoir une idée du nombre des habitants qui savaient écrire, en examinant quelques actes de la communauté du commencement du XVIII° siècle.

Ces actes sont des *déclarations* (V. *Administration communale*) signées par la majeure partie des chefs de famille.

Une déclaration de 1710 (¹) porte 133 signatures et 61 marques ou croix.

Voici ce qu'étaient ces marques ou croix. Quand un individu ne pouvait pas signer, il faisait une croix à la plume, sur l'acte, et autour, le greffier écrivait : Marque de X..., puis il enfermait le tout dans un rond.

Nous donnons ci-dessous le fac-simile de ces signatures ;

 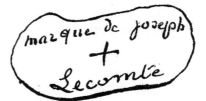

Une résolution de 1713 (²) renferme 167 signatures, 53 croix et 6 marques d'une nouvelle manière, contenant les initiales de l'individu.

Ces marques étaient faites comme il suit :

(1) Archives communales C. C. V. Elle donnait à Gérard, tabellion communal, la procuration de la communauté.

(2) Id. D. D. I. Protestation à S. A. R. contre les acensements particuliers.

Une résolution de 1717 porte 58 signatures et 24 croix ; une autre de 1718 contient 111 signatures et 44 croix.

En comptant le nombre de signataires et de croix apposées au bas des actes de l'état civil, nous avons trouvé d'autres données concernant le nombre des personnes qui savaient écrire ; notre travail a porté sur les années 1780 à 1790, et nous a donné les moyennes annuelles suivantes :

Sur 380 signataires, il y a eu 357 signatures et 23 croix, soit une proportion de 6 %. Cette proportion, qui était de 8 % en 1780, était tombée à 3½ % en 1788 et 1789. Ces chiffres, comparés à ceux des premières années du siècle, accusent un progrès réel, mais il ne faut pas s'en exagérer la portée, car beaucoup de personnes ne savaient écrire que leur nom.

La statistique de l'an IX nous apprend qu'en 1789 il n'y avait à Gérardmer que *65 individus sachant lire et écrire;* c'est loin de compte avec Léopold Bexon, qui prétendait — par un sentiment d'amour-propre exagéré — que « tous ses compatriotes savaient lire et écrire (1778) ! »

En 1801, il y avait 572 habitants sachant lire et écrire, dont 430 hommes et 142 femmes.

Ce remarquable résultat était dû, sans aucun doute, d'abord à ce que beaucoup d'habitants de Gérardmer avaient voyagé ou guerroyé pendant les guerres de la Révolution, et nécessairement s'étaient un peu instruits ; mais le progrès venait surtout de ce que la municipalité avait organisé l'enseignement dans les sections, en augmentant le nombre de ses maîtres d'école.

Une deuxième délibération de l'Assemblée municipale du 11 Nivôse an IV, dit qu'il n'y a « pas assez de deux instituteurs pour 600 élèves des deux sexes et les difficultés qui sont inhérentes à la nature du pays ; » le Conseil demande « qu'il y en ait cinq, et quand même on choisirait bien le centre de l'école, il y aurait encore des élèves qui feraient plus d'une lieue (pour venir en classe). »

Il répartit ainsi le nombre des maîtres :

Un à la maison commune (pour Le Lac, Le Marché, Le Rain, partie de La Rayée) ;

Un à Forgotte (Forgotte, La Haye-Griselle, partie du Rain et des Gouttridos) ;

Un alternativement au Beilliard et à Liézey (les élèves des deux sections) ;

Un au-dessus de Ramberchamp (Le Phény, Les Bas-Rupts, partie de La Rayée) ;

Et un à Longemer (Xonrupt, Les Fies, partie des Gouttridos).

Le Conseil estime, par là, avoir trouvé :

Le moyen de donner aux enfants du pays la possibilité de se faire instruire aux écoles *normales* (1), autrement les élèves n'ont que l'instruction *particulière* souvent vicieuse et où on n'enseigne que trop souvent des principes qui ne respirent aucunement la morale de la République. »

A cette époque, le programme de l'enseignement n'était pas chargé ; il comprenait : la *lecture*, l'*écriture*, les *éléments du calcul* (4 opérations), et la *récitation du catéchisme* ; à partir de 1792, la récitation du catéchisme fut remplacée par l'étude de la *morale républicaine*.

Rien ne peut mieux donner une idée de la situation de l'enseignement primaire à Gérardmer, à la fin du siècle dernier, que le procès-verbal « d'une inspection des écoles publiques et particulières existantes dans l'arrondissement de Gérardmer, faite le 24 Pluviose an VII, par J.-B. Etienne, président de l'administration municipale de Gérardmer, et N.-F. Valentin, commissaire du Directoire exécutif près la même administration (2). »

(1) Par opposition à l'enseignement dans la famille ou privé.
(2) Archives communales postérieures à 1789. Casier Instruction.

1° École du Centre.

Arrivés dans la salle de l'école primaire, l'instituteur nous a représenté l'état nominatif de ses élèves, montant à 75 des deux sexes. Lui ayant demandé les raisons pour lesquelles il présumait que le nombre de ses élèves était diminué depuis l'an dernier, il a répondu n'en savoir pas les raisons positives, mais que plusieurs citoyens élevaient et enseignaient leurs enfants dans leurs maisons; que peut-être le fanatisme y avait part, parce qu'il [l'instituteur] ne souffrait plus de livres religieux et n'enseignait aucun principe de religion particulière, mais seulement les principes moraux et républicains, au lieu que l'on voudrait qu'il enseignât l'exercice de la religion catholique.

Nous l'avons invité à donner quelques leçons dans tous les genres. Il a obtempéré, a donné des leçons d'écriture, de lecture, d'arithmétique et des premiers principes de lecture. Nous les avons trouvées assez conformes à l'esprit de cette institution, mais toujours suivant l'ancienne routine.

Lui ayant demandé pourquoi il n'enseignait pas le calcul décimal seul, il a répondu que pour passer d'un calcul à un autre il fallait procéder avec précaution, que par le moyen de l'ancien calcul il lui serait plus aisé de faire passer les élèves au calcul nouveau, et ayant examiné comme il s'y prenait, en vérifiant son procédé, nous n'avons pu les improuver.

Nous avons examiné quels livres les élèves avaient en mains; nous avons remarqué qu'ils n'avaient aucun livre tendant à rappeler le régime monarchique, féodal ou sacerdotal, ni qui contienne des principes de religion particulière, *mais simplement des livres moraux en général, et, en outre, des principes de grammaire et d'orthographe, la constitution et l'alphabet républicain.*

L'instituteur nous a observé qu'il faisait le décadi et qu'il enseignait les jours ci-devant fériés, ainsi qu'il lui a été recommandé d'après la loi.

Les moyens de correction et d'émulation qu'il emploie nous ont paru propres à leur objet, sans dégrader les êtres ni trop leur donner de fierté, et conformes à l'esprit de cette institution républicaine.

Quant aux récréations, elles se bornent à des jeux innocents sur la place devant la salle d'école.

Nous avons exhorté les élèves à continuer de bien mériter de leurs parents, de leur patrie et de leur instituteur ; distribué des éloges aux élèves qui nous ont été désignés par l'instituteur comme les plus distingués par leur science, leur travail, leur application, leurs mœurs et leur sagesse. En même temps nous avons adressé des reproches aux paresseux et négligents. Nous avons remarqué avec plaisir que les uns et les autres y étaient sensibles.

Nous avons exhorté l'instituteur à continuer et à augmenter d'efforts pour faire germer dans le cœur des jeunes êtres les principes de la morale républicaine et des vertus qui en sont la conséquence naturelle, après quoi nous nous sommes retirés.

L'instituteur demande des livres élémentaires des mesures nouvelles et poids, et surtout les mesures agraires.

2o ÉCOLES DES SECTIONS.

Quant aux écoles particulières des montagnes, outre qu'elles sont encore peu nombreuses, elles n'ont été fréquentées cette année que par courts intervalles, à raison de la rigueur de la saison, qui ne permettait pas de laisser les enfants sortir des maisons de crainte qu'ils ne gelassent en chemin, et de la maladie dite de là rougeolle *qui a régné dans ce canton.*

C'est pourquoi nous nous sommes contentés des comptes décadaires des instituteurs, qui, quoique peu satisfaisants, ne pouvaient l'être davantage vu l'ignorance des instituteurs particuliers, qui, à l'exception d'un qui est assez instruit, à peine savent lire et écrire d'une manière lisible ; *vieux, pour la plupart, ils ne peuvent rien comprendre au calcul décimal, si aisé pourtant, et suivant toujours une vieille routine qui tient des anciennes mœurs, et ils ont peine à se faire pour enseigner la morale républicaine : ils ne peuvent rien rapporter au but social, mais à l'éternité.*

Au reste aucun principe religieux n'a été enseigné pour quelque culte ce soit. Si les instituteurs ont enseigné la religion catholique, c'est dans les maisons particulières sans réunion, et lorsqu'ils allaient à la veillée, aujourd'hui chez l'un, demain chez l'autre, ou lorsque, vu la rigueur des froids, ils ont été forcés de se transporter de jour à autre dans les maisons pour donner les leçons aux enfants qu'il eût été dangereux de faire aller à la salle de réunion, vu qu'il y en avait qui auraient dû aller à une lieue.

On n'envoie les enfants aux écoles que l'hiver. Qu'y profitent-ils?
Presque rien, et ce rien ils l'oublient pendant l'été. Il serait bien à
désirer que l'on pût déraciner le préjugé des leçons purement routi-
nières dans ce canton. On verrait plus d'hommes instruits, et par
conséquent plus de républicains.

Le tableau n'est pas flatteur pour Gérardmer; cependant
quand on lit la circulaire adressée par le commissaire du
Directoire exécutif du département aux commissaires des
assemblées municipales, on comprend que la situation
intellectuelle de Gérardmer était encore une des meilleures, puisque « sur 152 communes du département, à
peine en trouve-t-on *vingt* où les écoles primaires soient
confiées à des hommes capables, et fréquentées par tous
les enfants qui ont besoin d'instruction. »

Quelques années après, en 1809, il n'y avait encore à
Gérardmer que 5 écoles et 7 maîtres, savoir :

J.-B. Gaudier, instituteur à l'école du centre, et ses deux clercs :
N. Groscolas. — J. Didier; — B. Toussaint. — S. Doridant. — J.
Fleurence et J. Bernard (1), maîtres des petites écoles (sections).

Un premier essai de développement de l'instruction
primaire fut tenté en 1831. Le conseil muniicpal décida
« l'établissement d'un cours d'instruction d'un degré supérieur. Ce cours serait dirigé par un instituteur dont les
connaissances étendues permettraient de fortifier les élèves
sur la lecture et l'écriture, de leur enseigner la grammaire
française, l'arithmétique dans ses diverses parties, la géo-
métrie appliquée à l'arpentage, le dessein (dessin) linéaire
propre à former des élèves dans les arts et métiers, des
notions principales sur l'histoire et la géographie. »

Il serait alloué au maître chargé du cours un traitement
de 400 francs, sans compter la rétribution scolaire, le
chauffage, etc.

(1) Archives communales postérieures à 1789. Case Instruction.

C'était la première tentative de création de l'enseignement primaire supérieur qu'allait consacrer la loi de 1833
(loi Guizot) (¹).

L'Instruction primaire a Gérardmer en 1892

Les statistiques scolaires publiées d'autre part, malgré
l'éloquence des chiffres, sont impuissantes à montrer
l'importance du mouvement intellectuel qui s'est accompli dans ces dix dernières années; aussi avons-nous prié
notre directeur, M. Hocquard, de nous rédiger sur l'école
primaire supérieure et l'école primaire de Gérardmer, qu'il
dirige simultanément, la notice que nous donnons ci-dessous. Elle complète heureusement le cadre que nous nous
étions tracé :

École primaire supérieure de Gérardmer

Historique. — Le promoteur de l'école primaire supérieure de
Gérardmer fut M. Ast père, manufacturier à Kichompré. Dans la
séance du 2 Décembre 1879, il présenta au conseil municipal, dont
il était membre, un vœu tendant à l'installation d'un cours « *qui
permettrait aux jeunes gens de Gérardmer, intelligents et travail-
leurs, de se préparer aux écoles d'arts et métiers;* » ce cours serait
fait par un maître spécial. Le conseil appuya ce vœu; l'administration académique le seconda, et comme le Ministère organisait les
écoles primaires supérieures, il fut dès lors question d'établir une
de ces écoles à Gérardmer au lieu du cours projeté.

Au printemps de l'année suivante (2), la création de l'école pri-

(1) L'essai ne fut pas heureux; quelques grandes villes seulement gardèrent
les écoles primaires supérieures créées à cette époque; il fallut un demi-siècle
pour que l'œuvre de Guizot fût reprise avec succès par un de nos compatriotes,
M. Jules Ferry, ministre de l'instruction publique; c'est à lui que revient l'honneur d'avoir organisé définitivement l'enseignement primaire supérieur.

(2) M. Ast fit de pressantes démarches pour hâter la création de l'école pri-

Pour permettre au lecteur de juger d'un coup d'œil le chemin parcouru en trois quarts de siècle, nous donnons ci-dessous la statistique scolaire en 1817 (1) et 1892 (2) :

Nos D'ORDRE 1817	Nos D'ORDRE 1892	NOMS DES MAITRES 1817	NOMS DES MAITRES 1892	LEURS QUALITÉS 1817	LEURS QUALITÉS 1892	NATURE DES ÉTABLISSEMENTS 1817	NATURE DES ÉTABLISSEMENTS 1892	SITUATION DES ÉTABLISSEMENTS 1817	SITUATION DES ÉTABLISSEMENTS 1892	NOMBRE DE CLASSES 1817	NOMBRE DE CLASSES 1892	POPULATION scolaire 1817	POPULATION scolaire 1892
	1		MM. Hocquard (5).		Directeur.		École prim⁰ sup⁰ (garçons).		Centre (Forgotte)		6		63
	2		Eschenbrenner.		Professeur.		Id.		Id.		»		»
	3		Géhin.		Id.		Id.		Id.		»		»
	4		Stevenel.		Id.		Id.		Id.		»		»
1	5	Léger Claudel (4)	Michaux.	Instituteur (breveté).	Instit⁰ titre sup⁰	École pre élémentaire (garçons).	Pre élémentre (id.).	Centre.	Id.		5		275
	6		Defer.		Id.		Id.		Id.		»		»
	7		Dagneaux.	Clerc (non breveté).	Id.	Petite école.	Id.	Lac.	Id.		»		»
2	8	J. Martin.	Narcy.		Stagiaire.		Id.		Id.		»		»
	9		Chrétien.		Id.		Id.		Id.		»		»
3	10	Sʳ Barbe Michel.	Mˡˡᵉˢ Larché.	Institutrice (non brevetée).	Directrice.	École publique (filles).	Pre laique (filles) (6).	Rain.	Id. (Hôtel de Ville).		4		130
	11		Ferry.		Instit⁰ stagiaire		Id.		Id.		»		»
	12		Géhin.		Id.	Id.	Id.		Id.		»		»
	13		Villaume.		Titulaire.		Id.		Id.		»		»
	14		Laumont.		Directrice.		Maternelle (filles).		Id.		2		155
	15		Colin.		Sous-Directrice.		Id.		Id.		»		»
4	16	J. Fleurence.	MM. Groshens.	Maître, petite école (non breveté).	Instit⁰ titulaire	École mixte (3).	Id. (mixte).	Les Bas-Rupts.	Les Bas-Rupts.		1		89
5	17	Séb. Doridant.	Jacquot.	Id.	— adjoint⁰	Id.	Id.		Id.		1		54
6	18	J. Bernard.	Thiéry.	Id.	— titulaire	Id.	Id.	Le Phény.	Le Phény.		1		92
7	19	J.-B. Pierrel.	Mᵐᵉ Chef.	Id.	Institᵉ adjᵉ	Id.	Id.	Le Beillard.	Le Beillard.		1		
8	20	N. La Ruelle.	MM. Grivel.	Id.	Institut⁰ titulaire	Id.	Id.	Id.	Les Xettes.		1		82
9	21	J.-B. Simonin.	Chauffour.	Id.	— adjoint⁰	Id.	Id.	Liézey (Xettes).	Id.		1		
10	22	Val. Didier.	Petitnicolas.	Id.	— titulaire	Id.	Id.	Xonrupt.	Xonrupt.		1		
11	23	J.-B. Georgel.	Mˡˡᵉ Chailly.	Id.	Institut⁰ adjoint⁰	Id.	École matern. publ.	Les Fies.	Id.		1		63
	24		Mᵐᵉ Marion.		— titulaire		Prim⁰ publ. (filles)		Id.		1		70
	25		MM. Gillet.		Institut⁰ titulaire		Id. (garç.)		Id.		1		47
12	26	J.-B. Bastien.	Vincent.	Id.	— stagiaire	Id.	Id. (mixte)	La Haie-Griselle.	Kichompré.		1		133
	27		Colin.		— titulaire		Id.		Id.		»		»
	28		Mᵐᵉˢ Langel (Sʳ Alfrida).		Directrice adj⁰		École priv. (intern⁰)		Retournemer.		1		11
	29		Bertrand (Sʳ Louise).		Id.		Id. (extern⁰)		Orphelinat.		3		28
	30		Sʳ...						Centre (Prairie-du-Champ).		1		187
	31		Chéry (Sʳ Anthyme).		Id.		Id.		Id.		1		192
	32		Sʳ...		Adjointe.		Id.		Id.		»		»
	33		Sʳ...		Id.		Id.		Id.		»		»
	34		Jeannenez (Sœur Sainte-Croix).		Directrice.		Maternelle privée.		Kichompré.		1		52
											35		1.723

Rien en 1817.

(1 et 2) Population de la commune en 1817 : 4.948 habitants; en 1892 : 7.197.
(3) Les écoles des sections étaient des chambres louées pour 6 mois à des particuliers; il n'y avait d'école proprement dite qu'une au centre.
(4) Archives communales postérieures à 1780. Case Instruction.
(5) D'après l'Annuaire de M. Merlin. Le directeur et les professeurs sont nommés par le Ministre; les instituteurs et les institutrices sont nommés par le Préfet. Ils possèdent les brevets primaires (élémentaire et supérieur); le certificat d'aptitude pédagogique est exigé des titulaires.
(6) Un cours complémentaire est annexé à cette école.

maire supérieure de Gérardmer était décidée, et la municipalité commença aussitôt les travaux pour aménager (¹) cette école dans l'ancien *établissement hydrothérapique ;* c'est pourquoi, dans le langage populaire, l'école est encore connue sous le nom d'*établissement.*

Une somme de 100.000 francs, en chiffres ronds, y compris une subvention de l'État de 5.000 francs consacrée à l'aménagement, a permis d'installer d'une manière très confortable les divers services de l'école. En outre des collections d'appareils et de matériel scientifique, de tableaux d'histoire naturelle, envoyés par le Ministère de l'Instruction publique dès l'ouverture des cours, M. Jules Ferry concéda à l'école une remarquable collection de modèles de dessin (²).

Installation matérielle. — L'école primaire supérieure, située au faubourg de Saint-Dié, sur la grand'route, est d'un accès facile.

Sa face principale est exposée à l'Est ; un rideau d'arbres planté le long du ruisseau de la Basse-des-Rupts, qui borde la clôture d'une très vaste cour, protège l'école contre les vents pluvieux d'Ouest et de Sud-Ouest.

Les divers services de l'école sont ainsi aménagés :

Rez-de-chaussée : à droite, trois salles de classe, dont une de dessin, très spacieuses, parfaitement éclairées et bien aérées ; à gauche, la salle de chimie, les cuisines, le réfectoire des élèves internes, la salle à manger du directeur.

Entre les salles de classe et les cuisines se trouve une vaste salle qui sert de préau couvert pour les jours de pluie. En hiver, cette salle est chauffée.

1ᵉʳ étage : le salon et le bureau du directeur avec ses appartements, la salle d'étude des internes, qui sert aussi de cabinet de physique.

2ᵉ étage : le vestiaire, le lavabo, la lingerie pour les internes et les logements des maîtres de l'école célibataires.

Un atelier pour le travail du fer et du bois, un gymnase et

maire supérieure ; de son côté M. Jules Ferry, ministre de l'Instruction publique, aplanit les difficultés.

(1) D'après les plans de M. Schuler, architecte diocésain.

(2) Collection des lycées et écoles normales.

un deuxième préau couvert complètent l'installation matérielle de l'école primaire supérieure de Gérardmer.

Un jardin botanique et un champ d'expériences annexés à l'école, permettent de donner aux élèves l'enseignement pratique de l'agriculture et de l'horticulture ; enfin, une installation météorologique (modèle des écoles normales), placée près du jardin botanique, sert à initier les élèves à l'observation des instruments et aux premières données de la météorologie.

Personnel enseignant. — L'école primaire supérieure de Gérardmer, ouverte la première dans les Vosges, répondait à un besoin réel, car l'enseignement qui s'y donne assure le large développement de l'enseignement primaire élémentaire.

Dès la rentrée d'Octobre 1880, alors que les constructions n'étaient pas encore terminées, l'école fut fréquentée par 20 élèves presque tous externes.

Le personnel enseignant ne comprenait que M. Michel, directeur, et M. Eschenbrenner, maître-adjoint.

La ville de Gérardmer ayant obtenu du conseil départemental, dans le courant de l'année 1880-81, l'autorisation d'annexer un pensionnat à son école, et les travaux ayant été presque tous terminés pour l'été de 1881, le nombre des élèves augmenta rapidement. En Octobre 1881, il s'élevait à 68, dont 25 internes et 43 externes. Un nouveau maître devenait nécessaire, et le 30 Mars 1882, M. le Ministre créait un poste de maître de sciences à l'école supérieure. Ce poste fut confié à M. Louis Géhin, alors instituteur-adjoint à Remiremont.

Les résultats obtenus par les élèves de l'école dans les divers examens qu'ils subirent cette année-là, firent connaître avantageusement l'école supérieure de Gérardmer; ainsi en Novembre 1882 il y avait 93 élèves, dont 41 internes et 52 externes.

Ce chiffre d'élèves dépassait le minimum fixé par les décrets ministériels pour les écoles de deux années d'études; il fallait un troisième maître; le poste en fut créé par décision du 23 Février 1883.

M. Delagoute, instituteur-adjoint à Épinal, fut nommé à l'école supérieure et partagea avec M. Eschenbrenner l'enseignement littéraire.

Dès lors l'école était de plein exercice et comprenait trois années d'études bien organisées.

A la fin de cette même année, deux autres écoles primaires supérieures furent ouvertes dans les Vosges, à Thaon et à Charmes; aussi le nombre des élèves se répartissant un peu partout, diminua-t-il sensiblement à Gérardmer, et, à la rentrée d'Octobre 1883, il n'était plus que 65, dont 31 internes et 34 externes.

Le 3 Février 1884, M. Delagoutte fut remplacé dans ses fonctions par M. Renard, instituteur-adjoint à Remiremont. M. Renard ne devait pas rester longtemps à Gérardmer; le 2 Décembre 1884 il fut appelé aux fonctions de professeur au collège d'Épinal, et son successeur fut M. Vareil, instituteur-adjoint à Thaon. M. Vareil fut chargé de l'enseignement des mathématiques.

Le nombre des élèves se maintenait encore au chiffre de l'année précédente : 60, dont 26 internes et 34 externes. Depuis, il ne fit plus que décliner, et en Décembre 1885, il n'était plus que de 50, dont 19 internes et 31 externes.

Au mois de Septembre 1886, le directeur de l'école, M. Michel, fut remplacé par M. Hocquard, alors directeur de l'école de Neufchâteau, et M. Vareil, admis à suivre les cours de l'école normale primaire supérieure de Saint-Cloud, fut aussi remplacé par M. Stevenel, instituteur-adjoint au cours complémentaire de Rambervillers. Depuis cette époque le personnel enseignant de l'école est resté le même; il comprend :

MM. Hocquard, pourvu du professorat des écoles normales et des écoles primaires supérieures (ordre des lettres), directeur;

Eschenbrenner, pourvu du certificat d'aptitude à l'enseignement secondaire spécial (lettres), professeur de lettres;

Géhin, pourvu du professorat des écoles normales et des écoles primaires supérieures (ordre des sciences), professeur de sciences physiques et naturelles;

Stevenel, pourvu du brevet supérieur et du certificat d'aptitude pédagogique, professeur de mathématiques.

Depuis 1886, la population scolaire a repris peu à peu son chiffre normal. En Novembre 1886, elle était de 56 élèves, dont 27 internes et 29 externes; actuellement (rentrée d'Octobre 1892), l'école est fréquentée par 65 élèves, dont 32 internes et 33 externes.

Résultats obtenus par les élèves de l'école. — L'école, qui compte douze années d'existence, a déjà reçu 484 élèves.

Beaucoup d'entre eux ont continué la profession de leurs parents et, leurs études terminées, se sont mis à la culture. Plusieurs sont entrés comme commis, comptables dans les maisons de banque, chez les industriels de la région, dans les maisons de commerce; d'autres ont réussi à entrer dans les écoles d'arts et métiers; se faire recevoir à l'école de Châlons est effectivement l'ambition des bons élèves de l'école primaire supérieure.

Un grand nombre d'autres élèves sont devenus instituteurs; quelques-uns, après avoir suivi les cours de l'école normale primaire de Mirecourt ou d'un département voisin, ont continué leurs études; ils sont sortis victorieux des difficiles concours d'entrée à l'école normale spéciale de Cluny (1), à l'école normale supérieure d'enseignement primaire de Saint-Cloud; aujourd'hui ils professent les uns dans les lycées et collèges, les autres dans les écoles normales primaires et dans les écoles primaires supérieures.

Un grand nombre aussi ne désiraient compléter leurs études à l'école supérieure que dans le but de faire leur carrière militaire; quelques-uns après avoir quitté l'école pour s'engager, sont arrivés à l'école de Saint-Maixent ou de Versailles et y ont gagné les épaulettes d'officier.

Enfin d'autres sont entrés comme fonctionnaires dans plusieurs services publics : postes et télégraphes, douanes, chemins de fer, voirie, etc.

Voici la statistique des professions embrassées par les élèves sortis de l'école primaire supérieure de Gérardmer :

Agriculture	62
Admissions aux écoles normales primaires	61
Instituteurs	50
Élèves rentrés dans la famille	54
Petite industrie	37
Emplois secondaires	32
Militaires	25
Commerce de détail	19

(1) École supprimée en 1890.

Chemins de fer	17
Grande industrie	13
Écoles techniques (Châlons)	11
Bourses de lycées et collèges	7
Postes et télégraphes	5
Administration forestière	4
Professions inconnues	48
Dessinateurs	5
Voirie (agents-voyers)	3

Ces chiffres se passent de commentaire.

Ils prouvent que l'école primaire supérieure répond aux vues de la municipalité de Gérardmer, désireuse de voir tous les enfants de la ville, particulièrement les déshérités de la fortune qui ne pourraient suivre les cours du lycée ou du collège, acquérir une bonne et solide instruction primaire qui les mette en état de se faire une position honorable, de mener à bien leurs petites affaires, de devenir surtout des ouvriers instruits et laborieux.

Elle répond aussi aux vues de l'État, car outre le complément d'instruction primaire que les enfants y reçoivent, on y fait encore leur éducation professionnelle, ce qui leur ouvre la plupart des carrières industrielles et commerciales; on peut ajouter que l'école supérieure de Gérardmer — comme toutes les écoles primaires supérieures de France — est vraiment une école démocratique : elle est entièrement gratuite, accessible à tous les enfants pourvus du certificat d'études primaires, et l'éducation qu'on y donne est, dans toute l'acception du mot, une véritable éducation libérale.

Les parents, en présence des services rendus par ces établissements, comprennent que ce sont vraiment là les écoles de la classe ouvrière, de l'industrie, du commerce, de l'agriculture, et ils n'hésitent pas à y envoyer leurs enfants.

ÉCOLE PRIMAIRE ÉLÉMENTAIRE

A l'école supérieure de Gérardmer se trouve annexée une école primaire élémentaire publique, placée sous la même direction. Cette école compte actuellement 260 élèves, partagés en cinq classes. A la tête de chaque classe se trouve un instituteur-adjoint.

Comme à l'école supérieure, la population scolaire de l'école primaire augmente rapidement (environ 15 élèves par année). Les bâtiments, qui étaient spacieux il y a quelques années à peine, sont devenus insuffisants, et la municipalité doit les agrandir afin de pouvoir loger tous les élèves. La nouvelle construction projetée permettra en outre d'agrandir les ateliers de l'école supérieure, devenus trop petits, et de créer une nouvelle salle de dessin.

L'école primaire suit le mouvement que lui trace l'école supérieure ; en 1892, 22 élèves, sur 23, ont été reçus au certifica d'études primaires.

Dans les divers concours elle remporte des succès importants. Au cinquantenaire du Comice de Saint-Dié, elle a obtenu une médaille d'argent, une de bronze, plusieurs mentions honorables et de nombreux volumes de prix.

Elle est comme la pépinière de l'école supérieure. Chaque année, à la rentrée d'Octobre, elle lui envoie ses élèves pourvus du certificat d'études primaires.

Les deux écoles sont animées du même esprit ; la même méthode d'enseignement y est employée, et le passage de la première à la seconde se fait sans transition brusque, les études de l'école primaire supérieure ayant d'abord pour base le développement des connaissances acquises à l'école primaire élémentaire.

ABRÉVIATIONS DANS L'ÉCRITURE

Pour terminer le chapitre de l'instruction, nous indiquerons les principales abréviations employées autrefois dans l'écriture des documents; on verra par là que la sténographie ne date pas d'hier, car les abréviations que nous avons rencontrées remontent aux XVIe siècle et au XVIIe. Elles étaient de trois catégories :

1º Plusieurs lettres d'un mot étaient remplacées par un

signe final; on écrivait : *aule* pour *aultre* (autre); *oue* pour *outre*; *aue* pour *au dit*; *lecy* pour *le dit*; *lefy* pour *les dits*; *coe* pour *comme*, etc.

2º Plusieurs lettres d'un mot étaient remplacées par un signe unique, figurant la lette *n* avec un jambage plus court que l'autre : *n* et placé au-dessus du mot abrégé.

Ex. : *coaute* signifiait *communauté*.

coal — *communal*.

cois — *commis*.

hers — *héritiers*.

prentes — *présentes*.

3º Enfin le signe de l'abréviation consistait simplement en un trait horizontal tiré au-dessus du mot abrégé.

Ex. : *coissaire* signifiait *commissaire*.

amoiaon — *amodiation*.

hoes — *honnêtes*.

coault — *communault*.

en pnce — *en présence*.

On voit que ce système de sténographie était particulier à chaque écrivain; il donnait lieu parfois à des libellés très bizarres; citons le suivant, assez fréquent dans les actes de la municipalité :

« Les *hans* et *coaults* de la *coaute* de Gérardmer, assemblés en la chambre *coale* en *pnce* des maire, jurés et gens de justice..... » qui signifie :

« Les habitants et communaults de la communaulté de Gérardmer, assemblés en la chambre communale en présence des maire, jurés et gens de justice..... »

D'autres fois encore l'abréviation était particulière au mot abrégé, ainsi dans la carte de Gérardmer en 1782 jointe à ce travail, le signe *c·* signifie : *maison appartenant à*.

QUATRIÈME PARTIE

AGRICULTURE. — INDUSTRIE. — COMMERCE. — VOIES DE
COMMUNICATION

Chapitre Ier. — AGRICULTURE

État général de l'Agriculture

A Gérardmer, d'après la constitution même du sol,
l'agriculture n'a pas été prospère dans les siècles passés;
de nos jours encore, malgré les défrichements de terrains
incultes et les progrès réalisés, grâce à la persévérance
des montagnards, il y a encore peu de terrains mis en
état de culture.

A part quelques récoltes de seigle et de pommes de
terre suffisant à peine à la nourriture des cultivateurs
qui les ont produites, l'agriculture se réduit à la culture
de quelques légumes dans de petits enclos entourés de
murs de granit.

En revanche les prairies naturelles sont nombreuses
et productives; elles assurent, avec les pâturages des
hautes chaumes, l'entretien des vaches laitières. La production du lait, en vue de la fabrication du fromage, est
en effet la principale ressource de l'agriculture à Gérardmer.

On peut donc dire qu'avant 1789 la culture se bornait
à l'entretien des prairies, à l'ensemencement en seigle

16

de « quelques maigres parcelles. » Quant à la pomme de terre, elle aurait été introduite dans les Vosges par des étrangers. « On la cultivait d'abord dans la vallée de Celles, mais comme elle était d'une qualité très médiocre, elle ne fut employée pendant longtemps qu'à la nourriture des bestiaux [1]. »

Dès le commencement du siècle dernier, les pommes de terre entraient pour une grande part dans l'alimentation du montagnard, avec le fromage et le lait. Une statistique agricole [2] relate que, vu la misère de l'année (1710-11), les habitants de Gérardmer vécurent « de pommes de terre coupées en morceaux et séchées, qu'ils trempaient dans du lait. » Cette même statistique dit que : « le seigle de printemps et l'orge semés suffisent à peine à nourrir les habitants pour huit ou dix jours ; on en sème peu faute de terres propres à la culture et à cause des intempéries. Les pommes de terre récoltées suffisent à peine pour trois mois. »

La statistique de 1790 relate pour les récoltes de cette année :

Orge et menus grains.....	30	reseaux
Pommes de terre.........	4.200	—
Foins et fourrages........	6.400	mille
Paille	2.000	—

En certifiant l'exactitude de ces renseignements, l'assemblée municipale ajoute : « Il n'y a pas pour nourrir sur notre territoire les 2/3 des bestiaux qui y sont. Les fourrages que nous consommons sont tirés de Granges, Jussarupt, Saint-Elaine, Granviller, Gerbépal et du val de Saint-Diez. »

Quant à la nourriture des citoyens, « on achète les subsistances aux marchés de Remiremont, Bruyères, Epinal, Rambervillers, Ravon (Raon) et Saint-Diez.

[1] A. DIGOT, t. V, p. 376.
[2] Archives communales C. C. V.

Nous donnons ci-dessous quelques renseignements statistiques.

Statistique de la quantité de Terres ensemencées en Bleds, Légumes, Fourrages et autres productions à Gérardmer en l'année 1795.

CÉRÉALES . .	Froment (1)	8 jours.
	Seigle	30 —
	Orge	10 —
LÉGUMES . . .	Fèves	10 —
	Pommes de terre	306 —
	Patates	203 —
	Pois	3 —
FOURRAGES .	Prairies naturelles (prés)	6.900 —
AUTRES PRO-	Lin	31 —
DUCTIONS	Chanvre	9 —
BOIS	Nationaux	20.000 —
	Communaux	6.000 —

Culture d'un hectare de Terre à Gérardmer à la fin du XVIII⁰ siècle.

		Poids de la Semence en quintaux	Poids de la Récolte en quintaux	Valeur de la Semence en francs	Valeur de la Récolte en francs
CÉRÉALES . .	Blé	2	3	12 50	10
	Seigle	5	3	10 » »	17
	Orge	4	5	3 50	7
LÉGUMES . . .	Fèves	»	5	»	»
	Pommes de terre	»	10 reseaux	»	»
	Patates	»	10	»	»
	Pois	»	4	»	»
FOURRAGES .	Foin (prairies)	»	4	»	10
AUTRES PRO-	Lin	»	½	»	7
DUITS	Chanvre	»	¼	»	7
BOIS	Communaux . .	»	1 corde	»	2

(1) Il était semé à titre d'*essai*.

Le prix moyen de l'hectolitre de céréales (1783-1798)
fut : blé, 20 fr. 13 — seigle, 12 fr. 90 — avoine, 7 fr. 90.

**Consommation moyenne annuelle par Habitant de Gérardmer en Céréales
et Produits divers au siècle dernier.**

BLED	MÉTEIL	SEIGLE	ORGE	MAÏS	LÉGUMES SECS	MENUS GRAINS	POMMES DE TERRE	TOTAL
litres	litres	litres	litres	litres	litres	litres	litres	litres
148	42	16	18	3	24	2	465	719

L'examen de ces chiffres montre la prédominance de
la pomme de terre dans l'alimentation à cette époque.
Sur un total de 719 litres, la pomme de terre entre pour
465 litres, soit dans la proportion de 65 % ; en dehors
de la pomme de terre, chaque individu consommait journellement *une livre,* des différentes espèces de légumes
et grains ci-après détaillés, dans les proportions indiquées :

Froment, 59 % — méteil, 16 % — seigle et orge, 6 % — millet,
2 % — légumes secs, 10 % — menus grains, 1 %.

La statistique des animaux domestiques pour 1789
donne les chiffres suivants :

Chevaux, 151 — ânes, 5 — mulet, 1 — vaches, 2.487 — bœufs, 4
— génisses, 104 — veaux, 163 — porcs, 45 — chèvres, 750 — chevreaux, 915 — veaux nés, 2.240 — volailles, 84 — oies, 20.

Chevaux. — L'examen de ces chiffres nous montre qu'en
raison même du petit nombre de chevaux, les habitants de
Gérardmer n'avaient guère de moyens rapides de locomo-
tion ; de plus 57 des propriétaires de ces chevaux (statistique de 1769), appelés *cossons,* conduisaient les marchandises
du lieu et ramenaient les blés et autres matières de pre-

mière nécessité. Il n'y avait, dans le pays, que 9 chars et
29 chariots.

Moutons. — L'absence de moutons s'explique sans doute
à cause de la rigueur du climat et de l'usage des pâturages
réservés aux vaches; actuellement il n'y en a pas davantage.

Vaches. — Les vaches ont la prédominance parmi les
animaux domestiques; elles constituent les principales ressources des habitants. (Voir *Commerce des denrées alimentaires agricoles.*)

Elles étaient l'objet de grandes précautions contre l'épizootie. Dès 1714, au moment de l'apparition d'un typhus
qui sévissait sur les bestiaux de la communauté de Vagney,
les autorités de Gérardmer prirent un arrêté pour interdire
le passage à l'entrée et à la sortie de la commune des
bestiaux de la localité contaminée (¹). Il était défendu
« d'introduire aucun bétail ni cuir, sous peine de 8 jours
de prison et de 200 francs d'amende. »

En cas de mort d'un animal suspect, la municipalité
faisait faire l'autopsie de l'animal par le « maître chirurgien
du lieu. »

Sur la fin du XVIIIᵉ siècle, il y eut de nouveaux cas
d'épidémie, ce qui engagea la communauté à désigner un
demi-jour de terre aux « Foingnes du Lac, » à un quart de
lieue du village, et un terrain de même consistance, situé
à une distance semblable de l'agglomération, au lieu dit
« Les Foingnes (feignes) du Bergon, pour inhumer les
animaux morts de maladies contagieuses. »

Chèvres. — Le nombre des chèvres élevées à cette
époque a diminué; les chevreaux devaient constituer un
certain appoint pour l'alimentation des habitants, car dès

(1) Archives communales, H. H. 1. Il y eut de nombreux procès-verbaux à
ce sujet.

les premiers jours de printemps on en consomme encore beaucoup à Gérardmer.

Oies. — Les quelques oies qui vivaient aux Fies au siècle dernier, ont leur histoire. Sans être aussi célèbres que celles du Capitole, elles nous ont cependant laissé le souvenir de leurs exploits :

En 1769, les maire et jurés de la communauté exposèrent au lieutenant général de Remiremont que les oies des habitants des Fies causaient « un grand préjudice aux paquis communaux, et en gâtaient l'herbe par leurs fientes ; » ils appelèrent sur ces malheureux palmipèdes les foudres administratives.

Le cas fut jugé grave, car le lieutenant général « fit défense aux oies de..... fienter sur les paquis communaux ! et aux propriétaires de les laisser courir et pâturer sur le commun, » sinon il menaçait les délinquants de 20 francs de dommages-intérêts, autant d'amende pour chaque oie trouvée en défaut, et confiscation de l'oiseau.

Foires et Marchés

La situation isolée de Gérardmer, le besoin qu'éprouvaient les habitants d'échanger leurs produits agricoles (fromage et beurre) contre les autres objets de nécessité première, l'obligation d'acheter ou de vendre des bêtes à cornes, et aussi le goût inné des habitants pour le trafic, tout devait amener la création de foires et de marchés.

Par lettres patentes du 4 Mai 1641, le duc Charles III autorisa l'établissement, à Gérardmer, d'un marché hebdomadaire ; par celles du 20 Septembre de la même année il y créa deux foires annuelles « franches, » pour le 18 Avril et le 1er Octobre (saint Remy), c'est-à-dire à

(1) Archives commnnales H. H. III.

l'entrée et à la sortie de l'hiver. Un décret de 1655 confirma la tenue de ces foires (¹).

Sur la demande des habitants de Gérardmer, les officiers de la prévôté d'Arches ordonnèrent (1654) que la tenue du marché hebdomadaire, toléré le dimanche, n'aurait lieu qu'après l'office divin (²).

Un arrêté de 1661 fixa la tenue de ce marché au jeudi ; il était franc, ainsi que les deux foires annuelles (³).

En 1786 (⁴), la communauté demanda l'autorisation d'ouvrir deux nouvelles foires, l'une le jeudi de la Sexagésime, l'autre le jeudi le plus proche et avant le 24 Août (jour de la fête patronale), avec translation de la foire du 18 Avril au jeudi saint. C'est dans ces foires que se faisait principalement le commerce des denrées alimentaires (⁵).

Commerce des Denrées agricoles

Une déclaration de la communauté, fournie en 1708, dit :

Les habitants y sont assez pécunieux par rapport au commerce de fromages que l'on y fait, qui sont des meilleurs des pays voisins, qu'ils distribuent dans la ville de Metz, les Evêchés, l'Alsace et en ce pays, et par rapport aux grains et vins qu'ils achètent dans les villes voisines et revendent aux marchés du dit lieu, qui sont des plus considérables de ce pays.

Léopold Bexon dit en outre dans son mémoire :

La principale branche de commerce des habitants de Gérardmer est le beurre et le fromage que produisent les vaches qu'ils nourrissent à l'écurie, pendant huit mois d'hyver, avec les foins des preys qu'ils ont formés en démolissant des rochers et arrachant les pierres à mi-côte sur les hautes montagnes. Il y a des marcaires qui ont deux ou trois de ces petits preys, et, ne pouvant traverser les rochers qui les entourent pour transporter, au temps de la fenaison, le foin pour le rassembler dans leurs maisons, ils font bâtir des greniers et

---

(1, 2, 3, 4) Archives communales H. H. II.
(5) De nos jours la foire a lieu le dernier jeudi du mois.

des étables dans chacun de ces petits preys pour y loger le foin et leurs vaches qui le mangent pendant l'hyver. Il arrive souvent que le foin de ces cabanes est consommé et qu'il faut absolument en tirer les vaches pour les conduire dans une autre, quelquefois distante d'une lieue, dans un temps où il y a beaucoup de neiges. Ce transport ne pouvant souffrir de retard, tous les habitants de la contrée font faire des tranchées, quelquefois de 12 à 15 pieds de profondeur dans la neige, pour le passage de ces vaches; l'été, elles vont brouter entre les pierres (¹).

Les habitants de Gérardmer avaient, à diverses époques, obtenu des franchises pour conduire leurs grains ou leur bétail aux foires.

Le 25 Septembre 1557, ils avaient obtenu du « très illustre prince Mgr de Vaudémont, franchise sur les marchés de Saint-Dié, sauf pour le bétail. »

Peu de temps après ils sollicitèrent de nouvelles franchises au sujet « de *l'enseigne levée.* » Sur les marchés de la plupart des villes de Lorraine, on installait soit le drapeau de la ville, soit l'écusson de ses armes; pendant tout le temps où cette enseigne était exposée, les bourgeois de la ville seuls avaient le droit d'acheter des denrées alimentaires, à l'exclusion des revendeurs, de façon à leur permettre d'avoir des prix modérés; dès que l'enseigne était levée, le marché était libre pour tous les acheteurs, étrangers ou non.

Les habitants de Gérardmer, dans leur supplique, représentent au duc de Lorraine que :

Combien qu'ils soien en lieux et territoire stéril et infructueux, et ou il n'y croit grains pour leur nourriture, ce néantmoins ne peuvent encore avoir commodité d'estre fourny de bledz et aultres grains pour leur deffruict à cause de l'empeschement que leur est faict aux marchez de Remiremont, Sainct Diez, Bruyères et Espinal, ou les habitans d'iceulx lieux né leur veuillent permettre achepter

(1) Les ducs de Lorraine estimaient fort le bétail des Hautes-Vosges pour en peupler leurs « ménageries ou fermes. » Ainsi, le duc Charles IV fit acheter, à Gérardmer, 6 vaches à 96 francs l'une, à Munster 18 vaches et un taureau, pour la vacherie de La Neuveville-lez-Nancy (1629) (D'après H. Lepage).

blez que premièrement l'enseigne accoustumée de mettre en évidence
marchez ne soit osté que vers avant les neuf ou dix heures, et là ou il
leur est de nécessité d'y avoir ung resau, on ne leur permettait en
avoir qu'un demi-resau, comme ils étaient étrangers et non résidant
dans nos pays et juridiction, ou que ce fust pour en faire ung ven-
dage et transport hors vos dicts pays, de manière qu'ils sont gran-
dement intéressé de frais et perdition de temps pour estre distants
de six grandes lieues du dit Epinal et de Sainct Diez, Remiremont
et Bruyères de quatre à cinq lieues, et d'autant que les pauvres habi-
tans sont souvent encloz au dict Gérardmer pendant le temps de six
semaines et plus, ne peuvent aller en aucun marchez pour cause de
grandes affluences de neiges et que sy ancuns icelles ils ne sont
fournis de grains pour leur défrut (usage) et nourriture, ils demeu-
rent en très grande pauvreté et famine, signamment par les grandes
cheretez comme elles regnent présentement (1).

Le duc fit droit à leur requête ; il ordonna aux « officiers
et subjects des lieux de Remiremont, Espinal, Bruyères et
Saint-Diez » de laisser les habitants de Gérardmer acheter
des grains avant et après « l'enseigne ôtée, » sous la réserve
expresse que les grains achetés serviront strictement à la
nourriture des acheteurs,

Sans en faire traffique ni aucunement abuser sur peyne de con-
fiscation des grains et d'amende arbitraire, sans permettre ni souffrir
grands achats, levé soit faict, mis ou donné ne aussy leur mettre ni
donner aulcun trouble et empêchement. Car tel est notre volonté et
plaisir. Nancy, le 15 Décembre 1573 (2).

Franchises pour les Bestiaux.

Les habitants de Gérardmer obtinrent, un siècle plus
tard, franchise pour leurs bestiaux sur les marchés des
villes de Remiremont, Epinal, Bruyères, Saint-Dié (3).
Ils avaient également le droit de conduire en liberté leurs

(1 et 2) Mémoire de l'abbé DIDELOT.
(3) Archives communales A. A. I.

denrées agricoles dans le dictrict de Salin-l'Etape (Raon-l'Etape); les fermiers du duc les ayant inquiétés à maintes reprises pour « les droits d'entrée, issue, foraine et haut conduit, » les Gérômois réclamèrent au duc la confirmation de leur franchise. Par un décret de 1714, S. A. R. leur donna satisfaction (¹); elle leur octroya également franchise pour sortir les *veaux* des états de Lorraine, « *mais seulement les veaux de lait* (²) (1721). »

Comme on le voit, les ducs de Lorraine étaient aussi bienveillants que possible pour la communauté de Gérardmer, mais il n'en est pas moins vrai que les entraves apportées au libre échange des produits agricoles gênaient singulièrement les négociations.

Monnaies.

L'argent ayant toujours été la base des transactions, nous avons cru nécessaire d'ajouter quelques données historiques au sujet des monnaies.

En 1700, le duc Léopold fit frapper de nouvelles monnaies pour la Lorraine; c'étaient des pièces d'or, d'argent et de billon; les pièces d'or recevaient le nom de doubles-léopolds, léopolds et demi-léopolds, qui avaient le titre, la taille et le poids des doubles-louis, louis et demi-louis; les pièces d'argent, lesquelles portaient également la dénomination de doubles-léopolds, léopolds et demi-léopolds, avaient la même valeur que les écus, demi-écus et quarts d'écus de France (3).

Il y avait en outre la livre tournois (tt), qui valait 20 *sous* (s), le sou, 4 *liards* (l) et le liard, 3 *deniers* (d).

Suivant les époques, on employa aussi à Gérardmer d'autres valeurs monétaires, savoir : le *gros* (gr) qui valait

(1 et 2) Archives communales, A. A. I.
(3) A. Digot, t. VI, p. 28.

4 *blancs* (bl) et qui était le douzième du franc; les écus de 6 (1) et de 3 livres; les pièces de 30, 24 et 15 sous; le louis d'or qui valait 24 livres, et le double-louis qui en valait 48.

Pour comparer la valeur intrinsèque du numéraire à ces diverses dates avec celle de notre époque, il faut tenir compte de la rareté du numéraire et multiplier les sommes données par un facteur variable suivant les époques.

Nous donnons ci-après les données qui concernent les objets de consommation courante.

Prix des Denrées usuelles.

La livre de pain : 3 gros (1696) — 2 gros 2 blancs (1690) — 0 fr. 175 (1789) — 0 fr. 35 (an IX).

La livre de fromage ordinaire : 3 gros (1690) — 7 sous (1725) — 10 sous (1789).

La livre de fromage fin (cuminé) : 5 gros (1690) — 7 gros (1696).

— beurre : 17 sous (1721) — 23 sous (1731).

— sel : 0 fr. 3525 (1789) — 4 sous 9 deniers (an IV).

— truite ou de brochet : 6 sous (1735) — 10 sous (1762-85-89).

— perche (heurlin) : 1 sou (1735) — 2 sous (1762-89).

La pinte de vin (de Paris) : 1 franc (1690) — 0 fr. 35 (1789) — 0 fr. 55 (an IX).

La pinte de bière : 0 fr. 20 (1789) — 0 fr. 325 (an IX).

Le quintal de bled : 16 livres (1790).

— seigle : 12 livres 10 sols (1790).

— avoine : 7 livres (1790).

La rame de papier : 7 livres (1792).

Le mille d'escendes (essis) : 21 francs (1713).

Un cheval : 233 francs (1714).

Une vache : 96 francs (1629).

Une brouette : 1 franc 8 gros (1714).

Une corde de bois de hêtre : 6 francs (1789) — 10 francs (an IX).

Façon d'un habit complet : 5 francs (1789) — 7 fr. 50 (an IX).

Façon d'une paire de souliers : 5 francs (1789) — 6 fr. 50 (an IX).

Rente de 100 francs : 1 livre 9 gros (1696) — 5 francs (1789).

(1) En 1690 l'écu valait 7 livres à Gérardmer, et en 1598 le gros valait le 1/18 de la livre.

Salaires-Prix de la Journée de Travail (1).

		1789	1801
Salaire d'un journalier nourri............ { Été		» 60	1 »»
{ Hiver		» 50	0 75
— non nourri		1 »»	1 75
Salaire d'une femme à la journée, nourrie.. { Été		» 35	» 55
{ Hiver		0 05	» 10
Gages annuels des domestiques « *mâles* »........		72 »»	120 »»
— « *femelles* »......		48 »»	80 »»
Salaire d'une journée de maçon		» 50	1 50

Dépenses journalières pour la Nourriture et le Logement par catégories d'Individus (2).

	NOURRITURE		LOGEMENT	
	1789	1801	1789	1801
Un médecin ou homme de loi........	2 »»	2 80	» 30	» 40
Propriétaire le plus riche de Gérardmer	1 40	1 80	» 20	» 25
Petit propriétaire	» 40	» 75	» 10	» 13
Un artisan (menuisier, cordonnier)...	» 50	» 80	» 125	» 15
Un journalier ou un domestique......	» 40	» 75	» 10	» 13

Statistique des Professions (3).

	1721	1789		1721	1789
Armurier............	2	»	Aubergiste	11	4
Accoucheuse..........	1	5	Beurrier (marchand)..	»	3
Arpenteur............	»	2	Blatier (4)............	»	3

(1 et 2) Archives communales postérieures à 1789. Les frais de voyage étaient peu élevés au commencement du XVIIIᵉ siècle. Gérard Michel qui fit à Nancy, pour la communauté, un voyage à cheval de 7 jours (1716), rapporte les dépenses suivantes : « De la giste de Remiremont à Espinal, y avoir dîné, 15 sols; à la giste à Charmes, 30ˢ; à Velle (dîner), 13ˢ; à Nancy, 2 nuicts et repas, 3ˡ 18ˢ; pour 2 nuicts de cheval, 28ˢ; à Rosier (une nuict de cheval), 28ˢ; à Gerbéviller (dîner), 14ˢ; à Sainte-Allène (coucher), 22ˢ; à Bruyères (dîner), 17ˢ. »

(3) Archives communales antérieures et postérieures à 1789.

(4) Celui qui vend du blé sur les marchés.

	1721	1789		1721	1789
Boîtelier.............	12	15	Maçon...............	7	5
Boisselier (marchand).	»	1	Magasinier de sel.....	1	1
Bonnetier...........	»	2	Maréchal ferrant......	7	12
Boucher............	»	3	Mercier.............	1	3
Boulanger...........	3	3	Menuisier...........	1	4
Bourrelier..........	2	3	Meunier............	5	6
Buraliste...........	»	5	Marchand...........	9	»
Cabaretier..........	»	9	— de bétail.....	»	3
Chapelier..........	1	1	— de fromages..	»	8
Charron............	1	1	— salinier......	1	4
Charpentier........	9	8	Manœuvre...........	97	»
Chasseur...........	»	2	Mendiant...........	31	»
Châtreur...........	»	1	Notaire.............	1	1
Charcutier.........	»	1	Officier de santé......	»	2
Chirurgien..........	»	1	Pêcheur............	5	4
Cloutier............	1	3	Poissonnier..........	»	2
Cosson.............	7	8	Palonnier...........	»	2
Cordonnier.........	9	8	Poix (fondeur).......	»	2
Couvreur...........	6	4	Potier (marchand).....	»	1
Couturière..........	»	2	Rasier.............	1	»
Cuvelier............	»	17	Organiste...........	»	1
Drapier............	»	2	Sabotier............	16	16
Epicier............	»	1	Sagard.............	»	4
Epinglier (marchand)..	»	5	Savetier............	2	6
Fabricant beurrier.....	»	35	Sablonnier..........	2	»
Fontainier..........	»	1	Sellier.............	3	»
Fromagers (marcaires).	50	138	Serrurier...........	»	3
Fruitier............	»	5	Taillandier..........	»	2
Forestier...........	»	»	Tailleur d'habits......	8	14
Fossoyeur..........	1	1	Tisserands..........	6	20
Gabeleur (1).........	»	5	Tourneur...........	10	11
Grainier...........	»	5	Tabellion...........	»	1
Greffier...........	1	1	Tonnelier...........	11	»
Garde-chasse........	1	1	Teinturier..........	»	2
Horloger...........	»	1	Vicaire en chef.......	1	1
Instituteur..........	1	1	Vitrier............	2	1
Linger.............	»	3			

(1) Employé de la gabelle.

Nous ferons remarquer le petit nombre de tisserands (20, dont 12 compagnons), qui existaient à Gérardmer à la fin du siècle dernier.

D'ordinaire les artisans ne vivaient pas d'un seul métier ; ils en avaient plusieurs qu'ils exerçaient suivant les circonstances ; quand ils travaillaient au compte des particuliers, c'était toujours à domicile, et les personnes qui réclamaient leurs services devaient leur offrir la table commune.

Les cordonniers méritent une mention spéciale pour le patriotisme dont ils firent preuve pendant la Révolution. Ils étaient au nombre de 14, qui répondirent à l'appel chaleureux de l'administration municipale (en 1792), savoir : Didier, J. Gegout, A. Gegout, Moulin, A. Martin, Gley, N. Martin, Claude, Viry, J. Gegout le jeune, Blaison, Toussaint, N. Gegout, Pierrel.

Il s'agissait de faire des souliers pour l'armée, et les cordonniers manquaient de cuirs et de formes. L'administration municipale prit des dispositions pour donner à ces ouvriers la matière première indispensable, et le travail imposé fut toujours exécuté à temps ; 3, parmi ces cordonniers de Gérardmer, acceptèrent la commande de 50 paires de souliers nécessaires aux 25 engagés volontaires de la commune (17 Mars 1793).

Les tanneurs ne vendaient leurs cuirs qu'au reçu de numéraire métallique ; aussi, quand la dépréciation des assignats eut fait baisser considérablement la fortune publique, les cordonniers se virent dans l'impossibilité de faire les 2 paires de chaussures que chacun d'eux devait fournir par décade.

L'assemblée municipale protesta énergiquement en leur faveur (délibération du 12 Messidor an IV), en disant : « ..... Les cordonniers ne sont pas riches ; s'il est juste d'exiger des citoyens des sacrifices pour assurer la tenue des armées et leurs triomphes, il est aussi juste de les faire tomber sur ceux qui ont le plus de profit; estime qu'il y a lieu d'ordonner aux tanneurs de fournir et avancer aux cordonniers les cuirs nécessaires pour la confection des souliers requis par la loi. »

Les sages-femmes, appelées autrefois « *accoucheuses,* » et plus anciennement « *matrones,* » étaient élues, à la pluralité des voix, par les femmes de Gérardmer, réunies à l'église paroissiale sous la présidence du prêtre vicaire en chef; elles « prêtaient ensuite serment en mains du prêtre, suivant le rituel du diocèse; » mention de cette élection était faite au registre des baptêmes de la communauté. En 1700, ce fut Marguerite Piérot que les femmes de Gérardmer choisirent pour matrone.

Pendant la Révolution, le choix des matrones incombait à l'Assemblée municipale. En 1793, l'Assemblée choisit pour sages-femmes :

C. Thomas (centre) — M. Lecomte (Hauts et Bas-Rupts) — M. Thomas (Liézey) — A. Ferry (Xonrupt, Fies) — J. Pierrat (Phény), « lesquelles ont prêté serment de remplir avec fidélité les fonctions de leur place, entre les mains du citoyen maire de cette commune, et ont signé. »

Ces nominations étaient faites sur les propositions des habitantes de chacune des sections.

Les deux premières sages-femmes diplômées des cours d'accouchement d'Epinal, qui exercèrent à Gérardmer, furent Odille Maurice et Jeanne Le Roy [1] (28 Ventose an XI).

Industrie fromagère

Nous devons un chapitre spécial à la principale industrie agricole du pays, la fabrication du fromage dit de « *gérômé.* »

[1] Archives municipales postérieures à 1789. Registres des délibérations de l'assemblée municipale.

La statistique rappelée précédemment nous a montré qu'il y avait à Gérardmer, en 1789, près de 2.500 vaches laitières, 138 « *marcaires* » ou fabricants de fromages, et seulement 35 fabricants beurriers. Ces chiffres indiquent la prédominance de la fabrication du fromage, qui a toujours été une source importante de richesse pour le pays.

C'est surtout dans les chaumes que l'industrie fromagère est prospère.

Fabrication du Fromage. — Pour faire le fromage de Gérardmer, il faut plusieurs opérations que nous allons décrire succinctement.

Après la *traite* et la *filtration* du lait, ce dernier est mis en *présure*. Cette opération, la plus importante de toutes, a pour but de faire cailler le lait au moyen d'un liquide spécial, la *présure (prodan)*; suivant le volume du lait, sa température, celle de l'air, et le degré de concentration de la présure, on en met dans le chaudron une ou deux cuillerées. Ce dosage est indispensable à connaître, car si la présure est trop concentrée pour la dose de lait, la pâte du fromage se durcit et se fend en séchant ; si la présure est à une dose insuffisante, la pâte reste molle et le fromage *coule*. De plus, si la présure est mal préparée ou si elle a mauvais goût, le fromage *sent fort* comme on dit vulgairement; cette présure est faite en laissant macérer la caillette d'un jeune veau (*lo couèhèye*) dans un liquide spécial.

Les marcaires des siècles derniers savaient parfaitement préparer leurs présures; leurs descendants n'ont pas su toujours conserver les bonnes traditions de leurs ancêtres ni acquérir leur habileté (1).

(1) Un progrès immense a été accompli dans l'industrie fromagère par l'invention des présures concentrées, qui sont livrées dans le commerce sous la marque *J. Fabre,* à Aubervilliers. Ces présures sont inodores, inaltérables; leur puissance de coagulation est toujours égale; on peut les employer aux mêmes doses dans des conditions identiques de température et de volume du lait.

Quand l'emprésurage a été bien fait, le lait est caillé au bout de quelques heures ; le marquaire brise le caillé (*lo môton*) avec le *sochch'nèye*, et sépare le petit lait avec le *bèssin ;* puis il met le caillé en formes sur la *solère*, les *rèhausses* surmontant les *trôtes.* L'égouttement du petit lait provoque le tassement du caillé, qui bientôt ne remplit plus que la trôte. Au bout de quelques jours, le fromage est suffisamment égoutté pour qu'on puisse le saler en le retournant sur le *tala* garni de sel ; après qu'on a répété plusieurs fois l'opération, on met sécher les fromages soit à l'air en été ([1]), soit derrière le fourneau en hiver. En quelques jours le fromage est sec et devenu du *fromage blanc ;* il reste à le *faire passer,* comme disent les marcaires, c'est-à-dire à l'affiner en lui faisant subir un commencement de fermentation. A cet effet on le descend dans une *balance (landri),* sorte de cylindre vertical mobile, qui porte des disques destinés à recevoir les fromages. On les lave à l'eau douce plusieurs fois de suite ; on éloigne les rats et les loirs, friands de la pâte molle, et au bout de 3 ou 4 semaines on voit les fromages se couvrir d'une pellicule rougeâtre. Après quelques mois ils sont *faits,* et ils sont à point pour la consommation.

Très souvent le fromage de gérômé est *anisé,* c'est-à-dire aromatisé avec du *cumin des prés (carum carvi),* vulgairement appelé *anis des Vosges.*

La fabrication du gérômé est une industrie qui a pris naissance au milieu des pâturages des hautes chaumes ; il ne faut pas s'étonner si le montagnard a tiré de son patois la dénomination des ustensiles du fromager et des opérations que nécessite la fabrication du gérômé :

L'emploi de ces présures concentrées augmente notablement la qualité du gérômé, en donnant un caillé homogène, bien supérieur en qualité et en rendement à celui que donnent les présures ordinaires.   L. G.

(1) Il faut prendre garde, dans cette opération, aux mouches, qui viennent pondre sur les fromages et les gâter à brève échéance ; aussi on recommande de mettre les fromages derrière des fenêtres grillagées d'un fin treillis.

1º *Ustensiles du fromager*. — Les principaux ustensiles en usage dans une marcairerie sont : 1º les *sceaux* en sapin (*sèyes*), dans lesquels on tire les vaches. Ils sont cerclés de fer ou de cuivre. On les voit, en entrant dans une ferme de la montagne, suspendus près de la fontaine et entretenus dans un état de propreté minutieuse ; les cercles métalliques en sont brillants comme des miroirs. De nos jours on tend à remplacer ces ustensiles par des sceaux en fer étamé, d'un entretien moins difficile.

2º Une sorte d'*entonnoir* (le *colèye*), placé sur une échelette à lunette (*lè hcholotte*). Au fond de l'entonnoir on met un paquet de *jalousie* ([1]) et un linge fin.

3º Un *chaudron* (*chaudiron*) en cuivre ou en zinc. Il est fermé d'un couvercle en bois, au milieu duquel se trouve un trou destiné à laisser passer le fond de l'entonnoir. Ce chaudron est placé sur un *valet de paille* tressée (*raute*), lequel repose sur un trépied en bois.

4º Une sorte de *cuillère*, en bois ou en fer blanc (*sochch'nèye*), ressemblant à une cuiller à pot aplatie ; d'autres fois elle est remplacée par un couteau en bois très allongé. Cet instrument sert à diviser le caillé pour pouvoir le mettre en formes, puis à enlever le petit lait quand il vient à la surface du chaudron, dans le bassin.

5º Une *passoire* circulaire ou oblongue, en fer blanc, zinc ou cuivre (*lo bèssin*). Elle est percée de nombreux trous et sert à séparer le petit lait du caillé.

6º Deux douzaines de *formes,* presque toujours en bois de sapin, cerclées d'érable, de diamètre variable suivant la dimension du fromage à fabriquer ; sur le fond ces formes sont percées de 7 à 8 trous de la grosseur d'une plume d'oie, pour faciliter l'écoulement du petit lait. Les formes ou l'on place le caillé (*trôte*) sont munies d'une hausse sans fond (*réhausse*), qui permet d'augmenter le volume du caillé mis à l'égouttage.

7º Une sorte d'*établi* (*lè solére*), plus bas à un bout qu'à l'autre. A sa partie supérieure il est formé de deux plans inclinés, aboutissant à la rigole centrale qui facilite l'écoulement du petit lait. C'est aussi sur cet appareil qu'on sale les fromages (d'où son nom patois).

---

(1) C'est le *Lycopodium clavatum* des botanistes, qui pousse en abondance à Gérardmer, et qui est éminemment propre à retenir les impuretés du lait.

8° Un *cuveau* en bois (*lo hau k'vèye*), qui reçoit le petit lait s'écoulant de la *solère*.

· 9° Un *large plateau de bois* (*lo tala*), qui sert à mettre le sel dans lequel on retourne les fromages pour l'opération du salage. On place alors ces ustensiles sur la *solère*.

10° Une *petite étagère,* ou à défaut plusieurs planchettes de sapin, sur lesquelles on met les fromages pour les faire sécher.

A tous ces instruments il faut ajouter, en hiver, un fourneau dans la chambre où l'on fabrique les fromages, pour maintenir la constance de température nécessaire à la coagulation du lait ; et, chose importante, quand on veut bien faire l'emprésurage, un petit thermomètre.

Le montagnard est fier de son industrie fromagère ; il répète volontiers ce couplet de la *Vosgienne :*

> Et notre Gérômé,
> Dans sa boîte natale,
> Porte à la capitale
> Son cumin parfumé.

Chapitre II. — INDUSTRIE ET COMMERCE

De bonne heure les habitants de Gérardmer surent suppléer à l'ingratitude du sol de leur pays par l'industrie et le commerce; à part les marcaires des chaumes et les fromagers, les habitants de Gérardmer étaient en grande partie des artisans ou des *marchands.*

En 1721, il y avait 9 marchands :

Paxion. — Le Roy. — Besson. — Costet. — Pierre (saunier). — Demangeat. — Saint-Dizier. — Remy. — Mourant (mercier). — Deux armuriers : Michel et Morel. — Un cordonnier, Joseph Garnier.

Ce dernier payait 8 livres 5 sous 4 deniers $\frac{1}{2}$ d'impôt :

à raison de 1 sol 6 deniers par 100 livres; c'était un riche artisan.

En 1740, Garnier devint un des dix commerçants du pays; il payait, à raison de 13 sols 3 deniers par 100 livres, une imposition totale de 60 livres 13 sous 12 deniers, sa situation avait prospéré. Les autres marchands étaient :

Morand. — Claude. — Le Roy. — Tarillon. — Demangeat. — Saint-Dizier. — Simonin. — Toussaint et Valentin.

Vingt ans plus, tard (1760), il y avait 8 commerçants, savoir :

Le Roy. — Demangeat. — Georgel. — Vincent-Viry. — Le Roy. — Paxion. — Gaudier et Garnier.

L'imposition de ce dernier était, tant pour la subvention que pour les ponts et chaussées, de 71 livres 1 sou.

Gaudier était *colporteur*. Cette profession ne tarda pas à se développer à Gérardmer; dès la fin du XVIIIᵉ siècle, les commerçants de Gérardmer n'hésitaient pas à se rendre au loin pour faire leurs approvisionnements ou écouler leurs marchandises. Les registres de l'assemblée municipale, pendant la Révolution, renferment plusieurs passeports délivrés à ces commerçants.

Pour l'an V, passeport délivré à Gille, bonnetier, qui se rendait à Bâle.

Pour l'an VI : à Mougin; Gegout; Paxion et Morisie, son agent de confiance, qui allaient en Suisse; Kalauque, vitrier, originaire de Claro, Suisse italienne, qui se rendait dans son pays pour affaires de famille, obtinrent des passeports.

L'année suivante il en fut délivré à Demangeot père et fils, qui faisaient le commerce des linges à pansement pour les hôpitaux militaires (Suisse); à Nicolas, J.-B., Joseph et Claude les Simonin, frères et fils de Jean-Ni-

colas Simonin, qui se rendaient en Suisse pour le même
commerce (charpie); à Perrin, qui vendait des comes-
tibles aux armées; à Bontems, cabaretier, qui exerçait
aussi la profession de cantinier. Pour l'an VIII, on n'en
délivra qu'un, ce fut à Viry, bonnetier, qui allait com-
mercer en Helvétie.

Nous allons passer en revue les industries locales.

BOISSELLERIE

Léopold Bexon dit qu'en dehors de la fabrication et de
la vente des fromages, une autre branche d'industrie de
Gérardmer est le travail des futailles en bois :

Grand nombre d'habitants y sont occupés, même les marcaires,
dont le produit des vaches ne suffit pas à leur subsistance et pour
les deniers royaux (impôts). Ils font, avec du sapin, des boîtes de
toute espèce (1), des cuveaux, etc., et, avec le hêtre, des cuillères
à bouche, des écuelles, des gamelles, etc., enfin tout ce qui peut
se faire en bois et pour le royaume.

La fabrication des sabots, appelés en patois du pays
solès de beüe et de la vaisselle en bois remonte, à une
époque fort éloignée. Dans les comptes de la gruerie d'Arches du XVIe siècle, il existe, d'après H. Lepage, et pour
chacun d'eux, un chapitre intitulé : « Les amoisonnez
« demeurans à Gérardmer pour faire vaxelles de bois,
« moitié à nòstre souverain seigneur (le duc) et à l'église
« Saint-Pierre. » Ces « amoisonnez » ou « admoïsonnés »
étaient des individus qui, moyennant redevance, avaient
le droit de prendre, dans les forêts communes, entre le
domaine et le Chapitre de Remiremont, les bois nécessaires à leur industrie. En 1571 il y en avait 12; en 1585, 13.
Le même auteur rapporte que « les comptes de la grue-

(1) Pour mettre les dragées de Verdun. (Notice de Lorraine).

rie de Bruyères pour' les années 1485, 1496, 1504, font aussi mention de sommes payées à des individus de Gérardmer, pour la façon de lances de joûte et de lances et piques qui furent délivrées en l'arsenal de Nancy.

En 1612, le receveur d'Arches délivre 9 francs à Thomas Glé, de Gérardmer, « pour l'achapt de six vingts formes (120) « de bois servantes à façonner fromages, lesquelles sont « et demeurent en provison au logis du dit Glé pour re- « cevoir, entretenir et séler les fromages deus (dus) an- « nuellement à S. A. par les admodiateurs et fermiers des « chaulmes. »

Voici la statistique de cette industrie en 1789 et 1801 (1) :

DÉSIGNATION DE LA SPÉCIALITÉ	NOMBRE D'OUVRIERS		PRODUIT PAR AN	
	1789	1801	1789	1801
Faiseurs de râteaux..	3	3	1.350 FR.	1.800 FR.
Palonniers...........	1	1	300	450
Cuveliers..........	17	12	7.500	6.900
Boîteliers..........	15	8	7.500	4.500
Saloirs............	2	2	900	1.200
Tourneurs en bois...	8	10	3.000	4.500
Cuillères à poëllon...	3	3	900	1.125
— ordinaires..,	1	1	225	300
Artisans...........	60	50	»	»
Sabots.............	16	8	4.800	3.600
	126	98	26.475	24.375

La diminution dans la production de la boissellerie fut due « à la rareté et à la chèreté du bois; » cependant, « grâce aux efforts de Joseph Garnier l'aîné, dont la belle-fille reprit la succession, et de Pierre Viry, l'industrie de là boissellerie figura avec honneur à l'exposition industrielle du département en 1835 (2). »

(1) Archives communales postérieures à 1789.
(2) Id.

C'est vers cette époque qu'un nommé Gille ayant eu l'occasion de faire de nombreux voyages dans la Forêt-Noire et le grand duché de Bade, rapporta dans son pays natal le secret de la fabrication de la boîte à fond carré, dite depuis *Boîte d'Allemagne*.

Trente ans plus tard, Vincent-Viry montait à la Basse-des-Rupts une petite fabrique mécanique, berceau de la fabrication industrielle de la boissellerie (1860), dont le créateur est M. Lucien Simonin.

Dès 1873, cet industriel installa sur le ruisseau de la Basse-des-Rupts une usine qui a pris un développement considérable et occupe aujourd'hui toute la vallée.

Rompant avec la routine et les traditions locales, M. Simonin a dépassé de 100 coudées les anciens procédés de fabrication, grâce à un outillage perfectionné qu'il a su adapter à son genre de travail. Dans ses ateliers on fabrique tous les articles concernant les transformations de la pièce de bois en grume : les boîtes de tous les formats (boîtes à pharmacie, à jouets, à fleurs, etc.), les bois de brosse, les jouets d'enfants, les pliants dits parisiens, les jeux de dames, les jeux de construction, les plumiers d'écoliers, les boîtes en carton de pâte de bois (1), etc. Pour donner une idée de l'importance de la fabrication, disons que l'usine de M. Simonin produit par jour de 40.000 à 50.000 boîtes.

Cette industrie offre donc un nouveau débouché aux bois de sapin du pays; à ce seul titre, elle méritait déjà une mention particulière; ajoutons que par l'ensemble de sa fabrication, M. Lucien Simonin s'est appliqué à lutter avantageusement contre les articles similaires allemands, dont l'importation diminue en raison inverse de la prospérité de sa fabrication.

---

(1) La fabrication du cuveau a été supprimée à cause de la rareté à Gérard mer du bois nécessaire pour cet article.

C'est pour ces deux raisons que nous avons écrit ces quelques mots d'histoire contemporaine.

FABRICATION DE LA POIX

La nécessité donne de l'intelligence aux habitants d'une terre marâtre, qui leur refuse les productions de première nécessité.

Ceux de Gérardmer, dans le temps, ont imaginé d'aller recueillir de la poix blanche qui distille de l'arbre *fie* (épicéa),... ils conduisent cette poix blanche sur les ports de mer pour être employée aux vaisseaux; elle sert aussi pour graisse de chariot (¹). Ils recueillent la térébenthine qui distille de leurs sapins et qui est d'une utilité dans les pharmacies, aux peintres et pour des vernis (²).

L'état du *Temporel des Paroisses* de 1704 contient les lignes suivantes au sujet de cette industrie :

Les montagnes qui entourent le lac de Longemer, de même que celles de Gérardmer et les autres de la Vosge, sont couvertes en partye de pins et de sapins, dont on tire la térébenthine et l'encens; desquels sapins on fait un commerce considérable en Lorraine.

Actuellement l'administration forestière prohibe la récolte de la poix de sapin qui nuit beaucoup aux arbres. L'industrie de la poix a presque disparu à Gérardmer; elle n'est plus pratiquée qu'en fraude.

SALIN DE POTASSE

Pendant tout le cours du XVIIIᵉ siècle, les montagnards

(1) L'extraction et la préparation de la poix blanche est fort ancienne dans les Vosges. Flodoard, qui écrivait au Xᵉ siècle, dit que les Vosgiens étaient tenus de fournir à l'église de Reims toute la poix nécessaire à l'entretien des vaisseaux où elle gardait ses vins. (D'après H. Lepage).

(2) BEXON. Mémoire cité.

de Gérardmer ramassaient les bois pourris ou abandonnés dans les forêts, ainsi que les branches d'arbres. Ils les incinéraient dans un trou creusé en terre; les cendres ainsi obtenues étaient lessivées; le produit brut, évaporé jusqu'à siccité, donnait le *salin* que l'on vendait aux verreries et aux savonneries. Cette industrie avait de l'importance dans le pays, puisque la potasse ainsi préparée a été désignée sous le nom de *Potasse des Vosges*.

La statistique de l'an X évalue à 100.000 francs pour Gérardmer le chiffre total de la production du salin, d'autant plus recherché par les marchands de Saint-Dié et de Raon-l'Étape, que « les femmes avaient soin d'en augmenter la force en arrosant de leurs urines (*sic*) les tas de fougères et de bruyères qu'elles devaient ensuite incinérer. »

En 1789, il y avait quatre marchands saliniers à Gérardmer.

SCIERIES

L'étendue des forêts, le nombre des cours d'eau devaient nécessairement amener la création de scieries; les plus anciennes connues appartenaient à des particuliers.

Le compte du gruyer d'Arches pour l'année 1620 mentionne une vente de sapins faite à Nicolas Cugny, tabellion à Gérardmer, « pour faire planches en une scierie qu'il avait fait construire sur le ruisseau du Haut-Rupt, respandise de Grouvelin (1). »

En 1663, le domaine amodia pour trois années la *seye* du « Haut du Beuliart, » et « l'autre nouvelle seye du Beuliart, dite de Ronfaing. » Ces amodiations furent renouvelées en 1667 pour le même terme de trois ans (2).

Il existait deux scieries communales. En vertu d'un titre

(1) H. LEPAGE.
(2) D'après H. Lepage.

expédié à Plombières le 21 Mai 1664 ([1]), la commune possédait, sans en rendre aucune redevance, une scierie scise à *La Salochamps* (Ensalechamp), pour l'usage des habitants et la réfection de leurs bâtiments seulement. Dès 1708, elle avait, de commun avec Joseph de Lalevée, la scie de *Xonruit* (Xonrupt); les 3/5 lui appartenaient, les 2/5 autres étaient à Lalevée. Cette scie payait annuellement un franc de cens ([2]).

La communauté louait ses scieries à des particuliers. Le bail de location pour celle de l'Ensalechamp portait que :

L'adjudicataire sera tenu d'entretenir la dite scierie, de même que les bâtiments et fontaines, les prés et leurs cloisons, et à toutes les charges susceptibles autres que le vingtième; il sera tenu de scier nuit et jour tant qu'il y aura de l'ouvrage; il ne devra avoir de faveur pour personne, à peine d'exclusion; il paiera pour trois années 207 livres 5 sous en deux termes. (1749). Le cens pour le bail 1774-77 s'élevait à 221 livres 10 sous.

Pour la scierie de Xonrupt (bail 1771-74), les preneurs s'engageaient à payer chaque année « un cens de 11 livres 12 sous 6 deniers. Ils sont tenus de payer les cens, redevances et deniers dont la communauté pourrait être chargée au sujet de la scierie. »

D'autres scieries s'élevèrent un peu partout sur l'étendue de la communauté; il y en eut une à Retournemer (1765), une autre sur la Jamagne (en dessous de l'orphelinat actuel). Au lieu de se contenter de scier le bois nécessaire aux particuliers pour la réfection de leurs maisons ou l'entretien de leurs enclos, les sagards débitèrent en planches les bois de délits qu'ils se procuraient avec la plus grande facilité, les scieries étant entourées de forêts. Ces abus provoquèrent, dès 1770, un règlement pour les scieries, car les forestiers « avaient trouvé sur ces scieries 161 troncs non reconnus. » Il fut décidé : 1° que les deux scieries

[1] Archives non classées.
[2] Archives communales F. F. X.

de l'Ensalochamp et de Xonrupt seraient louées au même locataire ; que le *sangaire* (sagard) ne recevrait de pièces sur sa scierie qu'après un certificat d'origine. Il tiendrait de plus un registre « sans blancs ni ratures, pour recevoir les signatures des déposants ; » 2º le sagard devait se conformer à ces prescriptions ou être rendu responsable des délits ; 3º il s'engageait à présenter chaque semaine le registre au maire ou au syndic, et à ne pas débiter de bois non marqués du marteau du roi (¹).

Il faut croire que ces mesures d'ordre ne purent empêcher les abus, car le 20 Mai 1777, sur l'avis du Maître particulier des eaux et forêts de la Maîtrise de Saint-Dié, Louis-Joseph de Bazelaire de Lesseux, le Conseil d'Etat du roi supprima la scierie de Lanceu-le-Champ (l'Ensalechamp), et ne laissa « rouler » que celle de Xonrupt pour la communauté. Les maire, syndic, jurés de Gérardmer se pourvurent en Conseil d'Etat contre l'arrêté royal et protestèrent vigoureusement ; mais ils furent déboutés de leur plainte et l'arrêté de 1777 fut exécuté dans les trois mois qui suivirent sa notification aux intéressés (²). Ajoutons, pour terminer la question de l'utilisation des forêts, que la création, au Kertoff, d'une râperie de bois et d'une papeterie appartenant à M. Henry Boucher, député, a donné un nouveau débouché aux sapins du pays (³).

MOULINS

Nous avons déjà fourni quelques indications au sujet des moulins en parlant des *banalités*.

---

(1) Archives non classées.

(2) Archives non classées.

(3) L'usine fonctionne depuis 1881 ; elle est située en face de la glacière naturelle du Kertoff, dont parle Léopold Bexon, et que visita la reine Hortense en 1809.

La communauté louait ses moulins d'une manière assez originale. Voici le bail de location de l'un d'eux, fait en 1705.

Le locataire sera obligé de faire à ses frais la cuisine de la maison, la paver de pierre froide, le poil (poële, chambre principale), une chambre comme le poil, un cellier, une cour, une chambre en haut, plancher dessus et dessous dans toutes les aysances, faire touttes les parrois nécessaires tant de la maison que du moulin, faire une grand paroi double du costé des roues du moulin, au raing de desoub (dessous), faire une escurie, faire la levée et la remplir esgal aux seuill, un contre-feu à la cuisine, de la pierre de taille pour une platine et une corniche, fournyr tous les matériaulx, ferrages, platine, barreaux, burhes, planches et vitres nécessaires, massonner tous les seuill, recrepir les murailles et les blanchir comme elles se doibvent, graver les planches tant du moulin que de la maison, faire un four et une fontaine et rendre le tout fait et parfait par les preneurs d'huy à la saint Georges prochain, venant à un an y résider actuellement sans absences, l'amodiation sera de 6 années à la saint Remy prochain commençant, en rendre les dits moullins et bastiments, vannes et cours d'eau à la fin des dites six années, bon estat à dire d'expert et de payer par chacune année, savoir les 2 premières années, gratis, et les 4 années suyvantes, chacune soixante francs (1).

Un état des propriétés communales (²) donne ainsi la situation des moulins de Gérardmer :

1° *L'Ensalechamp*, 2 tournants d'eau; rendement : 24 à 30 quintaux de médiocre farine; chômage : 3 mois par sècheresse, 6 semaines pour réparations et obstacles (glaces et neiges qui remplissent le canal en hiver).

2° *Dessus-de-Forgotte*, 1 tournant; rendement : 12 quintaux de farine; chômage : 5 mois (sècheresse et réparations).

3° *Dessous-de-Forgotte*, 2 tournants d'eau; rendement : 24 quintaux de farine en saison; chômage : 6 mois (mêmes causes que les autres).

4° *Lac* ou *La Jamagne*, au sortir du lac, à ½ quart de lieue du village; rendement : 14 ou 15 quintaux de farine commune par

(1) Archives communales B. B. I.
(2) Archives communales. Registre des délibérations postérieures à 1789.

jour; chômage : 7 à 8 mois de l'année (sècheresse et réparations).

5° *Les Cuves* ou *La Vologne,* 1 tournant, il est situé à ¾ de lieue du village; il fait 12 à 13 quintaux de farine ordinaire et chôme de 4 à 6 semaines.

6° *Le Beillard,* à une lieue ½ du village, sur le ruisseau dit du Corxart (Corsaire); rendement : 6 à 7 quintaux de farine médiocre; chômage : 1 mois.

HUILERIE

Il existait à Forgotte un moulin battant avec une huilerie pourvue d'une paire de meules (moulin du dessous). Cette huilerie payait à la communauté une redevance annuelle de 172 francs. Elle employait quatre ouvriers payés à raison de 20 francs par mois chacun ; elle fabriquait annuellement 36 quintaux d'huile de lin, et quelquefois un peu d'huile de faîne et de graines de sapins.

Le nombre de tourteaux, dits *pains d'huile,* se montait chaque année à 900.

La production de l'usine était bien inférieure à la consommation annuelle, qui variait de 325 à 350 quintaux.

L'huilerie était louée, comme les autres propriétés communales, pour un loyer annuel de 84 écus à 3 livres l'un (bail de 1750).

TANNERIE

La tannerie exploitée actuellement par Mme veuve Saint-Dizier, fut fondée à la fin du siècle dernier par un ancêtre de sa famille, J.-B. Saint-Dizier.

Dès le 21 Avril 1793, ce dernier se proposa d'établir, à l'Ensalechamp, une tannerie avec pilon et foulant. Il s'offrit, en échange de l'autorisation communale qu'il sollicitait à cet effet, à fournir annuellement « 6 imaux de bled ou froment au bureau des pauvres. »

La Municipalité, qui se défiait beaucoup de cette nouvelle industrie, accepta sous les réserves suivantes les propositions de J.-B. Saint-Dizier.

Il devait laisser praticable le chemin qui traversait la Vologne; n'occuper que l'endroit délimité par ses fosses; prendre la responsabilité des dommages causés par son usine aux propriétaires voisins; enfin la municipalité se réservait le droit de retirer l'autorisation, si elle le jugeait opportun.

Les propriétaires voisins de l'usine projetée s'opposèrent si vivement à son établissement que, pour cette année-là, le tanneur dut renoncer à ses vues. Mais il ne se tint pas pour battu; l'année suivante il revint à la charge et put installer, près de la Jamagne, non loin du moulin de l'Ensalechamp, un pilon d'écorce et trois cuves.

A l'origine, l'établissement de J.-B. Saint-Dizier ne servait qu'à tanner les cuirs nécessaires au métier de sellier qu'il exerçait; dans la suite, quelques particuliers lui firent tanner du cuir pour faire des souliers.

Néanmoins, soit que les troubles de la Révolution eussent ralenti le commerce local, soit que les débouchés fussent moins importants qu'aux débuts, la tannerie resta stationnaire; car, peu d'années après, Joseph Saint-Dizier, fils de Jean-Baptiste, demanda la « décharge de sa patente de tanneur pour conserver celle de bourrelier (1). » Il ajoutait « qu'il ne tannait que pour son usage et qu'il n'était pas fortuné. »

La tannerie de Gérardmer prospéra surtout dès son transport au centre, vers 1825.

FOULANT DE LAINE

C'est également à la fin du siècle dernier que deux

(1) Archives municipales. Registres des délibérations postérieures à 1789.

habitants de Gérardmer, N. Gegoult et Michel Roch,
bâtirent au Larron un foulant d'étoffes de laine à l'eau,
pour fouler les étoffes qu'ils fabriquaient. Cette installation avait une très faible importance.

MINES

J.-B. Jacquot rapporte qu'autrefois on a fait des fouilles
pour la recherche de mines de fer et de cuivre à Gérardmer; on retrouve les traces de ces fouilles, dit-il, « à la
Basse-de-la-Mine et sur la montagne de Fachepremont ;
mais elles ont été abandonnées, probablement parce que
leurs produits ne couvraient pas les frais d'exploitation.
On voit aux mines de Fachepremont des fers oligistes
micacés (ainsi qu'à la droite de Longemer, où le fer oli-
giste est à gangue de quartz), des fers sulfurés et des
cuivres carbonatés ([1]). »

Les comptes des mines de La Croix fournissent aussi
quelques renseignements à ce sujet. Celui de l'année 1550
dit :

Controlle des gectz de la montaigne Sainct-Martin et Sainct-Thié-
bault, à *Géralmeix*, pour Monseigneur.

. Du compte rendu le XXIJe de Mars, la despence du dit porche ([2])
a monté à XXXVIJ fr. XVIJ gr. X d., qu'est pour la parson IXe
Monseigneur... iiij fr. iiij gr. x d.

En Juin, la dépense est de 31 fl. 12 gr.; en Septembre, de 31 fl.
20 gr. 4 d.; en Décembre, de 45 fl. 4 gr.

Le compte des « gectz du porche Sainct-Martin, à *Giralmeix,* » pour l'an 1551, porte : « Du compte rendu le
XXIe de Mars, les coustenges du dit porche ont monté
à XXXIJ fl. XJ gr. IIIJ d. »

(1) *Essai de Topographie,* p. 23 et 24.
(2) Mine.

Les comptes des années suivantes ne renferment plus rien ; celui de 1576 fait mention du « porche Saint-Bartolomei, à *Gyralmei*. »

Le compte de 1581 parle du « porche de Nostre-Dame, à *Giramei,* » et contient cette note : « Les gectz ont monté sur le IXe que Monseigneur *faict labourer* à porche Nostre-Dame, à *Giramey*, à V fl. VIIJ gr. »

Cette mention existe encore dans l'année suivante ; puis il n'en est plus question, ce qui permet de supposer que cette exploitation fut abandonnée (1).

Il existe aux archives communales de Gérardmer, un Mémoire adressé à l'Intendant de Lorraine, sur les mines de fer trouvées dans la paroisse de Gérardmer, près du lac de Longemer, à Pharesprémont (Fachepremont) 1787.

La statistique de l'an IX corrobore cette assertion, en disant qu'on « trouve au nord de Gérardmer d'assez gros morceaux de mine de fer terreuse, dont le poids annonce la richesse. »

Il est présumable que le minerai de fer extrait à La Basse-de-la-Mine (Longemer et Xettes), fut conduit, dès le XVIIe siècle, à la fonderie du cadet de Martimprey (détruite en 1685 par les Suédois).

TOILES

La fabrication des toiles à Gérardmer, à la fin du siècle dernier, n'existait qu'à l'état rudimentaire. Trente-un arpents de terre seulement étaient cultivés en lin et donnaient 16 quintaux de filasse qui étaient filés et tissés à la maison pour les usages journaliers. Il n'y avait d'ailleurs que 20 tisserands de profession en 1789 (dont 12 compagnons) ; une note insérée au registre des délibérations

(1) H. LEPAGE.

de l'assemblée municipale du 1er Frimaire an V, dit de plus que « parmi les tissiers, il n'y en a pas un qui « exerce cette profession dans d'autres tems que le mi- « lieu de l'hiver. Les femmes filent leur chanvre, le font « travailler en toile; à l'approche de l'été, cette partie « (le tissage de la toile) est abandonnée. »

Les temps sont bien changés ! Le rôle considérable qu'ont joué, dans la fortune de Gérardmer, la fabrication et le commerce des toiles, la place de premier rang que l'industrie textile y occupe actuellement, nous font un devoir de relater, dans ses grandes lignes, le développement remarquable de cette industrie locale.

Dès 1817, plusieurs personnes s'occupèrent activement du commerce de toile; il faut citer, parmi les plus marquantes, Viry-Paxion; Marie-Catherine Cuny (dite Catain Cuny) et les époux François Thiébaut. Après le départ de Victor, fils de Viry-Paxion, qui alla s'installer à Bruyères, et le décès de Marie-Catherine Cuny, il ne resta plus à Gérardmer, pour faire le commerce de toiles sérieusement, que les époux Thiébaut, dont la fille Virginie reprit la suite des affaires. Elle épousa, en 1832, J.-B. Garnier, et leur maison de commerce acquit bientôt une grande importance sous le nom de J.-B. Garnier-Thiébaut.

A cette époque la fabrication des toiles était fort difficile à Gérardmer. Il fallait acheter, sur place ou à Bruyères, une grande quantité de petits paquets de fil de lin, filé au tour ou au rouet, dont quelques-uns ne pesaient pas plus de 250 grammes; pour avoir dans une pièce de toile des tissus de même finesse, on était obligé de tirer les fils et de les assembler par grosseurs, ce qui prenait beaucoup de temps.

Ce fut J.-B. Garnier-Thiébaut qui le premier, en 1836, introduisit à Gérardmer les fils filés mécaniquement [1].

_____

[1] **Filatures de Schlumberger** (Alsace) — **Feray** (Essonnes), etc.

Son exemple fut suivi peu d'années après par Cuny-Marchal et les autres fabricants du pays; cette innovation provoqua un essor notable dans l'industrie textile.

Les toiles étaient vendues sur le marché de Bruyères à l'aune de cette ville (0m80). La plupart des commerçants de Gérardmer — surtout dans les débuts de leurs affaires — portaient eux-mêmes à Bruyères leurs pièces de toile sur un brise-dos; mais l'éloignement de cette ville (24 kilom.), la difficulté des communications pendant la saison d'hiver, gênaient les transactions.

Pour couper court à ces entraves, J.-B. Garnier-Thiébaut et Cuny-Marchal, qui tenaient entre leurs mains la majeure partie de la fabrication, parvinrent avec l'aide de leurs fils respectifs, à déplacer le marché des toiles et à l'amener à Gérardmer même (1852).

Cet évènement économique — important pour l'époque — eut une influence considérable sur les progrès du commerce de toiles et contribua à enrichir les négociants. Les acheteurs venaient sur place, de l'Alsace et de bien plus loin, faire des achats importants : ce fut pour Gérardmer une ère de prospérité remarquable; aussi il y avait, en 1869, tant à Gérardmer que dans les environs, de 75 à 80 fabricants de toile.

Le développement de la grande industrie des toiles des Vosges est plus récent. Il date de la création des tissages mécaniques; le commerçant de Gérardmer qui en établit un le premier, fut F. Gérard, qui installa un tissage mécanique au Tholy en 1864-65. A leur tour, en 1870, les

J.-B. Garnier-Thiébaut était un commerçant très entreprenant; il achetait communément par année pour 3 à 400.000 francs de fils; en une seule fois il fit l'achat de 300 balles de fils de 60 paquets chacune, à 60 francs le paquet, soit pour 1.080.000 francs. Ces données sont établies d'après des factures qui nous ont été communiquées par son fils M. E. Garnier. C'est à lui que nous devons la majeure partie des renseignements concernant l'histoire de la toile à Gérardmer. Nous l'en remercions sincèrement.　　L. G.

fils de J.-B. Garnier-Thiébaut, qui depuis 1867 avaient pris la suite des affaires de leur père, construisirent un tissage mécanique à Kichompré. L'essor donné par ces industriels a été s'accentuant; depuis 1886, un nouveau tissage mécanique a été bâti près de la gare par MM. Maximilien Kelsch et Louis Bonnet, petit-fils de J.-B. Garnier-Thiébaut (¹).

Confection de la Charpie

Pendant les guerres des XVIᵉ, XVIIᵉ et XVIIIᵉ siècles, les habitants de Gérardmer eurent l'idée de faire de la charpie. A cet effet, dit Léopold Bexon (²), « ils lèvent « de vieux linges, les blanchissent proprement sous les « neiges qui couvrent leurs habitations; tous ceux qui « ne font pas de futailles de bois et notamment les fem- « mes et les enfants s'occupent à faire des charpies, pres- « que pour fourniture de tous les hôpitaux du royaume. » Cette industrie s'exerçait encore en 1789; elle reprit une nouvelle activité pendant les guerres de la Révolution.

Poterie

Les roches quartzeuses, élément constitutif du sol de Gérardmer, servirent à faire des poteries; M. G. Save, de Saint-Dié, a raconté l'histoire de ces poteries dans une intéressante étude à laquelle nous empruntons les détails qui suivent et renvoyons le lecteur pour plus de détail (³).

---

(1) Indépendamment de ces tissages mécaniques, il existe à Gérardmer de nombreuses et importantes maisons pour le commerce des toiles et la fabrication à la main; le blanchîment *sur pré*, qui donne aux toiles de Gérardmer leur supériorité, est seul en usage dans le pays.

(2) Mémoire précité.

(3) *Les Faïences de Gérardmer.* Extrait du Bulletin de la *Société philomatique vosgienne*, 1883-1884. Brochure qui se trouve à la bibliothèque communale de Gérardmer.

La poterie que fabriquait autrefois Gérardmer s'appelle *pierraille* ou *cailloutage*. Elle se distingue à première vue de toutes les autres et mérite la place d'honneur au milieu de ses rivales vosgiennes, « par une finesse de pâte, une recherche de la forme et une qualité d'émail que n'ont jamais atteint les autres fabriques de nos pays. Elle se reconnaît à son décor imitant un marbre foncé, le plus souvent brun-rouge et noir parsemé de veines blanches très fines, tandis que les autres et certains ornements appliqués à la surface sont en pâte blanc-jaunâtre, rehaussés de filets bruns. »

« Les fondateurs de l'industrie du potier, à Gérardmer, furent du reste deux Bavarois : les frères Etienne et Philippe Roch. »

Leur moulin à broyer la pierre était installé sur le Rupt-du-Chêne (en patois : *lo Ript-do-Châne*), entre Rouen et les Xettes. On l'appelait le *Moulin des Cailloux*. Sans nul doute les potiers se servaient des minerais qui existaient à La Basse-la-Mine, au bas des Xettes ; la pâte blanche, composée de quartz et de feldspath, était tirée de la *pegmatite*, roche abondante dans cet endroit. Avant de la piler dans des meules analogues à celles des huileries, on la chauffait au rouge puis on la jetait dans l'eau ; la désagrégation était bien plus aisée ensuite.

Les débris de la mine de fer donnaient les pâtes jaunes et rouges ; les minerais de cuivre fournissaient les pâtes verdâtres, les minerais de manganèse, les brunes noirâtres.

La pâte, soumise ensuite à un lavage par décantation, était ressuyée, pétrie aux pieds par le marchage, battue à la main en *galettes*, rendue plastique par la *pourriture* avec du purin, et enfin transportée dans la fabrique située au Pré-de-Cheny.

C'est là qu'elle recevait sa dernière préparation et sa forme définitive.

On trouve souvent, sous la partie inférieure des plus belles pièces, un monogramme imprimé dans la pâte par un cacheton tracé à la pointe. Le plus ancien : R. F., que plusieurs amateurs croyaient signifier *République française,* est la marque de Roch frères. Elle indique la première période de fabrication qui s'étend jusqu'à vers 1800. Le monogramme M ou N M· est celui du dernier directeur Nicolas Marulaz (¹).

La faïencerie de Gérardmer n'existe plus depuis une cinquantaine d'années; mais ses produits resteront et seront toujours appréciés par les vrais connaisseurs, sinon comme objets d'art très précieux, du moins pour leur rareté et la beauté de leur fabrication (²).

Situation générale de l'Industrie en 1789, a Gérardmer

Les habitants de Gérardmer, malgré leur activité et leur esprit d'initiative, se plaignaient de la situation industrielle de leur pays.

Il serait nécessaire, écrit la municipalité en 1798, qu'il y eût dans ce canton quelqu'un qui fît filer et manufacturer des laines ou cotons, ce qui est très facile d'établir si la jeunesse veut travailler et si on encourage l'entrepreneur; Roch (celui qui avait un foulant de laine) serait excellent pour une affaire de cette nature; mais les fonds? Les débouchés sont faciles de tous côtés. De cette manière la jeunesse qui ne fait rien l'hiver aurait de l'occupation, s'instruirait en travaillant et gagnant. Ce serait une branche de commerce à ajouter à celui qui fait une des grandes ressources de Gérardmer, où généralement parlant il est très actif, à raison que dans ces montagnes il le faut si on veut vivre.

Ceux qui se sont le plus distingués dans l'industrie sont les citoyens :

(1) La famille Marulaz ne vint à Gérardmer que vers 1818. (V. plus haut.)
(2) Mᵐᵉ Vᵛᵉ E. Cholé en possède encore plusieurs beaux échantillons.

« Paxion, père et fils, pour la potasserie, le salin, la potasse ;

« Garnier, père, pour la vaisselle de bois ;

« Garnier, fils,   id.   et les toiles ;

« Demangeat, pour le commerce extérieur.

« Les fromages, denrées du pays, sont de la main de plusieurs personnes.

« Etienne Viry commence à se distinguer dans plusieurs parties, ainsi que Gabriel Jacquot et J.-Jacques Viry, et particulièrement Simon Viry, pour le bétail de toute espèce. »

Une délibération de l'assemblée municipale du 27 Brumaire an III, relative à la création d'un nouveau chemin de Gérardmer au Valtin, depuis la Pierre-Charlemagne (par la Roche-du-Page), énumère les produits du pays qui font l'objet du commerce d'exploitation. Ce sont : « le bétail, les fromages, le bœur (beurre), la poix blanche, la vaisselle en bois, les cuveaux, les tendelins pour la vendange, les sabots, les boëttes, les linges, charpie et draps en pansement (1). »

Débits de Boissons. — Tavernes

Comme nous l'avons vu précédemment dans les comptes des commis, la commune de Gérardmer avait un *vand* et une *misne* à elle ; pour les liquides, elle possédait des mesures en étain, déposées dans l'armoire aux archives, savoir : la pinte, la chopine, le chopelet, le ½ chopelet et le ¼ de chopelet.

Des mesures analogues étaient en usage chez les débi-

(1) Archives communales postérieures à 1789.

tants. Il y a longtemps que Gérardmer possède des *ven-dans vins*. Dès 1620, la communauté se plaignait à S. A. R. :

De la pluralité des tavernes qu'il y a audit lieu et de la facilité de ceux qui les tiennent à recepvoir indifféremment tous ceux qui se présentent, particulièrement les jeunes gens ; les desbauches y sont telles et sy fréquentes qu'il en arrive assés souvent du malheur, qui est en desplaisir aux pères, outre l'interest qu'ils en reçoipvent par les mauvais mesnages de leurs enfantz, qui, pour satisfaire à leurs despenses, font bien souvent d'assés mauvais offices à leurs dits pères.....

Ils demandent à S. A. R. :

De leur laisser le droict de tavernes audit Gerameix, moyennant une rebdevance annuelle à la recepte d'Arches, avec pouvoir d'en retrancher le nombre et y en establir à la concurrence de ce qu'ilz en jugeront nécessaires, ʃans qu'autres puissent en faire la function que ce ne soit de leur adveu, à peine de *cent frans* d'amende pour la première fois et d'arbitraire pour la deuxième. Ce sera le moyen de prévenir les accidentz dont les desbauches sont suivies pour l'ordinaire, et divertir (détourner) leurs enfantz de la mauvaise habitude qu'ils contracteroient par la continuation de la hantise desdites tavernes, car, n'y ayant personne que ceux qui seront faictz de leurs mains, ilz se garderont de recepvoir ainsi la jeunesse, sçacheant leurs pères et parentz ne l'avoir pour agréable, et mesme leur estant par exprès défendu (1).....

Le duc autorisa la communauté à restreindre le nombre des taverniers à deux ou trois, « à charge par ceux-ci de payer une redevance annuelle de 55 francs. »

POLICE DES CABARETS

Par une ordonnance du 10 Janvier 1583, le duc Charles III avait réglementé la fréquentation des cabarets :

(1) Comptes du domaine d'Arches 1623.

Il interdit la fréquentation des cabarets pendant les offices et défendit de recevoir dans ces lieux d'autres individus « que les voyageurs, passans et estrangers. »

Les cabaretiers de Gérardmer passèrent, avec la communauté, un traité par lequel ils s'engageaient « à ne plus donner à boire aux jeunes gens et fils de famille depuis le jour faillant, et à ne plus leur faire crédit plus haut que 2 francs. Ils ne pouvaient donner à boire pendant la messe et les vespres et devaient fermer leurs débits dès neuf heures du soir (1). »

Les gardes de cabaret faisaient la visite des tavernes et débits de vin; leur service ne s'accomplissait pas toujours facilement.

En 1728, un député assermenté, en faisant sa ronde, fut jeté en bas des escaliers de la maison d'un aubergiste, par le propriétaire. Ce dernier, en outre, lui prit son chapeau et son fusil. Le malheureux député dut se résigner à verbaliser et à faire assigner l'aubergiste devant le prévôt d'Arches.

En 1775, les gardes racontent qu'en arrivant devant la maison d'un débitant à des heures indues, ils virent de la clarté chez lui et des consommateurs attablés. Ils frappèrent à la porte, mais quand ils furent entrés la lumière était éteinte et il n'y avait plus personne. Ils s'éloignèrent, et peu après la lumière et les buveurs reparurent. Ils entrèrent de nouveau et furent mystifiés comme la première fois; ils se retirèrent et une troisième fois le manège recommença.

En 1780 ce fut bien pis encore; deux gardes étant allés chez un cabaretier des Fies après l'heure réglementaire, trouvèrent la porte fermée et aperçurent de la clarté à l'intérieur de l'habitation. Ils se firent ouvrir la porte et après qu'ils furent entrés, la femme du dit cabaretier leur

(1) Archives communnales F. F. III.

jeta au visage « des charbons tout rouges et des cendres chaudes, en leur disant qu'ils n'avaient pas plus de serment qu'un chat (¹). »

Ces excès renouvelés, engagèrent les maire et jurés à se plaindre (1785) à M. d'Eslon de Servance, lieutenant-général à Remiremont :

Qu'il se trouve des vendans vins dans différents cantons composant la dite communauté qui sont assez éloignés du village, et que la jeunesse se voyant à la bry de toute prise par le déffaut de garde de cabaret, faisant la ribotte et la débauche dans les dits cantons, et pour preuve du fait, il s'est trouvé dernièrement une bande d'insolents qui ont déchargé leur insolence dans une maison innocente, y ont fricassé des vitres et commis beaucoup d'autres insolences (²)...

Ils concluaient en demandant la permission d'établir de nouveaux gardes de cabaret.

Le lieutenant-général accéda à leur demande et leur enjoignit de veiller à la stricte observation de la loi sur les tavernes. Il défendit aux débitants « de donner à boire à·quiconque ne sera éloigné d'une lieue au moins de l'auberge, excepté pour les hommes traitant commerce, et de laisser pénétrer immédiatement à leur arrivée dans leurs maisons les gardes faisant la visite. »

LES BOISSONS

Depuis un temps fort reculé on fabriquait dans les Vosges de la *bière,* de la *cervoise,* et une liqueur appelée *miessaude* ou *miessaule,* « composée d'eau et de miel ou même simplement d'eau que l'on jetait sur la cire après l'extraction du miel, et qu'on y laissait séjourner pen-

(1) Il y eut 30 procès verbaux de ce genre de 1762 à 1788.
(2) Archives communales F. F. III.

dant quelque temps (¹). » La proximité de l'Alsace permettait de plus, aux habitants de Gérardmer, de se procurer du vin; mais, comme tous les montagnards, ils ont eu de bonne heure un faible pour l'eau-de-vie; dans les comptes du syndic de 1758, on trouve cet article de dépense :

Onze livres 4 sols 6 deniers pour pain, fromage, brandevin *et bois, le tout employé à ceux qui ont été pour garder le cadavre du nommé Jean-Claude Grossire, qui avait péri dans les neiges à la Creuse.*

Dans les procès-verbaux des gardes de cabaret en 1789, nous avons également trouvé cette mention : « Les dits habitants de Gérardmer buvaient l'*eau-de-vie* pendant les vespres. »

Les deux premiers *marchands d'eau-de-vie* à Gérardmer s'installèrent en 1801.

Taverniers et Cabaretiers

En dehors des conditions de cens (55 francs par an) et autres obligations que nous avons stipulées précédemment, les aubergistes s'engageaient sous peine de 25 francs d'amende à loger, nourrir et entretenir les gens de guerre qui pourraient se trouver à Gérardmer, les officiers de gruerie, les gardes-chasse, les gens de la maréchaussée; ils devaient en outre se conformer à la taxe du vin que les habitants pouvaient établir à leur gré.

En revanche, les taverniers avaient l'autorisation de contraindre à payer « telle amende que de droit, quiconque s'ingérera dans la tenue d'une taverne. »

Le droit de tenir taverne dans ces conditions, résultait

(1) A. DIGOT, t. II, p. 151.

d'un engagement reçu par la municipàlité et signé par les taverniers qui se présentaient à cet effet à l'assemblée communale le premier jour de l'an.

Pour l'année 1686, le droit de tenir cabaret fut adjugé à 7 habitants dont voici les noms :

Viry. — T. Gley. — Pierre. — Michel. — Tisserand. — Ferry. — N. Gley.

En 1712 il y avait 14 cabaretiers; il y en avait 17 en 1734; 15 en 1756 et 13 en 1789.

Chapitre III. — VOIES DE COMMUNICATION

1° Routes et Chemins

La situation topographique de Gérardmer explique la difficulté de la création et de l'entretien des routes; cependant les habitants du pays songèrent de bonne heure à faciliter leurs relations avec les lieux voisins.

D'après L. Bexon, il y avait à Gérardmer, en 1778, les chemins suivants, dont les longueurs en toises sont comptées depuis l'église :

1° Route de Bruyères à Nancy (par Granges, 3.543 toises, 5 ponts);

2° Route de La Bresse (3.409 toises, 5 ponts, simple sentier très mauvais à partir de Creuse-Goutte);

3° Route de Saint-Diez (par le Pont-des-Fées, Martimprey, 3.139 toises, 2 ponts);

4° Route d'Alsace (par Le Valtin, 3.458 toises, 4 ponts);

5° Route de Remiremont (par la voie de Vagney, 2.505 toises et 2 ponts);

6° Route de Champdray (par Les Xettes, 2.395 toises).

Une ordonnance du roi de 1786 ayant décidé, pour trois

années, la conversion en argent de la corvée de prestation, l'assemblée municipale fournit au sujet des routes communales les mêmes indications que ci-dessus (1); elle indiqua en outre une nouvelle route, celle d'Épinal (par Le Tholy et Rouen); elle fit observer que les chemins de Gérardmer servaient aux transactions entre l'Alsace, la Lorraine et la Comté, et dénombra ainsi, d'une manière précise, la longueur de ses routes :

De l'église à La Croisette......................	510 toises.
De La Croisette à Granges.....................	3.033 —
— à Pierre-Charlemagne...........	579 —
Pierre-Charlemagne à Gerbépal...............	1.050 —
— au Blanc-Ruxel............	844 —
Blanc-Ruxel au Grand-Valtin..................	1.525 —
Église à Place publique.......................	195 —
Village à Rouen (Bas-des-Xettes)..............	400 —
Rouen au Tholy...............................	3.600 —
— à Liézey et Champdray................	1.800 —
Place publique à La Bresse...................	3.214 —
— à Remiremont................	2.310 —
Total............	19.060 —

La direction, la longueur et le nombre de ces routes indiquent l'importance du commerce de roulage en 1789; ce n'était rien encore auprès des belles routes et de la voie ferrée qui, aujourd'hui sillonnent le territoire de Gérardmer.

L'entretien et la création des routes étaient entièrement à la charge de la communauté, qui payait de plus les frais de voyage, de visite et de réception du conducteur principal des ponts et chaussées d'Épinal.

Les réparations annuelles étaient élevées, non seulement à cause de la grande longueur de ses chemins,

(1) Archives communales B. B. III.

mais encore à cause des torrents produits par la fonte
des neiges qui *coupent* les routes en plusieurs endroits
et les ravinent profondément ([1]).

2° POSTES

Le transport des dépêches de la communauté se faisait
ordinairement par des piétons, quelquefois par des cavaliers. C'est en examinant quelques titres du XVIIIe siècle
qu'on peut se faire une idée de la célérité de ces cour-
riers-exprès.

Une requête de la communauté adressée au sujet des
bannies à l'intendant de la Galaizière le 20 Février 1763,
fut contresignée le 24 du même mois, à Lunéville.

Une supplique adressée le 13 Novembre 1783 au lieutenant-général à Remiremont, ne fut signée par lui que
le 16 Décembre de cette année; sans doute que la chute
des neiges avait interrompu la circulation comme cela
arrive encore de nos jours malgré toutes les précautions
prises.

Les particuliers écrivaient fort peu : pour une première
raison, c'est qu'ils ne savaient guère écrire; en outre le
prix de revient d'une lettre postale était très élevé; il n'y
a pas plus d'un demi-siècle qu'une lettre des Vosges pour
Paris coûtait 17 ou 18 sous, et 20 sous pour Marseille.

Divers documents nous ont permis de rétablir le montant des salaires alloués aux piétons porteurs de lettres
pour la communauté; à un huissier de Remiremont venu
pour signifier une ordonnance : 10 livres 10 sous; à un
particulier pour voyages à Remiremont et Saint-Dié (port
de lettre) : 4 livres; à un particulier pour aller porter une
lettre à Lunéville : 6 livres.

(1) Archives communales D. D. IX et X.

A la fin du XVIIIe siècle, le service postal existait : c'était la poste à pied ; mais il était loin d'avoir la rapidité de l'organisation actuelle, car par une délibération de l'an IV, la municipalité de Gérardmer organisa comme il suit son service des dépêches :

Le meilleur moyen pour établir la sûreté, la célérité, l'économie, dans le transport des lettres de Bruyères à Gérardmer, tant pour les particuliers que l'administration, c'est de se servir des commissions fréquentes et sûres que les habitants entretiennent avec ceux de Bruyères (1).

La municipalité autorisa le commissaire du directoire exécutif du canton de Bruyères détaché auprès d'elle, le sieur Valentin et son fils, à retirer du bureau de la poste aux lettres de Bruyères, les lettres et paquets adressés à l'administration municipale de Gérardmer. Tous les trois jours, les paquets retirés, mis sous plis cachetés à l'adresse de l'assemblée municipale de Gérardmer, devaient être remis à Le Comte, négociant à Gérardmer, qui se rendait à Bruyères de 3 en 3 jours ; le même commissionnaire portait à la poste les paquets de la communauté et en demandait un reçu.

Les deux intermédiaires, Valentin et Le Comte étaient payés à raison de 35 francs par an. En cas pressant, l'appariteur allait à Bruyères ; de même Valentin envoyait un *exprès,* dont il débattait le prix s'il s'agissait d'affaires urgentes.

La municipalité avait de plus exprimé le vœu que tous les paquets fussent dirigés sur Bruyères sans aller tourner à Remiremont.

Indépendamment de ces moyens particuliers de transport des dépêches, il existait déjà des sortes de *facteurs* de l'État, connus sous le nom de *piétons.*

(1) Archives communales postérieures à 1789. Registre des délibérations.

L'année suivante (21 Vendémiaire an V), deux d'entre eux, Pierre et Fréminet soumirent une pétition à l'assemblée municipale, en leur qualité de piétons des cantons de Granges et de Gérardmer, pour le payement des voyages qu'ils avaient faits.

L'assemblée refusa de payer, en faisant observer :

1º Que jusqu'à l'existence des districts elle avait contribué à la solde des piétons du département et du district, au moyen de centimes additionnels; elle avait versé pour les ans III et IV, annuellement, 2.083 livres 1 sou 3 deniers sur un principal de 15.498 livres (part pour le département), et 3.833 livres 12 sous (part pour le district);

2º Que les piétons étant établis pour la facilité des correspondances que nécessite l'administration générale, ils ne servent que secondairement l'intérêt des cantons. Il faut que tous participent à cette charge, puisqu'elle sert à tous.

Sous un gouvernemeut républicain nul ne doit être favorisé. Il en serait autrement si les cantons étoient chargés des frais de piétons, car les cantons éloignés sont assez malheureux de n'être pas près de l'administration supérieure, d'être obligés d'attendre souvent des ordres qui, déjà devroient être exécutés, d'envoyer des piétons extraordinaires pour des objets pressants, de ne connoître ce qui se passe que bien longtemps après les cantons rapprochés, tandis que souvent il y a des choses bien essentielles à savoir dès les premiers instants, etc.....

3º Que primitivement les piétons étaient nommés par le district et payés par le département; depuis, ils sont nommés par les directeurs des postes sans l'avis des cantons; si on veut les faire payer, il fallait au moins les instruire des changements survenus. Gérardmer a du reste pris un parti qui lui coûte plus des 4/5 de moins (ses frais de poste ne s'élevaient qu'à 70 livres par an).

Quelque temps après, les piétons réclamèrent de nouveau; ils demandaient cinq livres, en numéraire, par voyage.

La municipalité refusa de payer; elle faisait observer que les piétons, outre les dépêches administratives, portaient les lettres du canton pour les particuliers et percevaient 1 franc pour chacune d'elles, ce qui augmentait leur salaire.

Elle demandait de réduire la rétribution de chaque voyage justifié, à 50 sous (au maximum à 3 livres), sous la condition que Granges paierait les 2/5 de la course.

Néanmoins sur une plainte verbale des piétons, l'administration municipale se laissa attendrir, et pour les aider à élever leur famille, elle leur versa des à-comptes sur la somme qui leur revenait du 25 Brumaire an IV au 1er Vendémiaire an V, savoir : 57 livres 10 sous à l'un et 59 livres 8 sous à l'autre (30 Ventôse an V); le relevé total de l'année s'éleva à 175 livres.

Peu de temps après, Gérardmer fut desservi par Corcieux; le courrier venait à Gérardmer une fois tous les 8 jours. En 1830 la commune sollicita la création d'un bureau de poste; elle faisait remarquer la bizarre anomalie suivante : les dépêches à destination de Gérardmer suivaient l'itinéraire que voici :

Aller d'Épinal à Saint-Dié............	10	lieues.
Retour de Saint-Dié à Épinal........	10	—
Aller d'Épinal à Remiremont.........	5	—
— de Remiremont à Gérardmer...	5	—
Total..........	30	—

La commune demandait d'avoir correspondance sur Saint-Dié et non sur Remiremont. Elle obtint le bureau de poste qu'elle sollicitait [1].

_____

(1) C'est de cette époque aussi 1830-1840 que datent les premiers embellissements de Gérardmer (édification de l'Hôtel de Ville, tracé de la Grand'rue, création de la Place du Marché, etc.)

Moyens de transport. — Le montagnard est marcheur; c'est à pied qu'il se rendit aux lieux des transactions avant 1789. Les transports par voitures étaient restreints à la belle saison, car les routes étaient impraticables pendant l'hiver.

Il y avait du reste peu de chevaux à cette époque.

En 1769, il n'y avait que 79 chevaux, 4 paires de bœufs; en 1789, il y avait 151 chevaux, 9 chariots et 29 charrettes.

Ces chiffres indiquent suffisamment que les commerçants de Gérardmer devaient recourir à d'autres moyens de transport. En effet, c'était surtout au moyen de *hottes* qu'ils portaient à Bruyères, à Saint-Dié, à Remiremont leurs produits commerciaux; ils se servaient même de diverses catégories de hottes, savoir :

Le *Brise-dos* (*lè hotte de Kie*) pour le transport des toiles, du fil, des provisions alimentaires;

La *hotte de fumier* (*lè hotte de fé*), sorte de boîte prismatique tronquée, pour porter le fumier dans les coteaux, sur les champs et les prés;

La *hotte de scions* (*lè hotte de hchinon*), faite de scions de bois reliés par des lattes tressées, qui sert pour monter le bois au grenier;

Le *tendelin* (*lo tendelin*) qui sert à porter les pommes de terre, le purin, le fumier aussi;

La *hotte de foin* (*lè craûche*), formée de 2 montants et d'une perche, qui sert à rentrer les fourrages secs.

CINQUIÈME PARTIE

MONUMENTS RELIGIEUX. — MŒURS. — COUTUMES. — LÉGENDES

Chapitre Iᵉʳ. — MONUMENTS RELIGIEUX

Indépendamment de l'église paroissiale et de la chapelle du Calvaire, il existait à Gérardmer plusieurs autres monuments religieux dont nous allons retracer l'histoire. Ce sont les chapelles de Longemer et de la Trinité, les croix de pierre, la Vierge de la Creuse.

Chapelle de Longemer

Lorsque Bilon vint se fixer à Longemer, outre sa propre cellule et son oratoire, il bâtit, sur un monticule qui domine le lac, une chapelle dédiée aux saints Gérard et Barthélemy; ce fut le premier édifice religieux de Gérardmer, puisque la chapelle du Calvaire ne date que de 1540.

Cette chapelle fut rebâtie en 1727; elle existe encore actuellement, mais elle ne sert plus au culte. Elle fut placée sous le vocable de saint Florent; à l'intérieur de la chapelle se trouve une statue du saint qui paraît être, comme les autres ornements de l'intérieur, du style Louis XV. La statue porte un dévidoir merveilleux qui fut l'objet d'un pèlerinage très suivi; on venait de loin le tourner — à l'envers — pour être guéri de la colique (¹).

En 1881, quand on creusa la tombe d'inhumation du professeur Rigaud (²), à l'intérieur de la chapelle, on découvrit dans le sol des ossements humains, restes probables des générations antérieures à 1540, qui furent inhumées dans la chapelle même, comme c'était la coutume autrefois.

Longemer, son lac et les fermes voisines, appartenaient à l'abbaye de Remiremont, sans qu'on ait pu établir en vertu de quel droit.

Dès 1475, l'abbesse affirma son autorité sur la ferme en la louant par bail à deux habitants de Gérardmer. Voici le texte du bail (³) :

Nous Jeanne d'Anglure, par ces présentes lettres, laixons et admodions par le terme et espace de douzes ans prochainement venant et continuel enseignant, en commenssant le jour de feste Sainct-Marc d'avrier passei de ceste présente année, à Mengin Pierrel, de Gyramer, et à Colin, fil (fils) Chippou, genre Brenoy du dict Gyramer, chacun par moitié pour faire leur profit et utilitei lesdis douze ans durant, c'est assavoir *la mer de Sainct Bartholomey de Longemer,* ensemble et avec la maison demourance et habitation du dict Longemer et ses héritaiges, prés, terres, boix, eauvez (eaux), usuaires et aisances quelconques, comme est de coustume (coutume), appartenant d'ancienneté à la dite maison dès le ruy de Barberrieutte (Belbriette) jusques à la mer, et dès la pointée de Barberriette par-dessous les prés jusques à la dite mer, saulve et réservée la *chapelle* du dit Saint-Bartholomey, avec ses redevances et propriétés, et c'est présent laix et admodiation avons-nous fait et faisons èz dit Mengin Pierrel et Colin-Parmey païant chacun an, le dit terme durant, c'est assavoir seyx (6) florins d'or du Rin (Rhin) ou dey nuefs (19) gros, monoie cursable

(1) Renseignements communiqués par notre ami M. Julien Rigaud.
(2) Ancien professeur à la Faculté de médecine de Nancy.
(3) Archives des Vosges : Seigneurie dépendant de la Crosse au manuscrit de l'abbé DIDELOT, archives communales J. J. I.

(ayant cours) de Lorraine, pour chacun florin rendu et paier à nous en notre maison et habitation au dit Remiremont et à leur propre frais et missions, le jour de la Saint-Marc, chacun an, les dis douzes ans durant, ensemble et avec *quattre services de bons poixons* (poissons), honorablement comme est d'*ancienneté* souffisamment, c'est assavoir ung des services de *poixons* le sambedy, vigile de Pentecoste, et l'aultre service la vigile de l'Assumption Nostre-Dame, au moix d'Aoust, et l'aultre service la vigile de la Toussainctz...

Dans le bail de 1636, pour la grange de Longemer, il est stipulé que le fermier :

Fera dire par chacun an, le jour de la Saint-Barthélemy, une Messe dans la chapelle de ce nom, comme il se pratique de tout temps, et d'aultant que les courses des soldats et gens de guerre enlèvent souvent le bestail de la dite grange, il a été convenu que le cas arrivant (ce que Dieu détourne), que les vaches de la dite grange venant à être enlevées par les dites gens de guerre, que le reteneur s'adressera à Madame pour en obtenir réduction.

La maison de Longemer était une maison *franche*, et le fermier ne payait pas d'impôts à Gérardmer. La communauté ayant voulu l'imposer (1654), l'abbesse, Mme Alençon réclama à l'intendant; ce dernier ordonna que le fermier de Longemer fût :

Franc et exempt de toutes contributions tant ordinaires qu'extraordinaires, et de quartier d'hiver, avec déffence aux habitans de Géramer et à tous autres de le comprendre ez rolles et répartitions des contributions, à peine de tous dépens, dommages et intérêts...

Il ajoutait :

Nous deschargeons Sébastien Chaussotte, fermier de la dite Dame abbesse, résidant à Longemer, de contribuer au dit Gérardmer pour cause de la dite ferme; ordonnons néanmoins qu'il sera cottisé modérément dans les contributions et charges du dit Gérardmer, pour raison du bien qu'il possède de son propre et autres qu'il fera valloir, et sans despens.

C'est vers la même époque (1668) que l'abbesse de Remiremont, Judith de Lorraine, pour bien établir sa suzeraineté sur Gérardmer, institua la procession de Longemer. Chaque année, le jour de la Pentecôte, les habitants de Gérardmer, clergé en tête, bannières déployées, devaient se rendre en procession à la chapelle de Longemer; cette cérémonie fut en honneur jusqu'à la Révolution.

Depuis fort longtemps c'était aussi la coutume :

Que les bourgeois de Bruyères se rendaient à Longemer la veille de Saint-Barthélemy, en armes, drapeau déployé, au bruit des tambours, pour y maintenir la police (¹). En 1668, ils s'y rendirent comme d'habitude, au nombre de 67, commandés par le sieur Jean de Chausel, jeune homme de 36 ans, porte-enseigne à Bruyères, qui résidait alors à Herpellemont, et Jean Ranfaing, hotelin (hôtelier) à Bruyères, de l'âge de 28 ans.

En arrivant à la chapelle de Longemer, ils en firent trois fois le tour, à cinq heures du soir, déposèrent leurs armes dans la grange du fermier, et demandèrent à souper au fermier. — Celui-ci, qui était attenu à cette charge, les servit copieusement; mais ils ne se contentèrent pas de ce repas; ils entrèrent en fureur et commirent tous les excès auxquels une troupe effrénée se livre ordinairement.

L'abbesse de Remiremont se plaignit à la Cour de Lorraine, disant :

Que les archers, non contents d'avoir tiré du fermier 140 pintes de vin à la grande mesure, qui est un tiers plus que la mesure de Nancy, poisson, pain et fromage au delà de ce qu'ils en pouvoient souhaiter, ont encore rompu la porte de la cave du dit fermier et en ont enlevé, malgré lui, trois barils de chacun vingt pintes de la dite mesure, lui ont pris et emporté quantité de fromages, dont ils ont caché une partie dans les buissons et forests, lui ont pris cinq plats d'estin, rompu et bruslé ses meubles de bois, battu et excédé son gendre et sa belle-mère, brisé toutes ses vitres, avec jurements et blasphèmes, bruslé les palissades qui servoient de clôture, quoiqu'il y eût plus de dix cordes de bois façonné sur la

(1) C'était la fête patronale.

place, coupé à coups d'espée et arraché les choux et autres choses
qui y estoient, et jusqu'à un tel désordre, qu'estant souls de vin,
se sont entrebattus et blessés dangereusement (1).

Le tumulte avait commencé à cinq heures après midi, le
23 Août 1668, et avait duré jusqu'à quatre heures du matin. Jean
Ranfaing reçut plusieurs coups d'épée. L'affaire fut poursuivie avec
chaleur; des témoins furent entendus, et les tapageurs punis.

Comme il se commettait de nouveaux désordres chaque
année, le nombre des envoyés du prévôt de Bruyères fut
réduit à trois (2) par ordre de François, sire de Créquy,
gouverneur des duchés de Lorraine, Barrois et Luxem-
bourg, premier maréchal de France (1686).

Cet ordre n'est que la confirmation de celui de 1670,
que donna Charles IV à la suite d'une nouvelle plainte
de l'abbesse de Remiremont, car le prévôt et gouverneur
de Bruyères, un sieur d'Arnolet, vexé des punitions en-
courues par les compagnons de Ranfaing, avait envoyé
à Longemer 160 hommes armés, en manière de représailles. Mais force resta à l'abbesse (3). ·

En 1765, Anne-Charlotte de Lorraine, abbesse de Remiremont,
fit remettre au fermier de Longemer, par son conseiller Boisramé,
une chasuble à fond jaune avec son compartiment, un calice et
d'autres ornemens, pour le service de la chapelle (4).

A la Révolution, le lac et la ferme de Longemer furent
vendus comme biens nationaux; actuellement ils sont la
propriété de Mme veuve Rigaud.

LES CROIX DE PIERRE

Il existe sur les différents chemins qui environnent
Gérardmer plus d'une centaine de *Croix de pierre*; ce
sont les témoignages des manifestations de la foi religieuse

(1 et 2) Mémoire de l'abbé DIDELOT. Archives communales J. J. I.
(3 et 4) D'après l'abbé DIDELOT. Mémoire précité.

des Géromois, et l'expression des diverses formes de l'art aux siècles derniers.

Les plus anciennes de ces croix — si l'on s'en tient aux inscriptions — sont celles du millésime 1555, vulgairement appelées croix des trois cinq. A cette époque, Gérardmer ne comptait que 22 pères de famille ; l'érection de ces trois croix fut donc un effort considérable pour l'époque. Ces croix ont le fût cylindrique, surmonté d'une croix de Jérusalem ; elles sont bien conservées, mais elles ont été un peu restaurées (partie inférieure et socles). L'antiquaire peut visiter ces croix ; il trouvera l'une en suivant le chemin de Liézey, en face de l'orphelinat, à gauche de la route, tout près du carrefour des chemins de Rougimont et des Xettes ; une deuxième, au lieu dit Les Bruches ; la troisième, au Grand-Étang, à l'angle de l'ancienne route de Rochesson qui rejoint l'auberge du Haut-de-la-Côte.

Beaucoup de croix furent érigées dans le cours des XVIIᵉ et XVIIIᵉ siècles ; bien souvent c'était la communauté qui en faisait les frais, témoin la croix de 1735 dont nous avons relaté le prix de construction.

Ces croix ont même leurs légendes, tantôt gaie et spirituelle comme celle de la Croix-Meyon, contée en patois, qui a une saveur d'originalité des plus attrayantes ; tantôt lugubre et triste comme celle dite des Oiseaux, située au haut du Noir-Rupt.

Le millésime 1777 (les trois sept), se rencontre à l'instar de celui des trois cinq ; par contre, nous n'avons pas retrouvé celui de 1666.

LA VIERGE DE LA CREUSE

A deux kilomètres de Gérardmer, sur la vieille route de La Bresse, on rencontre, à gauche du chemin, avant

le Grand-Étang, un bloc d'eurite rose dont la face qui
regarde Les Xettes est en pan coupé. C'est le rocher de
la Creuse, sur la face plane duquel est peinte l'image de
la Vierge de la Creuse, et qu'un cataclysme de la nature
semble avoir coupé en deux.

Une naïve tradition veut qu'un jour cette séparation eut lieu, et
pendant qu'une moitié du rocher roulait dans la vallée, un tableau
tel qu'il existe, représentant la Sainte Vierge, se trouva peint sur
la face lisse et perpendiculaire de l'autre partie. Cette douce image
ainsi placée, loin de toute habitation, devint l'objet de la dévotion
des habitants du bourg. De là l'origine des pieuses légendes de la
Vierge de la Creuse, madone consolatrice, au pied de laquelle ai-
meront toujours à prier les mères pour leurs enfants malades, les
pauvres, les déshérités de ce monde, pour obtenir allégement à
leurs misères [1].

D'après le docteur A. Fournier [2], l'origine de la dévotion au rocher de la Creuse est une manifestation païenne
du culte des pierres.

« Si, dit-il, on trouve dans les Vosges moins de vesti-
ges de ces pratiques du paganisme, c'est que la pierre, le
menhir a été brisé pour servir à la construction destinée
à abriter la nouvelle divinité. »

Au hameau du Hangochet (Plainfaing), au pied d'une
roche fort élevée, ayant la forme d'une tour carrée — une
pierre levée — existe une petite grotte dans laquelle se
trouve une vierge très ancienne qui a le pouvoir d'appren-
dre aux jeunes filles si elles seront bientôt mariées.

Aujourd'hui, c'est à la Vierge, au saint, que l'on s'a-
dresse, autrefois c'était au rocher.

---

(1) L'abbé JACQUEL. Ouvrage cité.
(2) *Vieilles Coutumes dans les Vosges*. Ouvrage cité.

CHAPELLE DE LA TRINITÉ

En suivant le chemin de La Haie-Griselle, on rencontre à mi-côte la chapelle de *la. Trinité*. Voici comment une légende du pays raconte l'origine de cette chapelle.

Vers le milieu du siècle dernier, un bon paysan, qui habitait La Haie-Griselle, avait deux filles. Elles couchaient dans le même lit. Toutes les nuits elles étaient visitées par une ombre invisible qui leur passait la main sur le visage. Grandement terrifiées par cette caresse mystérieuse, elles contèrent l'aventure à leur père; en homme brave, ce dernier fit coucher ses jeunes filles dans sa chambre et il prit leur place.

La main invisible vint se poser sur le visage du paysan; mais il s'y était préparé : il saisit cette main et fut aussitôt entraîné dans les airs. La nuit était sombre, et le voyageur malgré lui, peu rassuré; il eut la pieuse pensée de recommander son âme à la Sainte Trinité; aussitôt il fut délivré. En signe de reconnaissance, il fit vœu d'édifier une chapelle à la Sainte Trinité, au lieu même où il avait touché terre.

Cette chapelle fut le siège d'un pèlerinage dégénéré en fête populaire le lundi de la Pentecôte.

CHAPITRE II. — MŒURS. — COUTUMES. — LÉGENDES

LE LANGAGE

Dans les meilleures familles, il n'y a guère qu'une trentaine d'années, on ne parlait aux enfants que le patois local. Ce dialecte, héritage de plusieurs races d'origine différente, est abondant en expressions énergiques et naïves, mais il est peu harmonieux; il est riche en expressions tudesques ([1]), et la prononciation à l'allemande du *ch* lui donne une rudesse caractéristique.

Nous donnons, dans ce chapitre, plusieurs spécimens de patois de Gérardmer; nous ajoutons que de nos jours, grâce aux progrès de l'instruction, on parle français dans la majeure partie des familles, sinon de la montagne au moins du centre.

Compliment pour un jour de Fête (2)

Po Cicile

Cicile, Dèye vo gar ([3]). *J'a sti vo lé cinq oure*
Fâre in to dô neu mouè,
Quéri dé fiô ou don dé poure;
Mâ céte é n'y ovouzeu pouè.

Pour Cicile

Cécile, Dieu vous garde. J'ai été vers les cinq heures
Faire un tour dans notre jardin,
Chercher des fleurs ou bien des poires;
Mais certes il n'y en avait point.

(1) Voici quelques-uns de ces mots patois qui viennent en droite ligne de l'allemand : *Streuso*, paillasse (*Strohsack*). — *Banvoua*, garde-champêtre (*Bannwart*). — *Schouflic*, terme d'injure, savetier (*Schuhflicker*). — *Frichti*, déjeuner (*Frühstück*). — *Brancvin*, eau-de-vie (*Branntwein*). — *Schlitte*, traîneau (*Schlitten*). — *Strè*, paille (*Stroh*). — *Wandlè*, déménager (*Wandeln*). — *Kéblar*, cuvelier (*Kübel*). — *Rèhche*, riche (*Reich*). — *Stôye*, étable (*Stall*). — *Hostou*, vif, turbulent (*Hastig*). — *Seg*, scie (*Sœge*). — *Kroug*, cruche (*Krug*). — *Folle*, piège (*Falle*). — *Boube*, garçon (*Bube*). — *Bire*, bière (*Bier*). — *Oeule*, huile (*Oel*). — *Surcrutt*, choucroûte (alsacien, *Sürgrütt*; allemand, *Sauerkraut*). — *Tringeld*, pourboire (*Tringeld*). — *Boc*, chèvre pour traîner les tronces (*Boc*). — *Chô*, giron (*Schoost*). — *Fritz*, Frédéric (*Friedrich*). — *Hockè*, piocher (*Hacken*). — *Grôlè*, grogner, exprimer de la rancune (*der Groll*, la rancune). — *Prôchè*, parler (*Sprechen*). — *Vodiè*, garder (*Warten*). — *Trinquè*, boire (*Trinken*), etc.

(2) Par l'abbé Potier, premier curé de Gérardmer.

(3) Par corruption on dit souvent *digar*.

J'ireu bé n'èwesti, tot ô zeuchaṇ dô lèye;
Po vo farc in boquè, et po to lô fâr vô
Que j'sè bé qu' ç'o vot' fête ènèye.
Je n'la jèmâ rélie; vo l'voyin bé n'ohô.
J'préhe tro dé jo inoq' slè
Qué son ène occasion si bolle
De v' pezotè mo cœur, ô vo d'nan in boquè.
Sai-j', se' lir' to po li, s'o voure bé lo pôre ?
Vo pôré bé dé fiô; mâ mo cœur n'o mi môre,
Pi qu'ço po vo qu'é bet; vo n'sô fih jemâ.
J'vouréye qu'é' vo piéhesse inoq' lo vin mi piâ.
Evo l'èoue, torto èjôle;
L' pi jot fiô n'on qu'en sohon.
Pernè mo cœur et vo vôron :
Les éoués n'y fron ré. J'vi èhèyic en' foué
Po vô s'ro préhie pih aq' qué n'dir mi tɔ coue.

J'étais bien empressé, tout en sortant du lit;
Pour vous faire un bouquet, et par là vous faire voir
Que je sais bien que c'est votre fête aujourd'hui.
Je ne l'ai jamais oublié; vous le vîtes bien hier soir.
Je prise (j'aime) trop des jours comme ceux-là
Qui sont une occasion si belle
De vous présenter mon cœur, en vous donnant un bouquet.
Sais-je, s'il était tout seul, si vous voudriez le prendre?
Vous prendriez bien des fleurs; mais mon cœur n'est pas moin-
    dre (en valeur), .
Puisque c'est pour vous qu'il bat; vous n'en êtes dehors jamais.
Je voudrais qu'il vous plût ainsi que le vôtre me plaît.
Avec l'hiver, tout gèle;
Les plus belles fleurs n'ont qu'une saison.
Prenez mon cœur et vous verrez :
Les hivers n'y feront rien. Je veux essayer une fois
Pour voir si vous prisez plus quelque chose qui ne dure pas tou-
    jours.

L'Amour du Sol natal

Le montagnard aime son pays; il est légitimement fier de ses belles montagnes; c'est sans aucun doute à ce sentiment de fierté qu'il faut attribuer le dicton local dont nous n'avons pu, malheureusement, retrouver l'origine. Ce dicton se présente sous les deux variantes suivantes, l'une en vieux patois, l'autre en dialecte moderne :

1re Variante : *Se ç'n'ir' de Giromouè, steu co quéq' peu Nancèye,*
Lè Lorraine èn' serô céte ré.

Si ce n'était de Gérardmer, peut-être encore quelque peu Nancy, la Lorraine ne serait certes rien.

2e Variante : *Sè cè té d'Giraumouè, èco in peu Nancy,*
Qu'os qué c' scro d'lè Lorrène?

Si ce n'était de Gérardmer, encore un peu Nancy, que serait-ce de la Lorraine?

Le montagnard de Gérardmer languit loin du sol qui l'a vu n'aître, dit l'abbé Jacquel. Cette observation est des plus justes. Presque tous les montagnards, après avoir satisfait au service militaire, reviennent au pays pour y exercer des professions manuelles des plus humbles, lors même qu'ils trouveraient ailleurs des professions plus lucratives et moins pénibles. Le vrai montagnard se décide même difficilement à quitter sa chaumière natale pour venir habiter « le village, » c'est-à-dire le centre de Gérardmer.

Cet attachement du montagnard à son sol natal, parfois si ingrat, a inspiré à Chateaubriand les lignes suivantes :

« Le montagnard trouve plus de charme à sa montagne
« que l'habitant de la plaine à son sillon... Il dépérit s'il
« ne retourne au lieu natal. C'est une plante de la mon-
« tagne; il faut que sa racine soit dans le rocher; elle

« ne peut prospérer si elle n'est battue des vents et des
« pluies; la terre, les abris et le soleil de la plaine la font
« mourir. »

Tiou hi hie !...

Tout est local dans notre montagne des Vosges; il n'y
a pas jusqu'au cri du montagnard qui ne soit particulier
à la région.

Ce cri bizarre peut se traduire par l'onomatopée : *Tiou
hi hie!...* Il exprime — avec une énergie toute sauvage
— la joie vivement ressentie, les émotions bruyantes.

Pour les jeunes gens qui vont *é grand'loures* (aux grandes veillées), c'est le cri de ralliement, de reconnaissance,
de rendez-vous, d'adieu.

Le montagnard, soit qu'il reconduise sa *promise* après
la veillée, soit qu'il remplisse le rôle de compère pour le
baptême d'un jeune voisin, est fier de réveiller les échos
de la vallée par son joyeux *Tiou hi hie!...* C'est pour
lui une affirmation de virilité dont il est volontiers pro-
digue.

Les jours de tirage au sort ou de revision, alors que
les conscrits ont les chapeaux ornés de rubans multico-
lores, parfois les bottes garnies de grelots, l'air retentit
d'interminables *Tiou hi hie!...* lancés dans toutes les
gammes imaginables.

Tiou hi hie!... Nous serons soldats demain ! Nous por-
terons vaillamment l'uniforme français ! Nous serons dignes de nos ancêtres gérômois qui, par centaines, se rendirent à l'appel de la *Patrie en danger*. Comme eux, nous
saurons mourir pour nos trois couleurs. Tiou hi hie!...

Dès l'antiquité la plus reculée, les peuples guerriers
ont eu un signe de ralliement. Selon le docteur Fournier
qui connaît bien l'histoire vosgienne, le Tiou hi hie!...

du montagnard n'est que le souvenir du *so, so* celtique ou du *sou, sou* grec.

Louis Jouve prétend que ce cri aurait une origine plus moderne. Il raconte, à ce propos, qu'en 1842 le roi Frédéric-Guillaume vint visiter le Spréewald; des centaines de barques et de canots pavoisés l'accompagnèrent dans son excursion.

Après s'être arrêtée sous un chêne, Sa Majesté prussienne poussa le cri *wende Iuchuchu*, qui, prononcé à l'allemande, est identique au nôtre.

Nous ne nous chargerons pas de mettre d'accord les érudits; ce qu'il y a de certain, c'est que depuis des générations et des générations les Gérômois se sont transmis leur cri, et que, pendant de longues années encore, les échos d'alentour, de Ramberchamp au Faing-des-Meules, rediront le joyeux Tiou hi hie (1)!...

Lè Semptremèye

La fête patronale de Gérardmer ramène chaque année une animation de plus en plus considérable.

Les Nancéiens ont leur *foire* qui dure un mois; les habitants de Lyon et du centre ont *la vogue;* seuls, les Gérômois possèdent la Semptremèye.

Voici le sens de cette locution locale; il y a bientôt neuf siècles, l'ermite Bilon édifia auprès du lac de Longemer une chapelle placée sous le vocable des saints Barthélemy et Gérard.

Notre ville prit pour patrons les deux saints choisis par le pieux solitaire; en patois local la Saint-Barthélemy se prononce *lè Saint-Bathremèye,* d'où l'on a fait, par corruption, *lè Semptremèye.*

(1) *Gérardmer-Saison,* journal local, N° 9. Louis DULAC.

Lè Semptremèye fut toujours une fête impatiemment attendue par l'habitant de la montagne et les ouvriers d'usine qui, pendant le mois d'Août, redoublent d'activité afin de pouvoir festoyer.

Autrefois, le montagnard ne mangeait de la viande et ne buvait du vin qu'à la Semptremèye; c'était bombance une fois l'an; après on reprenait le régime habituel d'une frugalité toute spartiate.

Il n'y a guère plus d'une vingtaine d'années que les places du Marché et du Tilleul sont remplies, lors de la fête patronale, de baraques nombreuses et variées offrant au public des attractions sans cesse renouvelées; on n'y voyait pas de ces carrousels étincelants, de ces théâtres forains où l'on vend à bon marché « gaîté et joyeuseté. »

Les goûts étaient plus modestes, on faisait moins de bruit; en revanche on riait davantage en famille. Les costumes étaient simples comme les mœurs; les jeunes gens portaient la blouse, un chapeau de feutre à larges bords et de gros souliers ferrés; les jeunes filles étaient vêtues du jupon de *Calamende* et coiffées de frais bonnets bien blancs et proprets.

Après la grand'messe, religieusement entendue, les jeunes couples se dirigeaient joyeux vers l'unique bal de la fête. Et les jambes de se trémousser avec cet entrain, ce plaisir de la danse inné chez le montagnard.

Pendant que les couples s'enlaçaient, les papas jouaient aux cartes dans le cabaret voisin et trinquaient amicalement; les mamans, debout autour des danseuses, se rappelaient leur *jeune temps,* et parfois ne dédaignaient pas de faire une valse avec leurs fils.

Entre deux danses les jeunes gars conduisaient *leurs promises* faire quelques tours sur les *chevaux de bois,* les délices des amoureux aussi bien que des enfants. Ils ne manquaient pas non plus de les conduire aux jeux de

faïence, de porcelaine, d'amandes, de sucre d'orge. Pour
peu qu'elles eussent de la chance et leurs promis, quelques pièces blanches, les jeunes Gérômoises se procuraient une demi-douzaine de bols, de tasses, de verres
avec inscription : « *Souvenir de la fête — Amitié — Pensez à moi,* etc., » qui formaient les premiers fonds du
futur ménage.

Et le soir, à la nuit tombante, par les sentiers de la
montagne, on voyait les jeunes filles rieuses, chargées
de vaisselle et de sucreries, suivies des vieux parents,
regagner leurs fermes, tandis que les jeunes gens jetaient
aux échos voisins de joyeux Tiou hi hie (1) !...

LES CHANTS

Jadis le montagnard gérômois chantait beaucoup dans
les repas de noces, de baptême, de fête patronale, lorsque le vin l'avait mis de belle humeur; ses chansons —
qui se rapportaient aux circonstances ordinaires de la vie
— étaient parfois des épigrammes anodines ou des critiques mordantes dirigées contre les jeunes filles ou les
veuves de l'endroit qui avaient *fauté;* si une jeune personne était activement recherchée en mariage pour sa
fortune ou sa beauté, les prétendants évincés se ven-
geaient de l'*ingrate* en la chansonnant ainsi que son *pré-
féré;* la chanson servait aussi les petites rancunes per-
sonnelles des montagnards ou leur penchant naturel à
ridiculiser les travers de leur prochain.

Naturellement ces chansons étaient écrites en patois;
la poésie n'en était pas bien savante et pour cause; les
mots rimaient au hasard et se notaient sur un ton mineur
et langoureux, avec une phrase finale qui se traînait mol-

(1) *Gérardmer-Saison*, N° 10. Louis DULAC.

lement. C'était plutôt une sorte de mélopée, brodée sur un motif principal, qu'un chant bien rythmé.

Ces chansons n'ont pas disparu ; malheureusement elles sont trop souvent d'une gauloiserie plus que rabelaisienne ; pour donner une idée du *genre*, nous citons la chanson suivante qui avait un grand succès il y a 50 ans.

Je sège Coyau Ai- tienn', Jé d'moure hô lô è lè Poussère,

Jé sèye cónscrit Pou l'onnâyie-ci, Ma sé j'sèye pris Je n' potyra mi.

II. — *Oh hô ! Jé m'fou bé d'c'lè !*
Ja co dé sou pou mi rèchetè.
Jè m' fou bé d'clè,
Jè m' vie mèriè,
Qui os-ce qué t'vourau ?
To to coue seu do lé coborè,
On n'voue rie qu'c'lè.

I. — Je suis Nicolas Étienne — Je demeure là-haut à la Poussière — Je suis conscrit — Pour cette année — Mais si je suis pris — Je ne partirai pas.

II. — Oh ho ! Je me moque bien de cela ! — J'ai encore de l'argent pour me racheter (me payer un remplaçant) — Je me moque bien de cela — Je veux me marier — Qui est-ce qui te voudrait ? — Tu es toujours saoul dans les cabarets — On ne voit que cela (de toi).

20

III. — *El ové coran, drobè lo champ*
Ché lo p'tit Colon, é trô môhon,
Tô tan-z'otran,
El y font beignant,
Ehchèye té toci,
J' prôch'ron (1) *d'ti.*

III. — Il s'en va courant — A travers le champ (la prairie du champ) — Chez le petit Colon aux Trois-Maisons — Tout en entrant — Ils (les parents et la jeune fille) lui font accueil — Assieds-toi ici — Nous parlerons de toi.

Vieilles Coutumes et Pratiques superstitieuses

« Le montagnard est religieux et sincèrement attaché à la foi de ses pères (2); » mais ni lui ni aucun des historiens de Gérardmer n'ont mis en relief ce trait du caractère des Gérômois : leur crédulité aux revenants, aux sorciers, aux guérisseurs du secret.

Un tantinet superstitieux aussi, le montagnard se fiait davantage aux artifices des jeteurs de sort qu'à la science du médecin.

On pourrait remplir un volume en notant les formules bizarres, les recettes baroques qui servaient à guérir les maladies; celles des bêtes aussi bien que celles des gens.

Nous en donnons quelques-unes des plus connues dans le pays.

Remède pour guérir la jaunisse. — Prendre une pièce de 5 francs et faire avec elle 3 fois le tour de la figure du malade en prononçant les paroles suivantes : « Je t'adresse et te commande, au nom du grand Dieu vivant, d'Emma-

---

(1) Procher, *parler,* de l'allemand *sprechen.*
(2) Abbé Jacquel.

nuel et de saint Abraham, de quitter le corps de cette
personne (la nommer) et de descendre au fond de la mer
ou dans les entrailles de la terre. Ainsi soit-il. — Amen. »

Voici l'ordonnance à suivre : Faire uriner le malade
dans un pot où l'on aura mis une poignée d'*éclaire* (1).

Remède pour guérir l'arête. (On appelle ainsi une tu-
meur enflammée qui est occasionnée par la piqûre d'une
écharde ou une contusion). — C'est le charpentier du lieu
qui opère, avec une hache spéciale, connue sous le nom
d'*épaule de mouton;* le patient place le membre malade
sur 2 brins de paille posés en croix en haut d'un tabouret; le guérisseur, en coupant les brins de paille au ni-
veau du tabouret, lui dit : « Qu'est-ce que je coupe ? »
— Le malade répond : « L'arête. » — Le guérisseur re-
prend : « Arrête, je te coupe comme saint Pierre a coupé
l'oreille à Malchus. » Il répète trois fois ces paroles; mais
pour que l'opération ait du succès, il faut que les brins
de paille coupés sautent en l'air avant de tomber; sinon
l'arête ne serait pas guérie.

Ces pratiques — qui jouissent encore d'un certain crédit — rappellent les plus beaux jours des guérisseurs du
secret et des jeteurs de sort.

Il n'y avait guère de maisons au siècle dernier qui
n'eussent, dans leur étable, un sort jeté par un mécréant,
un habitué du sabbat. Ses bestiaux dépérissaient et mou-
raient frappés subitement d'un mal mystérieux, si on ne
faisait pas aussitôt conjurer le mal et « désensorceler »
la maison.

A cet effet, le propriétaire se rendait chez le guérisseur
le plus proche, un vieux malin qui exploitait habilement
la crédulité populaire et jetait de la poudre aux yeux par

(1) Cette plante est la *Chelidonium majus* des botanistes. Elle a mérité ce
surnom populaire, parce que le suc jaunâtre qu'elle exude était employé pour
combattre les maladies d'yeux.

une mise en scène très propre à frapper l'imagination. Le sorcier commençait par allumer un cierge bénit le Samedi-Saint, et plaçait à côté un peu du cambouis de la moyenne cloche; il brûlait un peu de la cire des clous du cierge pascal de l'année écoulée, tirait d'une armoire mystérieuse un grimoire rempli de formules et de signes cabalistiques, mettait ses lunettes et récitait la bizarre élucubration que voici :

Ab, abra, abraca, abracada, abracadabra; bar, kibar, alli, alla, Tétragamator, virgo, virgula, virgule, point, pointo, pointu; dic, dic, verum, cagli os tro (1) bonum; merlina, timus, animus, boum ! bricar, dic, dic, calamita, calamita, cocquateso, veranapa, topena (2), dic, dic, *accipe quod tibi et nihil amplius.* Bar, Kibar, alli, alla, oh ! oh ! *Amen.* Ainsi soit-il. — *Et fiat voluntas tua.*

Pendant qu'il débitait ce prestigieux factum, le sorcier traçait en l'air des signes magiques et poussait de temps en temps des cris aigus; il frappait dans ses mains, s'arrachait des mèches de cheveux, grimaçait affreusement, se trémoussait comme un véritable épileptique (3).

Les sorciers et guérisseurs du secret se faisaient grassement payer leurs prétendus services. Ils avaient du reste des réponses à double sens qui leur permettaient toujours de sortir d'embarras. Si le mal empirait, le remède l'avait empêché d'aller plus vite encore, et il était nécessaire de recourir de nouveau à leur intervention.

Hâtons-nous d'ajouter que les progrès de l'instruction ont fait disparaître ces pratiques ridicules dont les jeunes élèves de nos écoles sont les premiers à plaisanter; cependant il reste un fond de croyance aux remèdes empiriques et charlatanesques; bien des montagnards préfè-

---

(1) Nom syllabé du fameux Cagliostro.
(2) De ces 3 mots on trouve : coq a des os, ver n'en a pas, taupe en a.
(3) D'après un vieux montagnard, initié aux pratiques de la magie et de la sorcellerie, qui a souvent été témoin de pareilles scènes.

rent encore la formule et le secours d'un rebouteur ou guérisseur, surtout pour les bestiaux, aux soins d'un bon vétérinaire.

Si les pratiques bizarres dont nous venons de parler vont s'affaiblissant journellement, il n'en est pas de même de certaines croyances populaires, qui sont des plus vivaces.

Nous les avons entendu affirmer très souvent et nous signalons les principales.

Les Présages.

— Si, en se mettant en route, on rencontre un chat ou une vieille femme, c'est un signe d'accident et de malheur dans le voyage.

— Une salière renversée, un couteau et une fourchette placés en croix annoncent mort ou malheur prochain.

— L'apparition d'une *pie* (*ohé d'lè mô*, oiseau de la mort), est un signe de mort pour les habitants de la maison où elle est venue se poser.

— Si on entend, dans les planchers, au milieu de la nuit, un petit bruit continu, c'est que la mort viendra bientôt chercher quelqu'un du logis. Ce bruit est appelé l'*horloge de la mort*. Il est dû au travail des *vrillettes* (coléoptères), qui rongent les boiseries.

— Voir une araignée le matin, c'est un signe de chagrin; si c'est le soir, c'est un signe d'espoir.

— S'il y a beaucoup d'araignées sur les bruyères, c'est un signe de malheur.

— Une étoile filante est une âme qui sort du Purgatoire.

— Lorsque les oreilles tintent, c'est qu'on parle de vous; si c'est la droite, c'est en bien; si c'est la gauche, c'est en mal.

Les Petits Procédés.

— Avoir dans son porte-monnaie de la corde de pendu ou du trèfle à 4 feuilles, c'est s'assurer le succès dans ses affaires.

— Quand le chef de la famille est mort, si on possède un rucher, il faut y suspendre un morceau de drap noir, sinon les abeilles s'en iraient au bout de 9 jours.

— Si les futurs conjoints assistent à la messe quand on y fait, au prône, les publications de leurs bans, leurs enfants seront morveux et baveux.

— Après la bénédiction nuptiale, celui des deux époux qui se lève le premier sera le maître du ménage.

— Lorsqu'un coq a mangé du pain bénit, il devient enragé.

— Si on est 13 à table, un des 13 doit mourir dans l'année.

— Un œuf du Vendredi-Saint jeté dans un incendie l'arrête aussitôt, si l'incendie a été allumé par le feu du ciel.

— Si on tue un cochon le jour du Vendredi-Saint, cela porte malheur.

— Si on entreprend un voyage le vendredi, on aura des accidents en route.

— C'est faire souffrir les âmes du Purgatoire que de laisser bouillir l'eau sur le feu ; aussi met-on dans cette eau un légume ou un bout de bois.

— Soulever la paupière supérieure et la renverser, c'est faire pleurer la Sainte Vierge.

La plupart des coutumes et des pratiques que nous venons de citer, sont des restes du paganisme, comme le dit excellemment le docteur A. Fournier (1).

L'imagination de nos aïeux a peuplé, en effet, les vastes forêts qui couvraient le sol, d'esprits qui étaient des êtres farouches, noirs, hideux, vrais diables, qui personnifiaient la vie sauvage ; ou bien des êtres aux formes les plus variées, les plus gracieuses qui, dans les clairières et les futaies, menaient joyeuse vie.

Le culte de l'Arbre, si vulgarisé en Gaule par le Druidisme, persista pendant des siècles après l'établissement du Christianisme. Le Concile d'Auxerre (598), défendit aux fidèles « de rendre leurs vœux dans les haies, auprès des arbres ou sur les fontaines... » Plus tard, au

(1) *Vieilles traditions.* Ouvrage cité.

Concile de Nantes (658), il est ordonné aux évêques de faire arracher et brûler les arbres que les peuples adorent, et pour lesquels ils ont une telle vénération qu'ils n'en oseraient couper la moindre branche.

Parfois on n'osait arracher ou brûler l'arbre sacré ; l'Eglise se l'appropriait en y plaçant l'image d'un saint vénéré dans la région.

A Gérardmer, il existe plusieurs de ces saints placés sur des arbres ; il y a un saint Antoine sur un sapin à l'ancien Echo Saint-Antoine (sur la nouvelle route de Sapois) ; un saint Nicolas sur un sapin à gauche de la vieille route de Saint-Dié. Il s'en trouve un troisième à la Basse-des-Rupts, près du chemin qui redescend au ruisseau.

Les chapelles de l'endroit ont des arbres à leur côté ; telles sont les chapelles de la Trinité et de Saint-Florent, entourées de tilleuls séculaires.

Dans presque toutes les communes vosgiennes, c'est avec des branches que l'on orne les façades des maisons le jour de la Fête-Dieu (1).

Un certain nombre de fêtes populaires qui coïncident avec les fêtes catholiques, sont accompagnées de pratiques païennes.

Une des plus curieuses est le pèlerinage à sainte Sabine (29 Août).

Dans la forêt de Fossard (Remiremont), non loin du menhir de Kerlinkin, se trouve la source de sainte Sabine dont on disait :

> La source de sainte Sabine
> De tout mal affine.

Elle guérit les ulcères, les abcès ; il suffisait de les piquer avec une épingle que l'on jetait dans le bassin de la source.

---

(1) A Gérardmer on les appelle des *mascüe*.

Mais c'étaient surtout les jeunes filles en quête de mari qui fréquentaient la source. Elles jetaient dans l'eau une épingle; si elle surnage, leurs désirs seront exaucés. Seulement la fontaine n'avait ce pouvoir que le jour de la sainte Sabine.

Thiriat ajoute (1) « que l'épingle ne surnage jamais, quelles que soient sa ténuité et sa finesse, quand la jeune personne est coupable d'une faute contre la virginité, et que les veuves mêmes consultent en vain la naïade de la fontaine. »

Les Loures (Veillées)

Elles se perdent de plus en plus, ces antiques soirées d'hiver, ces joyeuses *loures* (veillées) où se réunissaient, autour de la lampe fumeuse, les voisins, les parents, les amoureux.

Il y avait trois sortes de loures : les loures ordinaires, où les voisins seuls venaient et qui étaient journalières; les loures *à recine,* pour les parents et les amis qui se répétaient une ou deux fois seulement dans l'hiver; enfin *lé grand loures* (les grandes loures); assemblées où se rencontraient les jeunes gens de toute une section, qui se tenaient une douzaine de fois pour la mauvaise saison.

Loures ordinaires.

Les loures ordinaires étaient les veillées telles qu'elles se passent encore de nos jours.

Les hommes, assis près du feu, racontaient leurs exploits militaires ou causaient de leurs affaires commerciales. Les femmes filaient le lin; en dévidant la

(1) Vallée de Cleurie.

quenouille, elles devisaient de leurs enfants et contaient
les potins du jour. Les enfants jouaient bruyamment dans
un coin de la chambre, ou si on les avait couchés, prêtaient une oreille attentive aux récits de sorcellerie, de
sabbat, qui revenaient invariablement avec chaque veillée. Ces enfants suçaient ainsi, avec le lait maternel, la
crainte du sotré, de la mannihennekin; toutes les histoires terrifiantes qui faisaient les frais des longues veillées, frappaient leurs jeunes imaginations, et contribuaient
puissamment à les rendre crédules, superstitieux et peureux.

A 10 heures, on se séparait, pour recommencer le lendemain.

Les Lourés avec Recine.

Les parents, les amis, s'invitaient de temps à autre,
généralement le samedi, à des veillées avec *recine*. La première partie de la veillée se passait comme nous venons
de le dire; seulement on jouait aux cartes jusque vers
10 ou 11 heures; à ce moment la maîtresse de maison
invitait la veillée à s'approcher de la table, rallongée pour
la circonstance, « du pétrin » de la famille, et entourée
de bancs improvisés, de sièges très variés.

C'était le moment de la *recine*, repas frugal où l'on ne
servait que du pain noir et des noix, mais où l'on vidait
force rasades de *brancvin*..

Avant la recine ou même après, garçons et jeunes filles
jouaient *aux jeux innocents*, fort nombreux à l'époque; il y
avait le *Colin-maillard*, la *paume* (main-chaude), le *levain*,
la *mal mariée*, l'*oiseau* (pigeon vole), le *plomb*, le *ruban*, le
diable boiteux. Lorsqu'on était pris, on donnait des *gages*;
pour les racheter, le perdant était condamné à *une péni-
tence* généralement anodine, qui consistait à embrasser
celle que vous aimez ou *le plus joli garçon de l'assemblée*.

Dans certains cas également, les garçons faisaient parade de leur force ou de leur adresse dans des tours de *bateleurs,* ou mystifiaient les plus naïfs par des farces d'un goût douteux.

Avant de se quitter, les membres de la veillée fixaient la maison où aurait lieu le rendez-vous de la semaine suivante.

Puis les jeunes garçons reconduisaient les jeunes filles à leur domicile, escortés des parents, en troublant le silence de la nuit par leurs joyeux Tiou hi hie !...

C'est dans ces réunions locales que se nouaient, entre les jeunes gens, les premières relations qui devaient aboutir au mariage quand le jeune garçon *aurait fait son temps* (aurait satisfait au service militaire). Elles sont devenues plus rares, parce que le commerce des toiles, très florissant il y a une trentaine d'années, a produit chez plusieurs montagnards une aisance relative. Le vin, le café, la viande, le pain blanc, ont remplacé sur la table des recines, le pain noir et le brancvin des anciennes loures. Il en est résulté que beaucoup de personnes n'étant pas en mesure de rendre la politesse, ne sont plus allées aux loures des recines.

Les grandes Loures (Lé grand Loures).

La personne qui voulait organiser une grande loure, invitait les jeunes filles des environs et prévenait les jeunes gens, qui se transmettaient la nouvelle de section en section comme un grand évènement ; il n'était pas rare, au jour donné, de trouver réunis de 50 à 60 jeunes gens des deux sexes dans la maison où se tenait la grande loure.

La veillée était bruyante ; à peine les femmes et les jeunes filles avaient-elles travaillé quelques heures, que les garçons organisaient des danses : pas de grande loure sans le ménétrier obligé. Dès qu'il arrivait, sur les coups de

neuf heures, escorté d'une troupe de danseurs, les jeunes
gens s'empressaient de préparer pour la danse la grange
ou le poèle ; on juchait le ménétrier sur une estrade
improvisée et les couples valsaient joyeusement au son du
violon.

La commère qui tenait la grande loure, débitait aux
amateurs des petits verres d'eau-de-vie ; peu à peu les
têtes se montaient ; vers minuit il n'était pas rare de voir
des coups échangés et une mêlée générale mettre fin à la
danse. Des jalousies à propos de frais minois, des rancunes de section à section, de vieilles querelles à vider,
c'était assez pour provoquer des rixes parfois sanglantes.

Au reste cette distribution de coups de poing semblait
être une partie essentielle de la grande loure ; les garçons
amoureux des chicanes, se posaient, avant l'assemblée,
la question suivante, bien topique : « On s'bettré ? » (on
se battra ?) condition *sine qua non* de leur apparition à la
soirée (1).

Les grandes loures n'existent plus ; mais l'habitude des
veillées reste néanmoins vivace dans la montagne, et si
la clarinette y a remplacé le violon, le goût de la danse
n'en est pas moins accentué.

LÉGENDES

C'est pendant les veillées que nous venons de rappeler
que se redisaient les légendes, presque toutes spéciales
à Gérardmer.

Nous allons raconter les plus intéressantes, celles que
nous avons pour la plupart, recueillies de la bouche même
des vieux montagnards.

(1) D'après des témoins oculaires.

Culas.

Le génie malfaisant qui poursuit ses victimes, s'attache à elles pour les perdre dans les sentiers déserts, les lieux marécajeux, c'est *Culas.*

Il se montre dans les cimetières, les étangs, les lieux écartés, et ses apparitions sont des flammèches vacillantes, qui s'enfuient à l'approche des voyageurs ou les poursuivent s'ils s'éloignent.

On devine que ces apparitions ne sont pas autre chose que les *feux-follets,* dont la nature, inexpliquée aux siècles derniers, était bien faite pour frapper l'imagination vive et la bonne foi des montagnards.

Pour la plupart d'entre eux, les feux-follets sont aussi des âmes du purgatoire qui viennent demander à leurs proches de faire dire des messes pour abréger leurs souffrances.

Sotré et Dragon.

Êtres fantastiques, ayant tous les artifices de la ruse, le sotré et le dragon étaient également des personnifications du génie du mal. Le tonnerre, les gémissements du vent dans les forêts de sapins, l'ouragan, les aérolithes, étaient des manifestations de l'esprit malin.

Avec des récits dont l'imagination faisait tous les frais, les montagnards racontaient à leurs enfants, sur le compte de ces êtres surnaturels, des histoires merveilleuses qui avaient malheureusement le tort de les effrayer et de les rendre crédules et peureux.

Mannihennekin.

Le mot *Mannihennekin* (prononcez kin comme dans *in-*

nombrable), vient de *megnèye,* mot patois qui signifie domestique, et hennequin ou hennekin, esprit infernal.

On désignait en effet sous ce nom la troupe des domestiques d'un esprit puissant qui, pendant l'hiver, dans les nuits brumeuses, faisait entendre dans les airs des concerts où des cris lugubres se mêlaient aux sons d'une musique retentissante.

C'était le sabbat des démons qui emportait dans les tourbillons magiques les personnes du pays dont l'âme leur était assurée. Cette croyance, qui va s'affaiblissant, n'est encore qu'un reste du paganisme de l'ancien culte de « Diane, qui eut longtemps ses adorateurs dans nos forêts vosgiennes, puis, sous l'influence du catholicisme, s'est transformé en celui de saint Hubert [1].

La *mannihennekin* de la montagne des Vosges, c'est la chasse de *Jean des Baumes,* la *Chasse sauvage* des Allemands.

« Il existe proche Rozerotte un bois dit « Bois des Baumes, » que les habitants du pays croient habité par l'âme d'un ancien chasseur appelé *Jean des Baumes.* On raconte que pour avoir chassé chaque dimanche sans avoir jamais pensé à Dieu, il fut condamné à chasser éternellement sans pouvoir atteindre le gibier qu'il poursuit. On prétend même que, pendant certaines nuits de l'année, on l'entend encourager ses chiens [2]. »

M. Voulot raconte aussi [3] qu'au pied du Donon, les montagnards passant le soir dans une forêt sombre, à la lueur des éclairs, au bruit retentissant de la foudre, ne manquent jamais de réciter cette prière qui les préserve de tous les dangers :

Grand saint Hubert, patron des Ardeignes ! qu'avez eu la gloire

---

[1] Dr FOURNIER. *Vieilles légendes.* Ouvrage cité.
[2] Dr A. FOURNIER. Ouvrage cité.
[3] *Les Vosges avant l'Histoire.*

de voir not' Seigneur Jésus-Christ crucifié entre les cornes d'un cerff,
et d'recevoir miraculeusement l'étole par le ministre (ministère) d'un
ange, dont nous vous demandons d'nous octroyer la grâce, en nous
préservant de rage, maléfice, coups de tonnerre et autres maux.
Priez pour nous, grand saint Hubert !.....

Enfin, après la messe de saint Hubert qui se célébrait
sous les épaisses voûtes des forêts, on se rendait à un
repas où l'on chantait :

> *O saint Hubert !*
> *Le front découvert,*
> *Nous chantons ta gloire.*
> *Nous allons boire*
> *Et porter ta santé*
> *A la postérité.*

Le Sabbat.

Le *sabbat* était une cérémonie diabolique qui avait lieu
toutes les semaines tantôt à la Roche-du-Diable, tantôt à
la Beheuille, dans un endroit solitaire, entouré de hautes
forêts.

Là, une foule de vieilles femmes au nez crochu, au front
ratatiné, d'hommes mal famés, aux allures mystérieuses,
dansaient avec les sorciers du pays et les diablotins, des
rondes effrénées. Ils se livraient à de copieuses libations
et chantaient des chansons qui glaçaient le sang dans les
veines.

Le voyageur attardé qui passait dans ces lieux vers
minuit, était arrêté par une main invisible. Il entendait
des frôlements insolites et des cris ou des rires dans la
profondeur des bois ; les arbres lui paraissaient renversés
et des bruits de chaînes retentissantes ou de musique
étrange, discordante, lui donnaient une peur affreuse. Malheur à lui s'il n'avait un talisman, un peu d'eau bénite,
un chapelet, ou s'il ne pouvait faire le signe de la croix. Il

était alors précipité dans les lacs de Longemer ou de Retournemer où il se noyait, ou bien il était brisé contre les rochers dans un saut effroyable.

Il existe encore des vieux montagnards de Gérardmer qui croient au sabbat. Ils racontent, avec conviction, qu'ils en ont fait partie ou en ont vu les preuves irrécusables. L'un d'eux ne nous certifiait-il pas avoir trouvé, un matin, sur le sable, à la Beheuille, des traces de pied fourchu, un soulier de femme, des manches à balai et divers débris du festin qu'avaient fait en cet endroit les diables et les sorciers !

Loups-Garous.

Plusieurs cavernes des montagnes de Gérardmer passent pour avoir donné asile aux *Loups-Garous*. C'étaient, disent les anciens, des hommes qui vivaient comme des loups et mangeaient les petits enfants comme les ogres du temps des fées, ou guettaient les voyageurs qui passaient près de leurs repaires.

Le souvenir de ces êtres fantastiques s'est perpétué dans le jeu si connu de *Chasse au Darou,* mystification généralement anodine, avec laquelle les indigènes se font un malin plaisir de s'égayer aux dépens des nouveaux venus.

Le Darou est personnifié sous la forme d'un animal étrange, le *Falkenar*. On voit cet être fabuleux, de la taille du renard, au pelage gris bleuté, rôder sur le coup de minuit, autour des habitations où doit se produire un décès à brève échéance. A la pâle clarté de la lune, on l'a vu se promener, les soirs d'hiver, sur la Roche-du-Page. Son museau de fouine au vent, ses yeux qui brillent comme des charbons ardents, jettent l'effroi au cœur du montagnard qui s'est attardé à la veillée.

La croyance au Loup-Garou s'est perpétuée dans une chanson fort ancienne que les nourrices chantent pour endormir leurs bébés, et dont voici le refrain :

> Dormez, dormez, ma demoiselle,
> Car le Loup-Garou va venir.

Les Crikis.

Les sorciers et les sorcières eurent grande vogue autrefois à Gérardmer, et nous avons raconté (¹) le procès fait à Mougeatte Chipot, accusée de sorcellerie.

Une famille du pays, dont les membres passaient pour sorciers, était désignée sous le nom, qui leur est resté, de *Crikis*.

L'ancêtre de cette famille était un jeteur de sorts, qui pouvait faire venir à volonté, dans les habitations, des souris, des rats, des puces et autres vermines. On assurait même qu'il avait le pouvoir de prendre la forme d'un de ces animaux, et d'être ainsi, dans un incognito complet, sur la trace de ses ennemis.

Ce qu'il y a de triste à dire, c'est que les descendants de cette famille stigmatisée existent encore, et qu'à leur nom s'attache toujours le souvenir des misères d'un autre âge. C'est à tel point qu'il y a quelques années, comme nous avions affaire chez un très brave habitant de Longemer, une personne de Xonrupt nous dit très sérieusement : « N'allez pas chez lui, je vous en prie, c'est un Criki ! » Naturellement nous n'avons eu cure du renseignement; mais nous n'avons pu nous empêcher de songer que c'était bien pénible de voir une semblable crédulité sur la fin du XIXᵉ siècle !

---

(1) Voir précédemment.

Le Pont-des-Fées.

Comme tous les pays, Gérardmer a sa bonne fée qui connaît le présent, le passé et l'avenir, et domine toute la nature. Son accent console ou terrifie avec ses capricieuses transformations. Elle est tour à tour séduisante jeune fille, pauvre vieille décrépite, rayon de lumière, souffle d'air, insecte d'or, oiseau d'azur. Si vous doutez que ce soit elle, demandez aux paysans qui habitent sur les bords de La Vologne. Ils vous diront qu'ils l'ont vue en joyeuse compagnie, vêtue du costume le plus original que vous puissiez rêver, donner une grande fête dans le palais qui avait surgi pour elle des belles eaux du clair ruisseau. Elle y recevait de brillants chevaliers, leur donnait à boire un philtre magique qui leur ôtait toute volonté. Ils étaient alors forcés de travailler à la construction du pont qui existe encore et porte le nom de *Pont-des-Fées.*

La vérité est que ce pont est ainsi nommé à cause de l'abondance — aux environs — des épicéas et que le nom patois de ce sapin est *fie;* on a dit le *Pont-des-Fies,* d'où, en français le Pont-des-Fées.

Néanmoins la légende persiste; elle a même inspiré un poète [1] et nous reproduisons sa charmante inspiration.

Ballade du Pont-des-Fées.

> « Ne vous endormez pas
> le soir au Pont-des-Fées. »

I. — Dans le bois sombre et solitaire,
   Messire Humbert s'est égaré :

---

[1] VOLANGE. *Gérardmer-Saison.*

Au-dessus d'une arche de pierre
Murmure un torrent resserré ;
Et vaguement, il se rappelle
La Légende que par hasard
Un soir contait, heureuse et belle,
Rosalbe, fille de Gérard.

II. — Mais Humbert ne connaît la crainte,
Il a déployé son manteau,
Il invoque la Vierge sainte,
Et s'étend au bord d'un ruisseau.
Pourtant les vieilles, aux veillées,
Disent : « Ne vous endormez pas,
Quand vient le soir, au Pont-des-Fées,
Mieux vaudrait pour vous le trépas. »

III. — Mais toujours sire Humbert sommeille,
Pourquoi son cheval se plaint-il ?
Le cavalier bientôt s'éveille,
Et des yeux cherche le péril :
Une femme blanche, élancée,
Calme, le regarde dormir ;
Comment sa douce fiancée
Vient-elle en ce lieu sans frémir ?

IV. — « Si loin du castel de ton père
Comme une esclave qui s'enfuit,
Pourquoi, dans ce lieu solitaire,
Rosalbe, erres-tu dans la nuit ? »
— « Que mon doux seigneur ne s'irrite,
Il s'en repentirait demain ;
De loin je suis venue, et vite,
Pour le remettre au droit chemin.

V. — Remontez cent pas la rivière,
Vous verrez un sentier étroit ;
Au carrefour de la clairière
Laissez choisir le palefroi. »

         — « Prends mon coursier, ma souveraine,
         Je ne t'abandonnerai pas ;
         Vers le duc, Gérard de Lorraine,
         Que ton époux guide tes pas. »

VI. — Le coq va chanter tout à l'heure,
         Je dois vous quitter à l'instant ;
         Pour me conduire à ma demeure,
         Un serviteur fidèle attend. »
         Elle a dit ; légère et rapide,
         Elle se perd dans la forêt.
         L'aurore frappe l'herbe humide,
         Et le brillant soleil paraît.

VII. — Sire Humbert selle sa monture,
         Il découvre l'étroit sentier,
         Et, rêvant à cette aventure,
         Hâte le pas du destrier.
         Il arrive devant la porte,
         Et vainement sonne du cor,
         Sur les créneaux un archer porte
         Le noir étendard de la mort. .

VIII. — « Bon soldat pourquoi cet emblême,
         Qui présage un affreux trépas ? »
         — « Hélas ! c'est Rosalbe elle-même ;
         Comment ne le saviez-vous pas ?
         A l'heure où l'aurore sereine
         A peine faisant place au jour,
         La fille du duc de Lorraine
         Quittait ce terrestre séjour ! »

IX. — Que du deuil la sombre bannière
         Flotte à jamais sur ce castel,
         Et que les vassaux en prière
         Implorent la pitié du ciel !

Légende de la Croix-Méyon.

Sur la route du Tholy, à mi-chemin du lac, il existe une vieille croix de pierre au socle branlant; les lichens l'ont marquée de leur incrustante végétation : c'est la Croix-Meyon. Elle porte le millésime de 1777; en voici la légende, en patois du pays (d'après THIRIAT) :

> *El y ovoue o Bélia, vo l'évoué dé trau sette,*
> *Lo keblar Jean Méyon et sè fomme Minette,*
> *Qu'ièré viquet heuroux; selmô mo Jean Méyon*
> *Ovoue lo grand défaut d'ètc in peu trop soulon.*
> *Quot é rpotiè sé cvèye é morchand do villège,*
> *O coboret réliant sè fomme et so mênège,*
> *E s'mè terti sé sou sno si vodiè in niau;*
> *Et do lô é rvenet po le chemin trop strau.*
> *Quot sè fomme lo chosé et lo tratiè d'hhautauye,*
> *E n'lóyè qu' d'in cotè, et dolo d'l'aute oroyc,*
> *E squoutè sé lo vot empotiet sé rohon,*
> *Et d'si seulè d'no vèie é tè tocoue d'sohon.*

Il y avait au Beillard, vers l'hiver des trois sept (1777),
Le cuvelier Jean Méyon et sa femme Minette,
Qui auraient vécu heureux; seulement mon Jean Méyon
Avait le grand défaut d'être un peu trop ivrogne.
Quand il reportait ses cuveaux aux marchands du village,
Au cabaret, oubliant sa femme et son ménage,
Il semait tous ses sous sans se garder un *niau* (1);
Et puis il revenait par les chemins trop étroits.
Quand sa femme le grondait et le traitait de vaurien,
Il ne l'entendait que d'un côté, et puis, de l'autre oreille,
Il écoutait si le vent emportait ses raisons,
Et de se griser de nouveau il était toujours de saison.

---

(1) Niau, œuf que l'on met dans un nid pour engager les poûles à pondre.

Minette voyant bé qu'elle n'o pourô joie,
D'in mouïè pi hodii s'évisé d'ehhèyie.

In-sau qué so soulon tè braumo ennèyeti,
Elle s'erotié lo cor do in grand bian fieri,
Es boté d'si lè téte eune lantêne erlihante,
Ettèché derrie léye enne chaîne restenante,
Et vo lo drau dè mo, elle féré si peusté.
E Hhette, è Rèbouéchamps, on n'voyait pi d'tiète,
E fèyè nèye inno qué do lo dso d'enne quesse.
Lo vot do lè montaine erjanet dé piandesse,
Lè chouotte o fond dé beu chantait in âr dé mo.
O pie dé reuche do slèye, o front m'neçant et haut,
Qué no hma visitè qué po l'ohèye dé hline.
Ô z'oïet lé flo nôr què hauvouè et lè line.
Et lè line, au corant lo to, espovotâye,
Couèchèt so bian musé derrie lé naur nouâye...

Minette voyant bien qu'elle n'en pourrait venir à bout,
D'un moyen plus hardi s'avisa d'essayer.
Un soir que son ivrogne était beaucoup ennuité,
Elle s'entoura le corps dans un grand blanc linceul,
Se mit sur la tête une lanterne brillante,
Attacha derrière elle une chaîne retentissante,
Et vers la droite du lac elle fut se poster.
Aux Xettes, à Ramberchamp, on ne voyait plus de clartés,
Il faisait nuit, comme dans le fond d'une chaudière.
Le vent dans la montagne *erjanait* (1), beuglait des plaintes,
La chouette au fond des bois chantait un air de mort.
Au pied de la *Roche-du-Cellier* (2), au front menaçant et haut,
Qui n'est jamais visité que par l'oiseau des poules (buse, milan).
On entendait les flots noirs qui aboyaient à la lune.
Et la lune en courant le ciel épouvantée,
Cachait son blanc museau derrière les noires nuées...

(1) *Erjanè*, mugissement de la vache.
(2) *Rocher-du-Cellier*. Montagne qui domine le lac au midi de la *Villa Kattendike.*

Jean Méyon vo mênèye, éhhé do coboret,
Chambollant et branciant tsi sè mègue jorret.
Lo brancvin ro hòdii, çò qué n'sé seulot vouâre,
Mâ t'si le vie soulon é fâ l'effet contrare,
Ç'ot poqué not grivois strémet o pi pti brit;
Au pessant lo Gripèye é spiè èlanto d'li,
Quot, to d'in keu é vouc è sé zèye epporète
In gran rvenant to bian qu'li crie : « Errête ! errête ! »
Vo vo l'epossé bé, terto rtone do li...
E pòne sé pi dire au brèyant espovotè :
« Qu'osqu'om'vlé ? qu'osqu'om'vlé ? » Vilain soulon je vie
Qu'èt' chaingésse dé conduite, et té vé m'lo jiric,
Aussi bé qu'é t'fare botte enne crèyc o drau dé mo
Qué t'fré tocoue, toci, sevni dé to sarmot,
Meyon d'hé : « J'vo lo jire, » et n'vi pi ré qu'lè nèye.
Lo brancvin do so vote, ovoue stédi so fèye;

Jean Méyon vers minuit sortit du cabaret,
Chancelant et ployant sur ses maigres jarrets.
L'eau-de-vie rend hardi ceux qui ne se soulent guère,
Mais chez les vieux ivrognes elle fait l'effet contraire,
C'est pourquoi notre grivois tressaillait au plus petit bruit;
En passant le Grippo (1) il regardait autour de lui,
Quand tout à coup il voit à ses yeux apparaître
Un grand revenant tout blanc qui lui crie : « Arrête ! arrête ! »
Vous le pensez bien, tout retourna dans lui...
A peine s'il put dire en criant éperdu :
« Que me voulez-vous ? que voulez-vous ? » Vilain soulard, je veux
Que tu changes de conduite et tu vas me le jurer
Aussi bien que de faire mettre une croix au droit du lac
Qui te fera toujours ici souvenir de ton serment. »
Mèyon dit : « Je vous le jure, » et ne vit plus rien que la nuit.
L'eau-de-vie dans son ventre avait éteint son feu,

(1) Il y avait une très forte côte là où eut lieu l'apparition, et qu'on nommait le *Grippo*, le lieu où l'on grimpe.

Et cé n'fé mi s'no mau qu'è rgaignié so logi.
Minette, o lo dvine jo, ertè haut bé dans qu'li.
Quot elle lo vi s'ehhâre, aussi bian qué do chique,
Elle li dmandé corant sé l'ovoue lè colique.
« Nian, qué d'hé, ma scoûte mé : Ç'o lo sau ci lè fin
D'mé ribotte ; ço fâ jé n'bourrâ pi d'brancvin ! »
C'fé vrâ. E fi grèvè so no, et sou d'sè fomme,
T'si lè crèye qu'é fi botte ousqué vit lo fantôme.
O dit qué « qui qué bi bourré, » ma Jean Meyon,
Au z'bé d'pé lo sau lo, heuté d'éte in soulon,
Et so qu'en' vouron mi t'si mè poreule crâre,
In fâ si soupernant, aussi vrâ qu'è lo rare,
Enne crèye d'pire o tolot d'bout po li zi provet
Qu'enne foue è Giraumoè, lo proverbe é bodiet.

Et ce ne fut pas sans mal qu'il regagna son logis.
Minette, on le devine déjà, était de retour avant lui.
Quand elle le vit s'asseoir aussi blanc que du fromage blanc,
Elle lui demanda tout vite s'il avait la colique.
« Non, dit-il, mais écoute-moi : C'est ce soir-ci la fin
De mes ribottes, c'est fini, je ne boirai plus de brandevin. »
Ce fut vrai. — Il fit graver son nom et celui de sa femme
Sur la croix qu'il fit mettre où il avait vu le fantôme.
On dit que « qui a bu boira. » Mais Jean Mèyon,
Aussi bien depuis ce soir-là, cessa d'être un soulard,
Et ceux qui ne voudraient sur ma parole croire
Un fait si surprenant, aussi vrai qu'il est rare,
Une croix en pierre est là debout, pour leur prouver
Qu'une fois à Gérardmer le proverbe a menti.

Origine légendaire de Gérardmer (1).

Les peuples de l'antiquité aimaient à entourer de merveilleuses légendes le berceau de leur enfance ; telle est la

(1) *Gérardmer-Saison*, No 11. Louis DULAC.

tradition de la louve qui allaita Romulus et Rémus, dont un simple élève de sixième connaît les faits et gestes dans ses moindres détails.

Sans avoir de prétentions aussi classiquement établies, Gérardmer n'en possède pas moins son origine mystérieuse. Lisez plutôt la *Cinthyperléïade*, ou l'oracle de Diane, poème épique en huit chants et trois mille trois cents vers. Cette œuvre poétique fut composée à la fin du siècle dernier par Philippe-Antoine de Chainel, seigneur du Château-sur-Perle, sis près des rives de la riante Vologne, entre Cheniménil et Docelles (1).

Voici la légende expliquant l'origine de Gérardmer telle que l'a conçue le poète dans sa vive imagination :

Les Titans, vaincus en Thessalie par les dieux auxquels ils avaient l'intention de ravir l'Olympe, se réfugièrent dans les Vosges. Après avoir franchi le Rhin, ils résolurent, pour assurer leur défense, d'élever à peu de distance de la rive gauche du fleuve un rempart inexpugnable. Ils formèrent ainsi la chaîne des Vosges, abrupte du côté du Rhin, en pente à l'Ouest, telles que ces montagnes existent encore aujourd'hui. Les dieux les y suivirent, les forcèrent dans leur camp qui se trouvait sur le plateau de Champdray, et les repoussèrent dans le bassin de Gérardmer où ils leur livrèrent bataille.

Les dieux et les déesses, après leur victoire, construisirent le *Château-sur-Perle,* et c'est là qu'ils s'assemblèrent pour juger leurs prisonniers.

Les quatre chefs des Titans : Typhon, Pélor, Hippolyte et Palibotte, furent condamnés à être enfermés à perpétuité dans des grottes souterraines, où, depuis cette époque, ils échauffent, par leur souffle brûlant, les sources thermales de Bains, Luxeuil, Bourbonne et Plombières. Les prisonniers vulgaires furent employés aux travaux de l'alimentation des forges ou des salines; Neptune construisit les cascades des Vosges; Eole souffla dans ses urnes et souleva une affreuse tempête qui vint fondre sur Gérardmer des

(1) Ce château appartient à M. Boucher père.

quatre coins de l'horizon. Il y eut des tremblements de terre,
et trois crevasses s'ouvrirent qui donnèrent naissance aux lacs de
Gérardmer, de Longemer et de Retournemer. Des enfants furent
métamorphosés en *hurlins* (petites perches des lacs), et ces poissons se sont perpétués depuis dans les eaux lacustres.

Vénus, en se baignant dans la Vologne, y donna naissance aux
perles, jadis si célèbres, qu'a chantées le poète :

> La Vologne, vray Gange de la Vôge,
> Attire du Prieur et la veüe et l'éloge.
> Il y voit se former et les perles (1) et l'or,
> Q'on trouve dans son sein, qui brillent sur son bord (2).

Le Charbonnier du Hoheneck (3).

Il est peu d'habitants de Gérardmer qui ne tentent, au
moins une fois dans leur vie, l'ascension du Hoheneck, la
montagne la plus élevée des environs.

Tout en foulant l'herbe parfumée des hautes chaumes,
l'excursionniste peut se faire conter par les schlitteurs la
légende du charbonnier du Hoheneck.

Voici cette légende telle que nous l'a contée, près de la
Fontaine-de-la-Duchesse, un bûcheron nonagénaire, telle
que l'a contée aussi, avant nous, Henri Berthoud.

C'était en 1814, en Janvier, lors de l'invasion des alliés.
Un détachement de Cosaques pilla la cabane où vivait le
charbonnier du Hoheneck, et tua sa mère et ses trois
enfants. Il était absent avec sa femme, lors de cette catas-
trophe. En voyant, à son retour, ces quatre cadavres et la
ruine de tout ce qu'il possédait, il voulut se venger et
sauta sur son fusil. Ils sont vingt-deux, dit la femme, tu

---

(1) Il s'agit de la moule allongée (*unio elongata*), qu'on ne trouve dans la
Vologne qu'au-dessous de son confluent avec le Neuné. Il y avait un garde
spécial de ces perles; en 1734, la duchesse régente accorda à Nicolas Pierron,
de Fiménil, un brevet l'exemptant des charges, car il était garde des perles de
la Vologne depuis trente ans.

(2) *Statistique des Vosges*, t. II, p. 547.

(3) *Gérardmer-Saison*, N° 7. Louis DULAC.

ne pourras en tuer qu'un, deux tout au plus ; laisse-moi
faire, je les tuerai tous. Pendant que tu enterreras ma
mère et mes trois enfants, je les vengerai.

Elle récolta, dans un panier, des légumes échappés au
pillage, y joignit des racines d'*aconit* qu'elle alla cueillir
dans les ravins du voisinage, et, se dirigeant vers le cam-
pement des Cosaques, elle fit si bien que, tout en simulant
une grande peur, elle fut arrêtée par eux et conduite au
poste, où ils avaient allumé un grand feu et où on pré-
parait à manger.

Feignant une résignation parfaite à son sort de prison-
nière, elle s'offrit comme cuisinière et versa dans la mar-
mite ses légumes.

Après quelques heures de cuisson, elle servit elle-même
la soupe aux soldats, et s'esquiva aussitôt. Le lendemain,
au point du jour, elle conduisait son mari sur la montagne.
Il y avait vingt-deux cadavres [1] raidis par la gelée et
gisants sur le sol !

Avec les armes et les munitions de ces soldats, le charbonnier et sa femme, en embuscade dans la montagne,
continuèrent à venger le meurtre commis par les Cosaques.

Avant la création de la route de la Schlucht, on montrait
aux voyageurs un vieux sapin qu'il a fallu abattre, et qu'on
appelait *le livre du charbonnier*. Chaque fois qu'il tuait un
soldat ennemi, il avait soin d'entailler d'une large coche
le tronc de cet arbre, et l'on en comptait soixante-seize !

Les Joueurs de Boules de Fachepremont [2].

Pendant les longues soirées d'hiver, les montagnards
aiment à se réunir pour la veillée ; les hommes fument

---

(1) Ils avaient été empoisonnés par le principe toxique renfermé dans la
racine de l'aconit, qui est un poison violent (l'aconitine).

(2) *Gérardmer-Saison*, N° 12. Louis DULAC.

lèurs pipes au coin du feu, les femmes s'occupent de travaux de lingerie. Dès que la conversation languit, les grand'mamans racontent les histoires du bon vieux temps.

En voici une que nous avons retenue de l'hiver dernier, un soir que, chassé par le vent et la neige, nous avons demandé quelques heures d'hospitalité à un brave habitant du fond de Retournemer.

« Dans le temps, commença la bonne vieille, au milieu d'un silence religieux, ma grand'mère m'a raconté l'histoire des *Joueurs de Boules*. Je vais vous la dire.

« C'était à *Fachepremont,* pays autrefois appelé les *Respandises de Vespermoundt.* Les femmes aimaient déjà bien de causer, et les hommes étaient de grands joueurs devant l'Eternel ; du moins, c'est grand'mère qui l'affirmait.

« C'était surtout au jeu de *boules* (jeu de quilles) que se passaient les soirées du dimanche ; parfois — dans la belle saison — elles se prolongeaient fort avant dans la nuit. Il arriva qu'un dimanche de la saint Jean (24 Juin), les joueurs s'étaient attardés plus que de coutume, jouant à la lueur d'un brasier. Un étranger se trouva soudain parmi eux sans qu'ils aient su comment il était venu.

« L'étranger, fort bien vêtu, avait les pieds difformes, et les mains crochues ; ses yeux étaient étranges : parfois, ils jetaient des éclairs comme des charbons enflammés. Un instant, les joueurs regardèrent avec défiance le nouveau venu ; mais comme il *prôchait lo patois* (parlait le patois) et qu'il proposa une partie, nos Géromhèyes l'acceptèrent comme partenaire.

« La bourse du nouveau joueur était inépuisable ; il perdit, il perdit ; on croit même qu'il lui suffisait de se baisser et de toucher les cailloux pour les changer en pièces d'or. Nos Giromhèyes ne se tenaient pas d'aise ; eux qui n'avaient jamais possédé que dèux ou trois écus, en se sentant la poche pleine de *louys d'or,* se croyaient riches.

comme des princes ; le gain les rendit entreprenants ; ils firent des paris extravagants et, la chance les ayant abandonnés, ils perdirent non-seulement l'argent gagné, mais encore leur maigre boursicot.

« Ce fut au tour de l'étranger de ricaner avec un sourire diabolique et des éclats de voix qui donnaient froid dans le dos. En manière de plaisanterie, il offrit aux dépouillés de leur donner un moyen de continuer le jeu ; il compta devant chacun d'eux 20 louys d'or, et les cédait si les Géromhèyes voulaient, en échange, vendre leur âme au diable. Les pièces d'or étaient toutes *erlihantes* (reluisantes), c'était vraiment une tentation du démon ! Cependant comme le marché était grave, les plus intrépides joueurs hésitaient ; l'étranger devenait plus souriant, plus pressant que jamais...

« Finalement, le démon du jeu l'emporta ; les pièces d'or étaient si près et le diable si loin que le marché fut accepté et les boules envoyées avec une nouvelle activité.

« En peu d'instants les Géromhèyes perdirent leur or si mal acquis, l'étranger trichait au jeu ; furieux, ils allaient se jeter sur lui, lorsque tout à coup, il frappa du pied, la terre se fendit, et il en sortit des flammes qui l'environnèrent complètement ; ses habits, disparus comme par enchantement, laissèrent apercevoir à nos joueurs terrifiés Lucifer en personne avec son corps velu, sa queue de singe, ses griffes de chat ; sa bouche enflammée et grimaçante lançait des gerbes de feu ; il disparut en leur hurlant : « Au revoir ! »

« Brusquement, le brasier s'éteignit, les flammes disparurent, et nos joueurs, fous de peur, se trouvèrent plongés dans les ténèbres les plus épaisses. La chouette, au fond du bois, chantait son air de mort ; la mannihennequin traversait les airs avec son cortège infernal ; à la Beheuille et à la Roche-du-Diable on entendait le sabbat des sorciers et des crikis qui redoublait leur effroi. Le remords dans l'âme, tremblants de tous leurs membres, ils regagnèrent péniblement leurs demeures où ils rentrèrent au petit jour.

« A partir de cette époque, on ne les vit plus rire; ils moururent tous dans l'année, atteints d'un mal mystérieux incurable; au moment de les mettre en bière, les ensevelisseurs aperçurent, à leur grande terreur, un petit singe noir qui sortait du lit du défunt et se sauvait par la porte...

« Depuis lors les joueurs de Fachepremont sont condamnés à revenir tous les soirs, à minuit, jouer sur le lieu de leur perdition...

« De la Roche-du-Diable, on peut les apercevoir, par les nuits sombres se chauffant autour d'un brasier et roulant des boules enflammées. »

Légende du Lac de Longemer.

Cette légende remonte à Charlemagne. De la fameuse Pierre qui porte son nom, le grand empereur s'en fut un jour pêcher à la ligne dans le lac de Longemer. Il y prit un brochet de taille gigantesque qui fit l'admiration des compagnons du guerrier. Cette satisfaction d'amour-propre suffit à Charlemagne; après avoir ordonné à son forgeron de placer au cou du poisson un carcan portant une clochette d'or, l'empereur rendit la liberté à messire brochet qui disparut prestement. Depuis... il nage toujours invulnérable, avec son talisman impérial, aux plus perfides hameçons.

Le Bûcheron de Martimprey.

Un bûcheron, qui avait commis un délit forestier — il y a de cela 200 ans — fut condamné par le seigneur de Martimprey à être pendu.

En homme de ressource, le bûcheron se rappela, fort à propos, qu'en vertu d'un privilège très ancien, le condamné à mort qui épousait une fille de Gérardmer avait la vie sauve.

Il demanda et obtint de tenter le choix d'une compagne parmi les jeunes Géromoises. Ces dernières, en costume de congréganistes, un cierge à la main, vinrent défiler devant notre bûcheron, qui attendait « le hart au col » une personne de son goût.

Il en laissa passer une, deux, vingt et finalement toute la bande ; quand arriva le tour de la dernière, il se retourna vers le bourreau, et lui dit en patois du pays : « *Monte mé* [1]. — Monte-moi ; Pends-moi. — *Elles sont trop peultes.* — Elles sont trop laides !

GÉRARDMER, STATION ESTIVALE

Depuis quelque vingt ans, Gérardmer est devenu une station estivale très fréquentée ; les touristes qui viennent en admirer les sites pittoresques, tout en y respirant un air pur, sont plus nombreux d'année en année.

Peut-être a-t-il tenu à peu de chose que la célébrité de Gérardmer, comme villégiature, fût devancée de deux siècles.

En 1622, Polidor Ancel, conseiller d'État et auditeur des Comptes, et Jean Lhoste, habile ingénieur et mathématicien, vinrent visiter « les lacqs de Gérardmer [2]. »

Il est probable qu'à cette date aussi, le duc de Lorraine Henri II, et sa femme, Marguerite de Gonzague, vinrent visiter Gérardmer, et que la duchesse, enchantée du pays, en demanda la possession à son mari.

[1] Ou « *Rebotte mé haut.* » Remets moi en haut — suivant une autre variante.
[2] Comptes du domaine d'Arches pour 1622. Ces deux envoyés du duc reçurent la somme de 310 francs pour frais de voyage. D'après H. LEPAGE.

Par lettres patentes ([1]) du 25 Novembre de la même année, le duc accorda à la duchesse Marguerite le lac de Gérardmer :

Henry, etc... Nostre très-chère et très-aymée compagne et espouse, Madame Marguerite de Gonsague, ayant désiré de se voir gratifier... du lac qui nous compète et appartient, près et au-dessus du village de Gérardmer,... au pied de nos chaulmes, en nostre office et prévosté d'Arches, pour estre la contrée qui renferme le dit lac grandement délectable et se rencontrer commodité d'y bastir quelque maison de plaisance, qui soit en oultre profitable pour le nourry que l'on pourroit faire, ainsi que le lieu y est pour le tout disposé. Sçavoir faisons que, pour donner à icelle le contentement qu'elle auroit deu se promettre de nostre affection singulière envers elle, par réciprocité de celle qu'avec excès de ses bonnes volontés elle nous témoigne journellement, Nous, pour ces causes et autres bons respects à ce nous mouvans, et après qu'aurions esté deument informez de la qualité et nature du dit lac, ensemble du droict qui nous peut appartenir en iceluy, avons, pour nous et nos successeurs ducz de Lorraine, donné, concédé et transporté, donnons, concédons et transportons par cestes, tant par donnation entre vifz, pure et irrévocable, qu'à tous autres meilleurs tiltres que de droict et coustume faire se peut et doibt, à nostre dite très-chère et très-aymée espouse et compagne, Madame Margueritte de Gonsague, pour elle, ses hoirs, successeurs et ayans cause, en tout droict de propriété et treffond, à perpétuité, ledit lac, dict et nommé vulgairement la mer de Gérardmer, ainsi qu'il se comporte et contient; et que le ferons aborner cy-après, pour intelligence et cognoissance plus ample de l'extendue d'iceluy, affin de retrancher tous sujets de difficulté qui pourroient autrement naistre en ceste occasion à l'advenir, pour jouir de la dite donnation par nostre dite espouse, Madame Margueritte de Gonsague, sesdits hoirs, successeurs et ayans cause, comme de son propre, en disposer tout ainsi que bon luy semblera, par vente, donnation et aliénation, en faire les fruicts siens, selon qu'elle treuvera le debvoir pour sa commodité, mesmement faire changer le bassin d'iceluy de nature, si elle le juge le pouvoir faire pour utilité plus grande... Données en nostre ville de Nancy, le vingtcinquième jour de Novembre mil six cens vingt-deux.

(1) Documents rares et inédits de l'*Histoire vosgienne*. T. V, p. 196. Origine, Trésor des Chartes de Lorraine. Registre des lettres patentes de l'année 1622 (B. 93, folio 224).

Malheureusement, la mort de Henri II survenue deux années après (1624), les guerres qui désolèrent la Lorraine sous le règne de son successeur, ne permirent pas à Marguerite de Gonsague de réaliser ses projets de villégiature à Gérardmer, et d'établir ainsi la notoriété du pays comme station estivale.

Néanmoins, depuis bien longtemps, la beauté du pays, les nombreuses curiosités naturelles qui en sont l'ornement, attirent des visiteurs. Léopold Bexon dit à ce sujet dans son remarquable mémoire :

Les habitants sont honnêtes envers les étrangers ; il est peu de jours de l'été qu'il n'en vienne visiter cette contrée singulière, et tous ces étrangers admirent la bonté de la truite, du brochet et de la perche de ses lacs et des ruisseaux qui en coulent, ainsi que de la cuisson ; ils admirent aussi l'arrangement des maisons, la propreté de la tenue du lait, de la façon et de la conduite des fromages.

Il y avait donc déjà des touristes en 1778, et d'habiles cordons-bleus sachant faire estimer le poisson de Gérardmer.

L. GÉHIN.

Gérardmer, le 1er Août 1892.

ERRATA

Page 9, ligne 16, au lieu de *essarté,* lire *humide.*

— 53, avant-dernière ligne, intervertir *Morand, Mourant.*

— 128, ligne 21, au lieu de *principautés,* lire *prieurés.*

— 152, note 1, au lieu de *témoins,* lire *terrains.*

— 225, au lieu de *rien en 1817,* lire :

	Nombre de classes.	*Population scolaire.*
	1817	1817
Centre........	1	90
Lac..........	1	60
Liézey........	1	24
Beillard	1	19
—	1	17
—	1	16
Phény........	1	21
Bas-Rupts....	1	42
Xonrupt......	1	21
Les Fies...	1	34
Haie-Griselle.	1	18
Rain..	1	75
Total.....	12	437

Page 264, ligne 22, au lieu de *1685,* lire *1635.*

— 297, au lieu de *je sège,* lire *Jé sèye.*

INDEX

INTRODUCTION

PREMIÈRE PARTIE

ÉTAT DES PERSONNES

DEUXIÈME PARTIE

ÉTAT DES TERRES

CINQUIÈME PARTIE

St-Dié, Typ. L. Humbert.

Imprimé en France
FROC031527280520
24119FR00016B/308

9 782013 499996